Inhalt

W0056846

Vorrede

Die Faszination der Olympischen Spiele und anderer großer sportlicher Wettkämpfe steckt vor allem in der Perfektion der Technik, in der harmonischen Einheit von Körper und Geist und im packenden Wettstreit der Besten um den Sieg. Im Sport sehen wir die großen Leistungen der Athleten manchmal mit Staunen, ja Ehrfurcht und vergessen oft über der Bewunderung für die Leichtigkeit und Eleganz das harte, meist jahrelange Training dafür. Nur stete Übung und die richtige Technik ermöglichen dem Sportler die kontinuierliche Steigerung der eigenen Leistungsfähigkeit. Das alles gilt nicht nur für den Sport, sondern in gleicher Form auch für die Rhetorik. Wir bewundern die großen und kleinen Redner, die scheinbar mühelos die vielfältigsten Redeherausforderungen meistern und souverän Herz und Verstand der Zuschauer für sich einzunehmen verstehen. Und genauso wie im Sport kann jeder, der den Willen und ein wenig Ausdauer besitzt, mit dem richtigen Training seine individuellen rhetorischen Fähigkeiten ausbauen und perfektionieren.

Das Trainingsbuch Rhetorik ist *die* Ausgangsbasis für Schüler, Lehrer, Berufstätige und Trainer, für alle, die ihre Fähigkeiten in überzeugender Rede, sei es im Beruf, in der Schule, der Universität oder privat verbessern wollen. Im Unterschied zu anderen einschlägigen Ratgebern beschränkt sich das Trainingsbuch Rhetorik in seinem Ausbildungsziel nicht auf eng abgegrenzte Einzelfälle mit allgemeinen Ratschlägen, sondern es widmet sich mit praktischen Übungen Ihrer grundlegenden rhetorischen Fitness. Für den Sportler sind Kondition, Beweglichkeit und Kraft die zwingenden Voraussetzungen für seine Leistungen. Die rhetorischen Grundfertigkeiten sind die argumentative Schärfe, der souveräne Auftritt und die sprachliche Gewandtheit. Das Trainingsbuch Rhetorik ist speziell auf diese Fähigkeiten, die Sie im Alltag, in Schule und Beruf und zu allen besonderen (Rede-)Anlässen nutzen können, ausgelegt.

Und Leistungssportler trainieren nicht umsonst in Trainingsgruppen. Hier können sie voneinander lernen, sich gegenseitig motivieren und anspornen. Vor allem aber gestaltet sich die Trainingssituation durch die Mitstreiter wesentlich realistischer und ist dem echten Wettkampf viel näher als das Einzelkämpfertum. Das Trainingsbuch Rhetorik greift diese Erfahrungen auf und führt Sie von einfachen Individualübungen über einfache Gruppenübungen zu komplexeren Übungsformen, die Ihnen ein erfolgsorientiertes, regelmäßiges und realitätsnahes Training in Arbeitskreisen, Klassen oder Vereinen ermöglichen.

Das Trainingsbuch Rhetorik ergänzt als Leitfaden der Angewandten Rhetorik den ersten Band der Rhesis-Reihe, das Studienbuch Rhetorik von Lothar Kolmer und Carmen Rob-Santer, der einen präzisen Überblick über den theoretischen Hintergrund der Rhetorik, die rhetorischen Stilmittel und die rhetorische Argumentation bietet.

Danksagung

Vielfältig wurde diese Publikation von helfenden Händen und wohlwollenden Unterstützern getragen. Insbesondere gilt der Dank der Autoren Herrn Prof. Dr. Lothar Kolmer, der dieses Buch angeregt und von seinen Anfängen an zusammen mit der Arbeitsgruppe Rhetorik an der Universität Salzburg herzlich unterstützt hat und es in seine Rhesis-Reihe aufnahm. Die Zusammenarbeit mit dem Ferdinand Schöningh-Verlag, insbesondere die Betreuung durch Herrn Dr. Diethard Sawicki gestaltete sich reibungslos und überaus produktiv. Ein besonderes Anliegen ist es, Herrn Ansgar Kemmann dafür zu danken, dass er den Autoren die Welt des Debattierens durch seine Initiative geöffnet hat. Für Lektorat und umfangreiche Unterstützung danken wir Martina Balagović, Monika Eicher, Christine Rex, Markus Herrmann, Karen Rehberger, Carolin Bartsch sowie Verena Schulz. Der Tübinger Debattierclub „Streitkultur e.V.", von den Autoren mitgegründet und mehrere Jahre geleitet, war Rahmen und innovativer Quell vieler nützlicher Erfahrungen im Bereich der Angewandten Rhetorik, die in dieses Buch eingeflossen sind. Die Autoren danken dem Verein für die freundliche Genehmigung zum auszugsweisen Abdruck der Regeln der Trainingsformate Deklamation, Offene Parlamentarische Debatte und Disputation.

Gebrauchsanweisung Aufbau des Buches

Das Trainingsbuch Rhetorik gliedert sich in drei Teile: Im ersten Teil werden Sie mit den einzelnen Redeproduktionsschritten vertraut gemacht, der zweite Teil enthält die Übungsformate für Trainingsgruppen und die dazugehörigen Vorübungen, die durch ausführliche Regeln ergänzt werden. Der dritte Teil bietet Ihnen als ergänzender Anhang Bewertungsvorlagen, Beispielthemen sowie ein kommentiertes Literaturverzeichnis.

Teil I. umfasst eine Sammlung von Grundübungen, die Ihnen eine eigenständige Vorbereitung auf die konkrete Redesituation und ihre Anforderungen ermöglicht. Die Präsentation einer Rede ist nur der oft zitierte Gipfel des Eisbergs. Die Rede entsteht ja nicht während des kurzen Weges ans Rednerpult oder bei der Aufforderung des Diskussionsleiters jetzt das Wort zu ergreifen. Der ganze Prozess, von der Idee eine Rede zu halten bis zum Auftritt, sieht zwar auf den ersten Blick lang und kompliziert aus, gerade wenn man ratlos am Schreibtisch über einem leeren Papier sitzt und der Zeitpunkt der Rede unaufhaltsam näher rückt. Eine gute Rede ist aber kein Zauberwerk, sondern zu großen Teilen die Beherrschung von einfachen Herangehensweisen und erlernbaren Arbeitsschritten. Der erste Teil beantwortet die Frage: Wie komme ich von der gestellten Aufgabe zur fertigen Rede und stellt die einzelnen Schritte anhand von praktischen Übungen vor. Das erklärte Ziel dieser Übungen zum Selbststudium ist es, Sie innerhalb kurzer Zeit in die Lage zu versetzen, selbstständig eigene Reden nach den Regeln der rhetorischen Kunst zu verfassen und zu halten. Deshalb orientieren sich die Übungen in diesem Teil an den klassischen rhetorischen Arbeitsstadien. Diese Vorgehensweise ermöglicht es dem Lernenden, sich Schritt für Schritt eine vollständige Grundlage für Redeproduktion und Vortrag zu schaffen. Die aus der Praxis heraus gewonnenen und seit der Antike erprobten Arbeitsstadien wurden hierzu gründlich überarbeitet und an die modernen Anforderungen angepasst.

Reden finden immer in Gruppen bzw. vor Publikum statt, sei es vor der Schulklasse, vor Kollegen, in der Familie, auf Festen oder in größeren Versammlungen. Auf diese rhetorischen Herausforderungen Ihres Alltags können Sie nur durch Übungen vorbereitet werden, die einen großen Bezug zu diesen öffentlichen Situationen haben. Der Teil II. bietet Ihnen diese Art von realitätsnahen Trainingsmöglichkeiten. Vier große Übungen, das Wortgefecht, die Deklamation, die Debatte und die Disputation werden in diesem Abschnitt umfangreich eingeführt. Durch Vorübungen wird Ihnen der Einstieg in diese Gruppenübungen jeweils erleichtert. Mit diesen Übungen, quasi dem rhetorischen Vierkampf, können Sie mit drei bis zehn oder mehr Mitstreitern im Unterricht, im Verein, in der Arbeitsgemeinschaft, im Freundeskreis, im Club oder auf der Fortbildung regelmäßig und realitätsnah jeweils spezifische Schwerpunkte der Beredsamkeit trainieren und auf dem Weg zum kompletten Redner große Schritte nach vorne machen. Um die Übungsformen so anwendungsfreundlich und effektiv wie möglich zu gestalten, haben insbesondere die Deklamation und die Disputation deutliche Veränderungen gegenüber ihren historischen Vorgängern erfahren.

Der Anhang des Buches enthält eine umfangreiche Unterstützung für Ihre dauerhafte Übung mit den im zweiten Teil vorgestellten Trainingsformaten. Aufgeschlüsselt nach den vier Formaten sind dies eine Sammlung von erprobten Begriffen (Wortgefecht), Fällen (Deklamation), Fragen (Debatte) und Thesen (Disputation) sowie zahlreiche Formulare als Kopiervorlage, die Ihnen die Bewertung und das Feedback während des Trainings erleichtern. Diese Materialien können direkt für zahlreiche Übungen oder auch als Ausgangspunkt für die selbstständige Erarbeitung von neuen Themen herangezogen werden. Zum Schluss gibt Ihnen das kommentierte Literaturverzeichnis Empfehlungen für einschlägige und weiterführende Werke zu den einzelnen Themengebieten des Buches.

Arbeitsweise

Eine empfehlenswerte Herangehensweise an dieses Buch ist es, zunächst die Vorübungen aus Teil I. systematisch durchzuarbeiten. Hier erwerben Sie das Rüstzeug, das Sie fit für das Bestehen der ersten herausfordernden Redesituationen macht. Die Meisterschaft der Beredsamkeit erlangen Sie mit dem steten Training in den Gruppenübungen.

Eine zweite Möglichkeit ist es, mit den Gruppenübungen und ihren speziellen Vorübungen zu beginnen und bei Bedarf einzelne Übungen zur Erarbeitung oder Vertiefung von bestimmten Bereichen (z.B. Stofffindung) aus dem Teil I. einzuschieben. Natürlich eignet sich das Buch auch dazu, bestimmte individuelle Schwerpunkte zu setzen (z.B. Argumentation oder Eloquenz) und sich ein eigenes Trainingsprogramm mit den passenden Übungen zusammenzustellen.

Damit Sie die Übungen auf den ersten Blick leicht einschätzen können, sind zu Beginn der Beschreibung die wichtigsten Daten überblicksartig zusammengestellt. Neben der Information, wie viele Teilnehmer an der Übung teilnehmen können und welcher Art die Übung ist (Einzelübung, Vorübung, Trainingsform) bekommen Sie in diesen Kästchen die Einschätzung der Dauer und des Schwierigkeitsgrades anhand von Sternen angezeigt. Für die Dauer bedeutet ein Stern, dass diese Übung innerhalb von fünfzehn Minuten erledigt ist, zwei Sterne stehen für bis zu dreißig Minuten Dauer und Übungen mit drei Sternen dauern eine halbe Stunde und länger. Im Bezug auf den Schwierigkeitsgrad besagt ein Stern, dass diese Übung auch für jeden Einsteiger leicht zu bewältigen ist. Zwei Sterne zeigen an, dass diese Übung ein wenig anspruchsvoller gestaltet ist und drei Sterne-Übungen sind für alle diejenigen, die die Herausforderung der Rhetorik annehmen möchten.

Damit Sie schnell auf die entsprechenden Übungen und die für Sie interessanten Stichworte zugreifen können, befindet sich im Anhang ein umfangreiches Register, welches Ihnen die Orientierung im Buch erleichtert. Zudem verweist dieses Symbol ☞ auf Begriffe, die an anderer Stelle aufgegriffen und weitergehend behandelt werden.

Wie für alle Regeln der Kunst gilt: Die Beherrschung der Regeln erlaubt große Leistungen, Brillanz erreicht man erst, wenn man die Grenzen der Regeln überschreitet. Während die Regeln der Übungen die Form wahren und eine möglichst passgenaue Ausbildung für vorgesehene Ziele bieten sollen und daher der Umgang mit den Regeln sehr konservativ gestaltet sein sollte, sind die Hinweise zu den Tugenden des Redners, die immer wieder in die Texte mit einfließen, als Orientierungspunkte gedacht, die in konkreten Situationen auch interpretiert werden dürfen. Wichtigste Kategorie ist und bleibt für jeden Redner die Angemessenheit! Verstöße gegen dieses Grundgesetz der Rhetorik gehen immer zu Lasten der eigenen Wirkung und sollten daher vermieden werden.

Das Trainingsbuch versteht sich als Basiswerk für die angeleitete Entwicklung der eigenen Beredsamkeit. Die hier vorgestellten Denkmuster und Vorgehensweisen sollen Ihnen wie ein Werkzeugkasten für Ihren Alltag zur Verfügung stehen und genutzt werden. Das Ziel der Beschäftigung mit den Werkzeugen ist dabei klar: Im „Ernstfall" sollten Sie in Ihre eigene Werkzeugkiste hineingreifen können und das passende Werkzeug selbstverständlich und sicher einsetzen können. Dafür ist die stete Übung der eigenen Geschicklichkeit eine unerlässliche Bedingung. Versuchen Sie also die Übungen auch in ihrem Alltag immer wieder anzuwenden, analysieren Sie zum Beispiel mit der W.O.G.A.M.P.I.T.Z.-Übung ihre nächste Redeaufgabe, sei es die nächste Konferenz, der Geburtstag der Großmutter oder das Kurzreferat oder nutzen Sie eine Debatte zur Entscheidungsvorbereitung in der Firma, in der Klasse oder im Familienkreis. Schauen Sie sich auch nach guten Rednern in ihrem Umfeld oder in der Öffentlichkeit um. Was macht diese Redner zu guten oder außerordentlichen Rednern? Probieren Sie die beobachteten Herangehensweisen einfach bei nächster Gelegenheit selber aus und versuchen Sie zu ähnlicher Perfektion wie Ihr Vorbild zu gelangen oder es womöglich zu übertreffen.

I Vorübungen

Reden lernt man nur durch Reden. Richtig und nicht ganz richtig. Ein Klavierspieler zum Beispiel wird immer besser Klavier spielen, je häufiger er spielt. Man würde aber wohl nicht sagen, dass man, völlig unerfahren, sofort damit beginnen sollte, ein äußerst schwieriges Stück einzuüben. Vielmehr lernt man in der Ausbildung erst einzelne Fertigkeiten, wie z. B. wo welcher Ton ist, wie man diesen anschlägt, wie man eine Tonleiter spielt usw. Dann beginnt man damit, kleine und einfache Stücke zu üben, nimmt dabei erst einzelne Teile des ganzen Stücks, bevor man sich zuletzt an das ganze Stück wagt.

Aber auch ein erfahrener Musiker wird immer wieder einzelne Elemente abgetrennt vom ganzen Stück üben, um zum Beispiel seine Fingerfertigkeiten gezielt zu verbessern und um sich nicht in der Komplexität des Stücks zu verlieren.

Beim Erlernen der Redekunst ist dies sehr ähnlich. Während der Rede selbst geschehen sehr viele Dinge parallel. Vieles sollte der Redner beachten und im Griff behalten. Er sollte auf den eigenen Stand, die Gestik, auf jedes gesprochene Wort achten, mit seinen Unterlagen und mit dem technischen Equipment, wie Mikrofon, Pult und Licht, souverän umgehen. Darüber hinaus sollte er der eigenen Redestruktur folgen, zum Publikum Kontakt aufbauen, Spannung erzeugen und letztendlich seine Zuhörer überzeugen. Betrachtet man diese Dinge einzeln, kann man sie einfacher verstehen, erlernen und verbessern.

Der erste Teil des Buches folgt in seiner Struktur dieser Idee. So wird der Weg zur ersten richtigen Rede vor Publikum in sieben Schritten erklärt. Der Weg beginnt mit Grundüberlegungen zur Redesituation, geht dann über das Finden des passenden Stoffs, zu seiner gezielter Anordnung hin. Dann werden Übungen zum Ausformulieren der Rede angeboten, gefolgt von der Vorbereitung des Manuskripts bzw. dem Einstudieren der ganzen Rede bis hin zum richtigen Auftritt.

Für den bereits geübten Redner bietet dieser Aufbau die Chance, gezielt Schwächen zu verringern und Stärken punktgenau auszubauen – gleich einem ausgezeichneten Musiker, der trotz seines Könnens immer wieder selbst einfache Etüden oder Tonleitern spielt, um seine musikalischen Fertigkeiten zu vervollkommnen.

I 1 Erste Orientierung (intellectio)

Jeder, der schon einmal versucht hat, eine längere Wanderung im Gebirge zu machen, weiß um die Wichtigkeit einer guten Vorbereitung. Erster Schritt dabei ist es, sich zu orientieren. „Wo bin ich?", „Wo will ich hin?", „Welche Gefahren – aber auch Attraktionen – birgt der Weg?". Ohne Kenntnis des Startpunkts, der umgebenden Landschaft, dem Klima, der Gefahren des Weges und dem eigentlichen Ziel der Wanderung ist es schwer, auf dem besten, sichersten und schönsten Weg ans Ziel zu kommen.

So wie sich kein Wanderer ohne die Klärung dieser für ihn wichtigen Fragen auf den Weg machen sollte, so sollte sich ein Redner nicht auf den Weg zu seiner Rede machen, bevor er diese erste Orientierung gefunden hat.

Erfahrene Redner werden sicherlich diese Orientierung ganz unbewusst finden. Im Geiste gehen sie alle wichtigen Punkte durch um zu klären, wo, wie und warum sie diese Rede überhaupt halten sollen.

Viele Punkte klären sich in der Praxis oft von selbst, manche erschließen sich aber erst auf den zweiten, etwas genaueren Blick und tragen nicht selten wesentlich zum Erfolg der Rede bei. Die beiden Übungen dieses Kapitels sollen helfen, eine solche strukturierte Übersicht zu erlangen.

Erste Übung: W.O.G.A.M.P.I.T.Z. Die erste Übung ‚W.O.G.A.M.P.I.T.Z.' betrachtet daher all jene Aspekte, die die Rede und die Redesituation umgeben.

Zweite Übung: Streitpunktfindung Die zweite Übung ‚Streitpunktfindung' soll dabei helfen, den inhaltlichen Kern der Redesituation zu erkunden. Viele Reden leiden nämlich darunter, dass nicht klar ist, welche Streitfrage eigentlich geklärt werden soll bzw. was eigentlich strittig ist.

I 1.1 W.O.G.A.M.P.I.T.Z.

Lernziel: Nach dieser Übung können Sie eine Redesituation besser einschätzen. Dies hilft nicht nur bei der Beurteilung von anderen Reden, sondern auch besonders der eigenen Redevorbereitung. Eine Rede hängt nämlich von einer Vielzahl von Faktoren ab, die es zu berücksichtigen gilt. Dabei gibt Ihnen diese Liste eine Vorstellung davon, worauf Sie bei der Vorbereitung der Rede achten können. Sie sind mit dieser Checkliste in der Lage, Ihre Eindrücke und Überlegungen vor Ihrer Rede klarer zu strukturieren (☞Gliederung) und dabei möglichst keinen wesentlichen Aspekt zu übersehen.

Teilnehmer:	1 Person
Übungsdauer:	☆☆
Schwierigkeitsgrad:	☆
Übungsart:	Einzelübung

Beschreibung: Betrachtet man das Umfeld, in dem die Rede gehalten werden soll, so sind folgende Punkte zu beachten:

* W-irkung
* O-rt
* G-rundeinstellung
* A-bsicht der Rede
* M-edium
* P-ublikum
* I-mage
* T-itel/Auftrag
* Z-eitpunkt

Zugegeben: Das Akronym W.O.G.A.M.P.I.T.Z. entspringt nicht dem alltäglichen Sprachgebrauch. Jedoch lässt sich dieses Schema mit dieser ungewöhnlichen Bezeichnung wesentlich leichter merken. Dabei beantwortet die Liste nicht für jeden Einzelfall sämtliche Aspekte, sondern gibt Ihnen die Möglichkeit alle wesentlichen Bereiche zu berücksichtigen.

Hinter der Abkürzung verbergen sich folgende Aspekte:

WELCHE WIRKUNG WILL DER REDNER ERZEUGEN?   W-irkung
Die Bandbreite dieser Frage reicht von einem ‚zum Nachdenken anregen‘ bis hin zur dauerhaften Verhaltensänderung des Publikums nach der Rede. Dabei kann es schon ein großer Erfolg sein, ein Publikum, das eine festgefahrene Meinung hat, dazu zu bewegen, den Worten des Redners überhaupt Gehör zu schenken, z. B. ein Atomkraftgegner vor den Atomkraftwerksbetreibern. Auch kann die inhaltliche Zustimmung ein angestrebtes Ziel des Redners sein. Dies kann sich auf vergangene Geschehnisse beziehen wenn, z. B. die Geschworenen vor Gericht dem Ablauf der Tat zustimmen sollen oder auch auf Gegenwartseinschätzungen und Schlussfolgerungen für die Zukunft, wie z. B. bei einer Beratungsrede vor dem Gemeinderat.

Auch hat die mögliche Folge der Zustimmung einen erheblichen Einfluss auf die Redesituation. So kann es Ziel des Redners sein, dass seine Zuhörer ihm ‚nur' zustimmen ohne weitere Konsequenzen. Er kann aber auch eine darauf folgende Aktion beabsichtigen, wie z. B. das Urteilen des Richters nach dem Schlussplädoyer, das Abstimmen der Politiker im Parlament nach der Aussprache oder das Kaufen der Ware nach der Produktpräsentation. Vielleicht will der Redner gar, dass sich das Verhalten der Zuhörer auf Dauer ändert, es sich z. B. umweltbewusster oder gesundheitsförderlicher verhält.

O-rt   Welche Besonderheiten ergeben sich aus dem Ort der Redeaufführung?

Der Ort umfasst drei Aspekte: die Positionen, die Eigenschaften des Raums und die möglichen Störfaktoren (weitere Anregungen: ☞Auftritt).

Bei der Position von Redner und Publikum sollten Sie sich u. a. fragen, „Wie weit entfernt und in welcher Position steht der Redner zu seinem Publikum?", „Stehen zwischen ihm und seinen Zuhörern Barrieren, wie ein Pult, eine Bühne oder ähnliches?". In Bezug auf das Publikum selbst ist es wichtig zu beurteilen, wie die Bestuhlung die Redesituation beeinflusst. So entsteht eine andere Redesituation bei einem Stuhlkreis im Vergleich zu einer Reihenbestuhlung des Raumes. Oder stehen vielleicht alle Zuhörer wie bei einer öffentlichen Kundgebung oder Demonstration? Beim Aufbau des Raumes ist auch wichtig, welche technischen Unterstützungen möglich sind. Gibt es Mikrofone, Tageslichtprojektoren, Metaplanwände, Flipcharts, genügend schreibende Stifte, Tafeln und verschiedenfarbige Kreide oder Projektoren (Beamer)? Und wie sind diese Hilfsmittel im Raum positioniert?

Des Weiteren sind die Eigenschaften der Räumlichkeit wichtig. Ist der Raum in irgendeiner Form symbolträchtig, wie z. B. die Paulskirche in Frankfurt? Im Bereich der Akustik kann man sich fragen, ob der Redner auch leise sprechen und trotzdem verstanden werden kann? Hallt der Raum vielleicht? Gibt es Hintergrundgeräusche? Kann man den Redner auch in den letzten Reihen noch problemlos hören und verstehen? Neben der Akustik des Raums beeinflussen auch die klimatischen Verhältnisse die Redesituation. So können Sie sich vor der Rede fragen, ob der Raum gut gelüftet ist oder ‚dicke Luft' herrscht, oder ob Ihre Zuhörer vielleicht frieren oder schwitzen werden?

Als dritten Aspekt des Raumes sollten Sie mögliche Störfaktoren beachten, die Sie schon vor der Rede ausschließen oder minimieren können, wie z. B. klingelnde Telefone, herein- und herausgehende Menschen.

WELCHE GRUNDEINSTELLUNG HABEN REDNER UND PUBLIKUM DEM REDE-
THEMA GEGENÜBER?

    Es gibt kaum ein Thema gegenüber dem ein Zuhörer keine be-
reits bestehende Meinung hat. Dabei ist es für den Redner entscheidend, wie sein Publikum tendenziell vor seiner Rede einge-
stimmt ist. So muss ein Redner einem eher zweifelnden,
skeptischen oder gar deutlich ablehnenden Publikum viel erklä-
render und sachlicher gegenübertreten, als einem Publikum, das
in der Sache eigentlich schon zustimmend eingestellt ist, wie z. B.
die eigenen Parteianhänger am politischen Aschermittwoch.
Beachten Sie, dass es tendenziell schwerer ist, eine These zu vertreten, die die meisten Zuhörer beim ersten Hören eher verneinen würden (☞paradox), als eine bei der die Zuhörer überwiegend eher zustimmen würden (☞endox).

G-rundeinstellung zum Redethema

WELCHE ABSICHT VERFOLGT DER REDNER MIT SEINER REDE?

Natürlich ist es die Absicht jeder Rede, Zustimmung zu finden.
Dabei ist es aber wichtig, wovon der Redner im Einzelfall überzeugen will. Stellt er die Sache in den Mittelpunkt seines Über-
zeugungswillens, so sollte er in seiner Rede anders vorgehen, als
wenn er vor allem die eigene Person in den Vordergrund stellen
will. So kann es passieren, dass ein Redner mit einem ‚holpri-
gen‘, ungeschliffenen Vortrag oft überzeugender wirkt, als die klar
erkennbar perfektionierte und bis auf die letzte Nuance durch-
gestylte Präsentation. Es gilt also für den guten Redner seine
‚Kunst‘ der Rede so zu verbergen, dass man die einzelnen Kunst-
griffe, die er verwendet nicht erkennen kann, diese aber trotzdem ihre Wirkung erzeugen können (☞dissimulatio artis).

    Will er dagegen von sich selbst überzeugen und das Publikum
von seiner Person begeistern, wie z. B. bei einer Festrede, darf
der Redner alle Register offen ziehen.

A-bsicht der Rede

KANN DER REDNER TECHNISCHE HILFSMITTEL BEI SEINER REDE BENUTZEN?

In bestimmten Redesituationen benötigt der Redner technische
Hilfsmittel. Wenn z. B. der Raum zu groß ist, benötigt der Redner ein Mikrofon mit einer Beschallungsanlage. Vorsicht: Jedes
dieser Hilfsmittel schränkt den Redner aber in seiner Wirkung
ein. So übermittelt z. B. eine Radioübertragung natürlich nur die
Stimme des Redners. Jedes verwendete Medium verändert die
Redesituation. Das Spektrum reicht dabei von der direkten Rede vor kleinem Publikum bis hin zum puren Manuskript. Während bei der direkten Rede der Redner im Angesicht des Publikums mit diesem unmittelbar agieren kann, bleibt im Falle des

M-edium

Manuskripts nur noch der bloße Text, der seine Wirkung entfalten kann.

P-ublikum WELCHES PUBLIKUM WIRD ERWARTET?
Neben der einfachen Frage nach der Anzahl der erwarteten Personen ist gerade die Zusammensetzung des ☞Publikums wichtig für die Beurteilung der Redesituation. Dabei ist zuerst zu beachten, ob Sie eher eine homogene Gruppe vor sich haben, oder ob Sie mit einer sehr großen Bandbreite verschiedenster Zuhörer zu rechnen haben. Natürlich werden die Gruppen nie völlig einheitlich sein. Aber man kann oftmals Grundstrukturen erkennen. So können Sie sich beispielsweise fragen, welches Wissen Sie bei Ihren Zuhörern erwarten können. Haben Sie ein fachlich versiertes Publikum oder hören die Zuhörer das erste Mal von diesem Thema? Welche sprachlichen Fähigkeiten fordert und hat das Publikum? Setzt es z. B. die Benutzung von Fachausdrücken voraus und kann es längere Schachtelsätze noch verstehen? Welche Abstraktionsfähigkeit haben die Zuhörer? Verstehen sie auch komplexe Beispiele oder müssen Beispiele aus der unmittelbaren Lebenswelt gewählt werden?

Auch ist es wichtig einzuschätzen, welche Altersstruktur Ihr Publikum aufweist. Es kann für manche Redner und bei bestimmten Themen ebenso wichtig sein, wie viele männliche und weibliche Zuhörer der Rede folgen.

Jeder Mensch beurteilt die Informationen, die ihm gegeben werden, vor dem Hintergrund seiner eigenen Erfahrungen. Sind Ihre Zuhörer erkennbar geprägt durch ideologische, kulturelle, religiöse und herkunftsrelevante Einflüsse? Welchen sozialen Status haben die Zuhörer? Eine weitere mögliche Frage ist, ob Ihre Zuhörer überwiegend den gut verdienenden gesellschaftlichen Schichten angehören, oder ob Ihr Publikum eher den Schichten mit geringen Einkommensverhältnissen zuzurechnen ist?

Ein oftmals vernachlässigter Aspekt steckt in der Frage, warum die Zuhörer überhaupt bei Ihrer Rede anwesend sind. Die Redesituation ist sicherlich eine andere, wenn nur handverlesene Gäste geladen sind oder aber es sich um eine öffentliche und jedem zugängliche Veranstaltung handelt. Dabei ist auch die Motivation der Zuhörer bedenkenswert. Sind sie freiwillig und aus Interesse da oder wurden sie geschickt und müssen einer Pflichtveranstaltung beiwohnen? Darüber hinaus verändert sich die Redesituation, wenn Zuhörer während der Rede noch dazukommen oder den Raum verlassen können.

WIE WIRD DER REDNER ALS PERSON VOR DER REDE BEWERTET?

I-mage

Ob Sie es wollen oder nicht, Sie werden als Redner immer vom Publikum eingeschätzt. Ein Redner, der vom Publikum freudig erwartet wird oder der als besonders kompetent eingestuft wird, findet sicherlich eine andere Redesituation vor, als ein Redner, den das Publikum nicht schätzt oder vielleicht gar nicht hören mag. Stellen Sie sich vor, ein Vertreter der Arbeitgeberseite und ein Gewerkschaftsvertreter sprechen auf der gleichen Streikkundgebung vor einer aufgebrachten Arbeitnehmerschaft. Sicherlich werden diese Redner völlig unterschiedliche Ausgangsituationen vorfinden.

Aber auch bei einer nicht ganz so brisanten Redesituation ist die Voreinschätzung des Publikums wichtig. Ein dem Publikum bekannter Redner wird dabei anders erwartet, als ein dem Publikum völlig fremder Redner. Wie viele und welche Informationen hat dann das Publikum z. B. aus einer Vorankündigung in einer Veranstaltungsbroschüre oder durch die Ankündigung des Moderators der Veranstaltung?

WELCHEN TITEL TRÄGT DIE VERANSTALTUNG?

T-itel/Auftrag

Der Titel des Vortrags trägt stark dazu bei, welche Erwartungshaltung die Zuhörer der Rede gegenüber haben. Bei einem Titel wie „Warum wird in Deutschland nicht mehr über das Waldsterben berichtet?" wird man eher eine Klärung und einen beratenden Vortrag erwarten, als auf einer Veranstaltung mit dem Titel „Waldsterben in Deutschland – Ein Lagebericht", bei dem eher ein rein informativer Vortrag zum Status quo erwartet werden kann.

Besonders sollten Sie als Redner dabei darauf achten, wie Ihr offizieller und Ihr inoffizieller Auftrag für diesen Titel lautet. Ihre Redesituation wird sich deutlich verändern, wenn Sie z. B. eine Lobrede auf eine Person halten sollen, Ihr inoffizieller Auftrag aber lautet, eine geplante Maßnahme den Zuhörern schmackhaft zu machen. Oder stellen Sie sich ein Assessment-Center vor, bei dem Sie die Personalbeauftragten eigentlich nur von Ihrer Person überzeugen wollen, Sie aber offiziell eine bestimmte Sachlage diskutieren sollen.

WAS MUSS FÜR DIE ZEIT DER REDE BEDACHT WERDEN?

Z-eitpunkt

Dabei spielt nicht nur die Länge des Redebeitrags in Minuten eine Rolle, sondern vor allem ist die zeitliche Positionierung der Rede wichtig. Vor und nach wem soll die Rede gehalten werden? Wenn der Vorredner besonders witzig ist und das Publikum sehr aufwühlt, müssen Sie einen anderen Redestil wählen, als wenn Ihr Vorredner einen besonders trockenen Vortrag gehalten hat und das Publikum nach dessen Rede wieder aktiviert werden muss.

Vor und nach was soll die Rede gehalten werden? Die Einstellung des Publikums ist sicher anders, wenn es vielleicht schon ‚hungrig' auf die nächste Pause wartet, oder wenn es gerade noch mit dem ‚Verdauen des Mittagessens' beschäftigt ist. Sind Sie der erste Redner oder vielleicht der letzte Redner eines langen Konferenztages? Findet Ihre Rede am Vormittag statt oder im biologischen Leistungstief des Nachmittags?

Darüber hinaus ist es sehr wichtig zu beachten, ob das Datum eine besondere Bedeutung hat, wie z. B. der 09. November oder 24. Dezember.

Anwendung: Steht Ihnen schon eine konkrete Rede bevor? Dann überlegen Sie sich doch einmal, was Sie dort erwarten wird. Damit Ihnen die Anforderungen unterschiedlicher Reden klarer werden, sollten Sie sich auch noch eine ganz andere Redesituation vorstellen und mit Hilfe der W.O.G.A.M.P.I.T.Z.-Checkliste durchgehen. Stellen Sie sich vor, Sie müssen eine Rede auf dem ‚runden' Geburtstag eines Verwandten, ein Referat in der Schule oder an der Hochschule, oder einen Fachvortrag während einer Besprechung oder bei einem Kongress halten.

Die Übung ist erfolgreich, wenn Ihre Vorstellung über die Redesituation nach der Bearbeitung klarer geworden ist.

I 1.2 Streitpunktfindung

Lernziel: Nach dieser Übung können Sie schneller analysieren, in welchen zentralen Punkten Befürworter und Gegner einer These oder Maßnahme sich widersprechen (☞Verteidigungstrategien, ☞EVA-Übung). Sie können in einem Gespräch genauer erkennen, von welchen zentralen Punkten eine Einigung abhängig ist, bzw. warum eine Einigung nicht erzielt werden konnte und damit den Ausgang der Diskussion eher für sich entscheiden.

Teilnehmer:	1 Person
Übungsdauer:	☆☆
Schwierigkeitsgrad:	☆
Übungsart:	Einzelübung

Beschreibung: Haben Sie schon einmal eine Diskussion erlebt, in der gestritten wurde, aber man ständig das Gefühl hatte, die Streitparteien sprechen aneinander vorbei und kommen nicht auf den Punkt? Das Problem liegt darin, dass versäumt wird zu erkennen, wo die eigentlichen Streitpunkte liegen. Ein Streitpunkt ist der zentrale Punkt in der Argumentation, in dem es keine Übereinstimmung geben kann. Wem es gelingt, diesen für sich zu gewinnen, der wird damit die Auseinandersetzung für sich entscheiden können.

Der Streitpunkt: Die Lösung des ‚Aneinandervorbeiredens'

Erkennen können Sie Streitpunkte, indem Sie darauf achten, wann ein Redner einer Aussage eines anderen Redners widerspricht. Dabei ist es nicht wesentlich, ob eine Aussage nur bezweifelt wird (passiver Widerspruch) oder offen das Gegenteil behauptet wird (aktiver Widerspruch). Ein Widerspruch ist hier schon zu sehen, wenn einer Aussage nicht zugestimmt wird. Jeder Redebeitrag, der auf Widerspruch stößt, hat mindestens einen Streitpunkt.

Die Kenntnis dieser Streitpunkte bildet damit die Grundlage für eine erfolgreiche Argumentation. Um nun diese Streitpunkte zu finden, können Sie sich folgende Dissenskategorien, in denen die Streitpunkte liegen können, bewusst machen:

Dissenskategorien – Grundlage der Argumentation

Mögliche Dissenskategorien:

- EXISTENZ – *Ist es?*
  Werden die Fakten bestritten – wie kann man sie belegen?
  BEISPIEL: Sie meinen, dass ein militärisches Eingreifen in Nordkorea im äußersten Fall notwendig ist, damit die dortige Regierung ihre Atomwaffen nicht an Terroristen weitergeben kann. Ihnen wird widersprochen, indem Ihr gegenüber behauptet, dass Nordkorea noch gar keine einsatzfähigen Atomwaffen besitzt.
- DEFINITION – *Was ist es?*
  Wird die Bezeichnung bestritten – wie kann man sie gegenüber anderen Bezeichnungen abgrenzen?
  BEISPIEL: Sie befürworten, dass Graffiti-Schmierereien strenger bestraft werden müssten. Ihr Gegenüber meint, dass Graffiti keine Schmierereien, sondern eher ein Ausdruck von Kunst seien.
- QUALITÄT – *Wie beschaffen ist es?*
  Werden bestimmte Eigenschaften bestritten – gibt es sie, sind sie notwendig oder zufällig und woran erkennt man sie?
  BEISPIEL: Sie beschweren sich, dass der Sohn Ihres Nachbarn Ihren Jungen verprügelt habe. Ihnen wird widersprochen mit

der Aussage, dass dieser sich nur seinen Fußball habe zurück-holen wollen und er also nicht nur einfach so zugeschlagen habe, sondern ein gegenseitiger Streit mit einer Prügelei ent-standen sei.

- QUANTITÄT – *Wie bedeutend ist es?*
  Wird das Ausmaß bestritten – wie kann man es messen, be-weisen oder mit anderem vergleichen?
  BEISPIEL: Sie behaupten, die Staatsverschuldung sei mit über 2 Billionen Euro zu hoch. Ihr Gegenüber widerspricht, indem er sagt, dass die Staatsverschuldung im Verhältnis zum Bruttoin-landsprodukt oder im Verhältnis zu anderen Europäischen Staaten nicht zu hoch sei.

- KOMPETENZ – *Wie ist die Beziehung zwischen Redner und Sa-che?*
  Wird die Betroffenheit bestritten – darf/soll/muss ich über den Fall reden und dürfen/sollen/müssen wir eine Meinung oder Entscheidung dazu haben?
  BEISPIEL: Sie bemängeln, dass in vielen arabischen Staaten nur die Männer wählen dürfen. Ihr Gegenüber widerspricht, indem er sagt, dass das Wahlrecht in einem Land ausschließlich Sa-che der dort lebenden Bevölkerung sei.

Anwendung: Erinnern Sie sich noch an eine Situation, in der Sie mit einer Aussage, einer These oder einer vorgeschlagenen Maß-nahme auf Widerspruch gestoßen sind? Worin lag der Wider-spruch? Gehen Sie diese Situationen unter dem Gesichtspunkt der Dissenskategorien noch einmal durch.

Die Übung ist erfolgreich, wenn Ihnen durch die Dissenskate-gorien klar wird, über was Sie im Kern gestritten haben und wel-chen Punkt Sie hätten klären müssen. Vielleicht haben Sie Lust, noch weitere Streitgespräche daraufhin zu untersuchen.

I 2 Stofffindung und Argumentation (inventio)

Wenn die Richtung und das Ziel der Rede gefunden sind, geht es an das Auffinden des Inhalts. Im Zeitalter des weltweit ver-netzten Wissens im Internet und der Möglichkeit, ganze Biblio-theken auf DVD mit sich herumzutragen, ist es leicht, eine Un-menge an Stoff für eine Rede zu finden. Die Schwierigkeiten entstehen, wenn sich die Inhalte nicht über eine Suchmaschine finden lassen, wie z. B. für eine Rede bei der Hochzeit eines guten Freundes, oder wenn elektronische Hilfsmittel einfach nicht zur Verfügung stehen.

Begibt man sich nun in den kreativen Prozess des Suchens, so stellt man schnell fest, dass ein völlig unstrukturiertes Vorgehen nur unbefriedigende Ergebnisse liefert. Manchmal vergisst man ganze Gedankengänge oder man verliert den Überblick.

Eine gute Möglichkeit, schnell und strukturiert Gedanken zu einem Thema zu sammeln, ist es, ein ‚Mind Map‘ zu erstellen. Die erste Übung dieses Kapitels stellt Ihnen diese kreative Form des Stofffindens vor.

Erste Übung: Mind Maps

Wenn Ihre Rede Teil einer Pro- und Contra-Argumentation ist, empfiehlt es sich, nicht nur die eigene Seite zu betrachten. Ein mögliches Vorgehen dazu können Sie mit der zweiten Übung, dem ‚T-Schema‘, erlernen.

Zweite Übung: T-Schema

Manche Themen legen bestimmte ‚Fundorte‘ für den Inhalt nahe. So liegt es auf der Hand, dass man bei der ☞Lobrede für einen nahen Verwandten etwas über dessen Beruf, Vorgeschichte oder Neigungen sagen kann. Eine solche Sammlung möglicher allgemeiner Fundorte (gr. Topoi) und den Umgang mit einer solchen Liste erlernen Sie in der dritten Übung ‚Gemeinplätze (☞Topik)‘.

Dritte Übung: Topik

I 2.1 Mind Maps

Lernziel: Mit Hilfe dieser Übung lernen Sie schnell, strukturiert und zielgerichtet Inhalte für Ihre Rede durch das Erstellen eines Mind Maps zu finden.

Teilnehmer:	1 Person
Übungsdauer:	☆
Schwierigkeitsgrad:	☆
Übungsart:	Einzelübung

Beschreibung: Als in den 1960igern Tony Buzan mit seiner Idee des Mind mapping in die Öffentlichkeit trat, konnten viele mit den bunten Bildern, die dabei gemalt wurden kaum, etwas anfangen. Erst nach und nach wurde klar, welches Potential in dieser Methode steckt. Wie entsteht ein Mind Map und was hat diese Lerntechnik für einen Nutzen für den Redner?

Aufbau eines Mind Maps
Die Idee eines Mind Maps ist es, von einem Kerngedanken aus alle weiteren Gedanken darum herum aufzuzeichnen. Dabei verlässt man die lineare Form eines Fließtextes und schreibt alle assoziierten Gedanken auf ein Blatt. Je mehr Farbe, je mehr Bilder und je mehr kreative Freiheiten man sich dabei erlaubt, desto umfangreicher die Ergebnisse. Ein grobes Schema für das Erstellen eines Mind Maps sehen Sie in Abbildung 1.

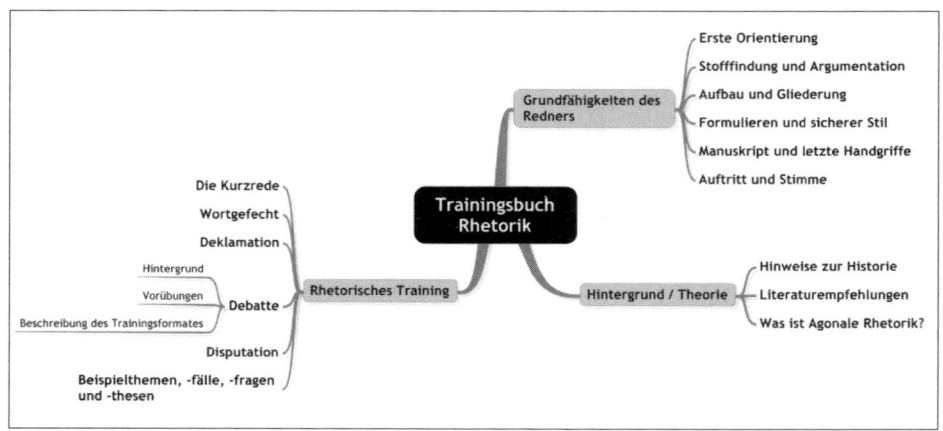

Der Aufbau dieses Buches als ‚Mind Map‘

Erstellen eines Mind Maps
Um ein Mind Map zu erstellen, sollten Sie ein möglichst großes Blatt Papier quer nehmen. Schreiben Sie in die Mitte des Blattes Ihr Thema, z. B. ‚Fernsehen‘. Überlegen Sie sich nun Überbegriffe dazu, z. B. ‚Zielgruppen‘, ‚Sender‘, ‚Gefahren durch Fernsehen‘ etc. Überlegen Sie nun, welche Unterbegriffe Ihnen zu diesen Überbegriffen einfallen, z. B. zum Überbegriff ‚Sender‘ die Untergliederung ‚Öffentlich-Rechtliche‘ und ‚Private‘. Dieses Netz der Gedanken spinnen Sie dann immer weiter. So können Sie die einzelnen Sendeanstalten aufzählen oder Ihnen fallen Punkte zu anderen Überbegriffen ein. Lassen Sie Ihren Gedanken freien Lauf und Sie werden überrascht sein, wie viele Punkte sich in kürzester Zeit auf Ihrem Blatt wieder finden.

Vorteile
Für den Redner birgt dieses Vorgehen den Vorteil, dass er nicht nur sehr schnell viele Gedanken aufschreiben kann. Es entsteht darüber hinaus ganz von selbst eine Ordnung der Gedanken, die später als Grundlage für eine ganze Rede dienen kann.

Wenn Sie an der Methode Gefallen finden, können Sie für einen professionelleren Einsatz auch Computerprogramme wie ‚MindManager' oder ‚OpenMind' benutzen.

Anwendung: Sie haben spontan ein Thema, für das Sie gerne Stoff sammeln und strukturieren möchten? Schreiben Sie das Thema in die Mitte eines großen Blatt Papiers und sammeln Sie mit Hilfe der Mind Map-Technik für ca. 5-10 min. Inhalte für Ihre Rede. Wenn Sie Ideen für ein Redebeispiel benötigen, finden Sie eine große Anzahl an Themen im Anhang.

Die Übung ist erfolgreich, wenn Sie mit dem Mind Map mehr und besser strukturierten Inhalt erhalten als ohne dessen Einsatz.

I 2.2 T-Schema

Lernziel: Diese Übung zeigt Ihnen, wie Sie in kurzer Zeit Argumente für und gegen eine These sammeln können. Sie erreichen damit eine übersichtlich strukturierte Bewertung der Sachlage.

Teilnehmer:	1 Person
Übungsdauer:	☆
Schwierigkeitsgrad:	☆
Übungsart:	Einzelübung

Beschreibung: Nehmen Sie ein Blatt Papier zur Hand. Zeichnen Sie auf das Blatt ein großes ‚T'. Malen Sie dieses ‚T' so groß, dass Ihr Blatt in drei Bereiche aufgeteilt ist. Drehen Sie nun das Blatt so, dass das ‚T' auf dem Kopf steht. Tragen Sie im oberen linken Feld die Überschrift ‚Pro-Argumente' und im rechten obern Feld ‚Contra-Argumente' ein. Im unteren Bereich tragen Sie ‚Noch nicht zugeordnet' ein. Sie haben nun die Grundstruktur für das T-Schema.

Aufbau des T-Schemas

Stellen Sie sich nun ein beliebiges Redethema. Tragen Sie Ihre Argumente, so wie Sie Ihnen einfallen in die jeweiligen Bereiche des T-Schemas ein. Wenn Ihnen keine neuen Argumente mehr einfallen, betrachten Sie nochmals den unteren Bereich ‚Noch nicht zugeordnet'. Verteilen Sie nun diese noch offenen Argumente in die Pro- und Contrabereiche.

Einsatz des T-Schemas

Anwendung: Bereiten Sie sich auf eine Diskussion vor! Was könnten Argumente sein, die für eine Seite sprechen, welche dagegen? Verwenden Sie hierzu die Vorgehensweise des T-Schemas. Als Fundgrube für Ideen können Sie auch die Sammlung von Debattenthemen aus dem ☞Anhang benutzen.

I 2.3 Gemeinplätze (Topik)

Lernziel: Durch das strukturierte Durcharbeiten dieser Topik-Liste sind Sie in der Lage auch für eine Gesellschaftsrede, wie z. B. der Ansprache auf einer Hochzeit, Inhalte zu finden. Aber auch für andere Redeanlässe bietet die Topik-Liste eine Fülle von inhaltlichen Anregungen für eine Rede.

Teilnehmer:	1 Person
Übungsdauer:	☆
Schwierigkeitsgrad:	☆☆
Übungsart:	Einzelübung

Beschreibung: Ein leeres Blatt Papier mit Inhalt zu füllen, stellt oftmals eine Hürde dar. Häufig genug findet ein Redner in der Vorbereitung seiner Rede nicht genügend Argumente. Das liegt selten daran, dass es keine gibt, sondern eher daran, dass er an der falschen Stelle sucht. Die Topik-Liste gibt eine Aufstellung an die Hand, mit Hilfe derer man die verschiedenen Argumentationsfelder zu einer Person oder einer Sache systematisch erschließen kann.

Gemeinplatz-sammlung: Topik

Die Topik ist eine allgemeinanwendbare Liste, daher kann es sein, dass zu manchem Thema ein bestimmter Fundort kein sinnvolles Argument liefert, ein anderer hingegen mehr als ein Argument ergibt. Die Topik-Liste kann für jede Rede angewendet werden.

Vorgehensweise

Dazu legen Sie zuerst das Thema der Rede fest, z. B. ‚Geburtstag meines besten Freundes‘. Gehen Sie dann die Liste der Reihe nach durch und notieren Sie sich in Stichpunkten die Ergebnisse der einzelnen Topoi. Je häufiger Sie die Topik-Liste anwenden, desto genauer verinnerlichen Sie ein gewisses Suchraster, an dem Sie sich in Ihrer Vorbereitung orientieren können.

Topik mit Beispielen

Die Beispiele in der folgenden Topik sind zum Einen aus der Literatur genommen, zum Anderen zur Veranschaulichung konstruiert worden. Dabei wurde für die Fundorte, die nach der Person gegliedert sind, als Anlass eine Lobrede *(Laudatio)* auf den fiktiven Zimmermann Heinz genommen. Bei den Fundorten, die nach der Sache selbst gegliedert sind, werden Beispielargumente für ein Mahnmahl für die Holocaustopfer in Berlin verwendet. Neben dieser Topik-Liste gibt es natürlich auch andere Schemata um Argumente zu finden.

TABELLE 1: FUNDORTE ZUR PERSON

BEZEICHNUNG	ERLÄUTERUNG	BEISPIEL 1:	BEISPIEL 2:
Familie/ Geschlecht (genus)	Das Elternhaus/ Geschlecht als Handlungs-motivation	„Und sie, ein junger Mann aus gutem Hause, wohlhabend, unabhängig, warum wollen sie sich zum Werkzeug in einer Sache gebrauchen lassen, aus der gewiss nichts Gutes und vielleicht manches Unangenehme für sie entspringen kann?" [Goethe: Aus meinem Leben. Dichtung und Wahrheit]	„Heinz ist ein ausgezeichneter Schreiner, kein Wunder, waren doch schon sein Vater und dessen Vater, die besten Schreiner unserer Stadt."
Nationalität (natio)	Zugehörigkeit zu einem bestimmten Volk	„Thomas Mann: Das ist ein deutscher Schriftsteller – ein Ausbund von Deutschheit" [Walter Jens: Der letzte Bürger: Thomas Mann]	„Heinz ist korrekt und pünktlich, ein Schwabe wie aus dem Bilderbuch."
Geschlecht (sexus)	Geschlechts-spezifische Verhaltensweisen	„Es sollte und mußte vor allem ein Weib sein, welches die Fesseln der Weiber [...] zu sprengen begann. Dieses Weib trat auf; mit der Männerarbeit und dem Männerkampfschwert nahm es zugleich männlichen Namen an und nannte sich George Sand" [Ferdinand Lassalle: Über die Ehe]	„Auch nach dem Tod seiner Frau ist Heinz nicht verzweifelt, er hat das Schicksal wie ein Mann ertragen."
Alter (aetas)	Altersbedingte Verhaltensweisen		„Der wilde Heinz, ist durch Erfahrung und Alter reifer geworden."

Ausbildung (educatio/ disciplina)	Durch die Ausbildung bedingtes Verhalten	„So hat es ihn der Mann gelehrt, aus dessen Hand er die Stafette übernommen hat: Hans Zehrer. So lehrt er es selbst" [Walter Jens: Praeceptor Germaniae: Axel Caesar Springer]	„Heinz hat immer als Handwerker gehandelt: zupackend und machend."
Physiognomonie (habitus corporis)	Spezifische körperliche Merkmale als Hinweis auf Verhalten		„An seinen großen Händen sieht man seine zupackende Art"
Schicksal (fortuna)	Wie beeinflusst Glück bzw. Unglück die Person		„Wäre Heinz' Schreinerei nicht abgebrannt, wäre es wohl nie zum Bau der neuen erfolgreichen Großschreinerei gekommen."
Soziale Stellung (conditio)	Gesellschaftsspezifische Beeinflussung	„Wie empfindsam ist dieser Mann. Mit welchem Mitgefühl betrachtet er, von der Chefetage aus, die Menschen unter sich" [Walter Jens: Praeceptor Germaniae: Axel Caesar Springer]	„Erst als Bürgermeister unserer Stadt konnte Heinz sein soziales Engagement ausleben."
Charakter (anima natura)	Besondere Charaktereigenschaften		„Seine Gutmütigkeit hat ihn manche Mark gekostet, aber auch manchen Freund gewonnen."
Beruf (studia)	Berufsbedingtes Verhalten	„Beckmesser, der Schreiber unter Schustern, Bäckern und schneidern: ewig über den Büchern [...] vom Leben ausgesperrt; dazu verdammt das	„Noch in der Chefetage seiner Firma trug Heinz, ganz der Schreiner, sei-

		Leben eines Theoretikers zu führen" [Walter Jens: Ehrenrettung eines Kritikers]	nen Bleistift hinterm Ohr mit sich herum."
Vorgeschichte/ Ruf (ante acta dicta)	Die Geschichte der Person	„Und der Beweis für meine Worte soll durch die untadelige Frau erbracht werden, die ich Ihnen in der Loge hier vor Augen führe" [Charles Dickens: Die Pickwickier]	„Sein ganzes Leben liegt offen vor uns und bezeugt seine Lebensleistung."
Namen (nomen)	Wechselwirkung (Spitz-) Name und Person		„Man könnte unseren Heinz mit gutem Recht ein Heinzelmännchen nennen"

TABELLE 2: FUNDORTE ZUR SACHE

BEZEICHNUNG	ERLÄUTERUNG	BEISPIEL 1:	BEISPIEL 2:
Die Ursachen (loci a causa)	Welche Gründe führen zu der Sachlage		„Die schrecklichen Verbrechen zwingen uns dazu an sie zu erinnern und zu gemahnen."
Der Ort (loci a loco)	Begründungen, die sich aus dem Ort ableiten	„Ich stand draußen auf dem Treppenabsatz und konnte deshalb nicht genau hören, was Mr. Pickwick sagte" [Charles Dickens: Die Pickwickier]	„Ein Mahnmahl muss im damaligen Zentrum des Verbrechens, also in Berlin, stehen."
Zeit (loci a tempore)	Beweise durch die Zeit	„Es könnte aber einer sagen, dass wir mit Geld diese Versicherung gaben. Jener gab es, ich	„Gerade jetzt, wo die Zeitzeugen weniger

		nahm es an. Haben sie es bei Tag oder bei Nacht übergeben? Es gibt [bei Nacht] viele lückenlose Wachen. Denen man nicht verborgen bleiben kann. Bei Tage etwa? Aber das Licht steht dem entgegen." [Gorgias: Verteidigung des Palamedes]	werden, brauchen wir neue Formen des Erinnerns."
Die Umstände (loci a circumstantia)	Durch die Umstände gewonnene Beweise	„Zuvor allerdings hatte er noch Vorsorge getroffen, dass bei ihrem feierlichen Vertrag keinerlei Zeugen anwesend sein sollen." [Charles Dickens: Die Pickwickier]	„Die Diskussionen um das Mahnmal zeigen, dass wir einen Ort des Erinnerns benötigen."

Anwendung: Ihre Großmutter hat bald Geburtstag? Ihr bester Freund heiratet? Sammeln Sie mit Hilfe (☞Lobrede) der oben aufgeführten Topik-Liste Inhalte für diese Festreden. Versuchen Sie auch für eine Rede, bei der es um die Klärung eines Sachverhaltes oder dem Berichten eines Ereignisses geht Inhalte zu finden.

I 3 Aufbau und Gliederung (dispositio)

Eine gute Rede ist vergleichbar einer schönen Perlenkette. Perle für Perle einander gereiht, eine jede an der richtigen Stelle, verleiht der Kette ihre Schönheit und der Trägerin die Möglichkeit, bezaubernd zu wirken.

Wie die Perlenkette die Trägerin schmückt, so verhilft die Rede dem Redner zu glänzen. Ihre Funktion der Überzeugung kann die Rede aber nur erfüllen, wenn Sie einem roten Faden folgend eine gut nachvollziehbare ☞Struktur und ☞Argumentation enthält.

Erste Übung: Die schnelle Redestruktur

Dieses Kapitel beschäftigt sich damit, Redestrukturen zu erkennen und Reden selbst strukturieren zu lernen. Dabei stellt die erste Übung ‚Die schnelle Redestruktur' einige Grundstrukturen vor, mit denen auch spontane Redebeiträge schnell in einen überzeugenden Ablauf gebracht werden können.

Nun haben Sie eine lange Reihe schlagender Argumente gesammelt. Vielleicht reicht nun die begrenzte Redezeit nicht aus, um alle Argumente einzubringen. Wie können Sie die schlagkräftigsten Argumente schnell erkennen und wie müssen diese dann angeordnet werden, damit sie möglichst überzeugend wirken? In der zweiten Übung dieses Kapitels lernen Sie, die interne Struktur Ihrer Argumente zu bilden.

Zweite Übung: Argumente anordnen

Die gute Redestruktur ist die Grundvoraussetzung für die Verständlichkeit der Rede. Gleichzeitig ist es der sichere Tod durch Langeweile für den Zuhörer, wenn diese Struktur nur stichpunktartig abgearbeitet und dargestellt wird. Die bereits in der Antike bekannte ‚Chrie‘ ist eine Übung, bei der Sie lernen können, nach einem klaren Schema eine Rede zu erstellen und dabei diese Struktur so elegant zu verkleiden, dass Ihre Rede trotz der deutlichen Strukturvorgabe gewandt und flüssig wirkt.

Dritte Übung: Die Chrie

In der letzten Übung dieses Kapitels sollen Sie den Schritt wagen, auch längere Redestrukturen zu erkennen. In der Übung ‚Analyse einer Musterrede‘ erlernen Sie die klassische Struktur einer Rede und wie man diese in der Rede erkennen und schließlich selbst anwenden kann.

Vierte Übung: Analyse einer Musterrede

I 3.1 Die schnelle Redestruktur

Lernziel: Mit Hilfe dieser Übung können Sie Redebeiträge schnell und gut strukturieren. Sie lernen mit Hilfe der grundlegenden Redestrukturen des Drei-/Fünfsatzes in sehr kurzer Zeit auch spontane Redebeiträge überzeugend aufzubauen.

Teilnehmer:	1 Person
Übungsdauer:	☆
Schwierigkeitsgrad:	☆☆
Übungsart:	Einzelübung

Beschreibung: Eine Rede besteht grundsätzlich immer aus mindestens drei Teilen: ☞Einleitung, ☞Hauptteil und ☞Schluss. Der Einleitungsteil hat die Hauptaufgabe, den Kontakt zu den Zuhörern aufzubauen und zum Thema hinzuführen. Im Hauptteil versucht der Redner mit Hilfe einer schlagkräftigen Argumentation zu überzeugen. Dabei sollten Sie in einer kurzen Rede ungefähr

Der Dreisatz der Rede: Einleitung, Hauptteil und Schlussteil drei Argumente einbringen. Der Schlussteil der Rede soll zusammenfassend die Rede abschließen und den letzten Zweifler im Publikum vom Anliegen des Redners überzeugen. Diese Gliederung in drei Elemente hat den Vorteil, dass sie einfach zu verstehen und für den Zuhörer wie auch für den Redner leicht zu merken ist. Bitte beachten Sie, dass gerade bei längeren Reden oder bei Reden, deren Inhalt eben mehr oder weniger als drei Unterpunkte erfordern, von dieser Gliederung abgewichen werden sollte.

Als Einleitung können Sie praktisch alles verwenden, was dem Zweck dient, die Aufmerksamkeit des Publikums zu bekommen, das Wohlwollen der Zuhörer zu gewinnen und zum Thema hinzuleiten.

Einleitung: als Vorspann, Aufhänger oder Denkreiz

Drei mögliche Varianten sind ,Vorspann', ,Aufhänger' und ,Denkreiz'. Wenn Sie einen Vorspann verwenden, erzählen Sie z. B. eine auf den ersten Blick nicht mit dem Thema der Rede zusammenhängende Anekdote, einen Witz oder bringen ein Zitat ein. Beim Aufhänger starten Sie bereits mit einem inhaltlichen Punkt, der an die Lebenswirklichkeit der Zuhörer anknüpft, wie z. B. einem aktuellen Zeitungsartikel, der Schilderung eines aktuellen Mangels oder eines Erlebnisses, das den Zuhörern und dem Redner gemein ist. Der Denkreiz verwendet einen möglichst direkten Einstieg in die Themenstellung. Dabei sind Variationen des spontanen Erfassens des Publikums möglich, indem z. B. die Fragestellung des Themas genannt und sofort bejaht oder verneint wird: „Sollen wir …? – Ja!"

Denken Sie aber daran: Eine Einleitung, die für jede Rede passt – passt bei keiner Rede! Wählen Sie immer einen situativ passenden Einstieg!

Chronologische Gliederung

Außer der ☞Gliederung nach den einzelnen Argumenten können Sie auch verschiedene, fast immer verwendbare Strukturen einsetzen. So können Sie Ihren Hauptteil auch einem chronologischen Ablauf folgen lassen: ,Früher' (Historie), ,Heute' (Status quo), ,Morgen' (voraussichtliche Entwicklung). Beispielhaft könnte dies in der Rede dann jeweils so eingeleitet werden: „Schon bei Quintilian im ersten Jahrhundert nach Christus, kann man lesen, dass man Kinder nicht schlagen sollte. [...] Und auch heute lehnen viele es ab, ein Kind zu schlagen. [...] Bedenkt man, welche Eltern man in der Zukunft bekommen wird, wenn diese als Kinder geschlagen wurden, [...]"

Kompromiss und neuer Weg

Eine andere Form der inneren Gliederung ist der Kompromiss. Nach dem Einstieg ist der Hauptteil gegliedert in ,Position A' (,Für die Maßnahme'), ‚Position B' (‚Gegen die Maßnahme') und ‚Neuer Weg' (‚Kompromiss').

Nicht immer genügt dieser Dreisatz, um eine Rede ausreichend zu strukturieren. Bei der Darstellung einer geplanten Maßnahme gliedert sich eine Rede in fünf nahe liegende Punkte (☞EVA-Übung, ☞Antrag):

Der Fünfsatz der Rede

- Feststellung des Mangels im Status quo,
- gewünschte Zukunft/Ziel der Maßnahme,
- Erläuterung der Maßnahme, die zur gewünschten Zukunft führt,
- Darstellung der Vorteile,
- werbende Zusammenfassung für den Antrag/Appell zur Zustimmung

Anwendung: Seien Sie spontan! Nehmen Sie sich eine Minute Vorbereitungszeit und halten Sie eine 1-3minütige Rede! Versuchen Sie dabei die Redestrukturen ‚Chronologische Gliederung', ‚Kompromiss' bzw. ‚Neuer Weg' zu verwenden. Wichtig ist dabei, dass Sie die Strukturen nachvollziehen und einüben.

Wenn Ihre Rede eine klarere Struktur erkennen lässt, haben Sie die Übung erfolgreich eingesetzt.

I 3.2 Bewertung und Anordnung von Argumenten

Lernziel: Welches Argument an welcher Stelle kommen sollte, damit Ihre Rede überzeugend aufgebaut ist, lernen Sie in dieser Übung. Dabei ordnen Sie Ihre Argumente schnell nach deren Wichtigkeit und passen sie in die Redestruktur ein.

Teilnehmer:	1 Person
Übungsdauer:	☆
Schwierigkeitsgrad:	☆☆
Übungsart:	Einzelübung

Beschreibung: Die Anordnung der Argumente entscheidet oft über deren Überzeugungskraft innerhalb der Rede. Ihr stärkstes Argument sollte am Ende Ihrer Rede stehen. Dies empfiehlt sich, da der letzte Punkt der ist, der den Zuhörern am deutlichsten in Erinnerung bleibt. Beginnen Sie den argumentativen Teil Ihrer Rede mit Ihrem zweitstärksten Argument. Dies sichert zumindest

Argumente anordnen: 2, 3, 1!

eine grundsätzliche Zustimmung der Zuhörer zu Ihrer Position und Ihrer Argumentation. Starten Sie nie mit Ihrem schwächsten Argument. Es kann dazu führen, dass manche Ihrer Zuhörer danach nicht mehr bereit sind zuzuhören: „So schwache Argumente? Na, da kann ja nichts Gutes mehr kommen!" Die Anordnung der restlichen Argumente ist dann nicht erfolgskritisch. Es empfiehlt sich aber zumindest zum Ende hin die Stärke der Argumente ansteigen zu lassen, um auf das letzte und stärkste Argument hinzuarbeiten.

A-, B- und C-Argumente

Wenn Sie nun Ihre Argumente auf einem Blatt vor sich liegen haben und nicht ausmachen können, in welcher Reihenfolge diese zu gewichten sind, verwenden Sie folgenden Trick. Geben Sie jedem Argument eine eigene Nummer. Wenn es nur ein bestes Argument, ein zweitbestes Argument usw. geben kann, ergibt sich dann die Reihenfolge wie von selbst. Sie können die Argumente dieser Liste dann weiter untergliedern in die Kategorien A, B und C. A-Argumente müssen in der Rede vorkommen, da sie einen wesentlichen inhaltlichen Bestandteil der Rede bilden. B-Argumente sollten in der Rede vorkommen. Die Rede würde ohne die Argumente aber immer noch überzeugend wirken. C-Argumente kann man erwähnen, wenn noch viel Zeit übrig ist. Falls Sie Ihre Fähigkeit Argumente zu finden verbessern wollen, empfehlen sich die Übungen aus dem vorherigen Kapitel.

Anwendung: Sammeln Sie zu einem Thema Ihrer Wahl mind. fünf Argumente. Ordnen Sie diese nach ihrer Stärke an. Stellen Sie nun die Argumente in die richtige Reihenfolge für die Rede. Welche Argumente würden Sie auf jeden Fall in Ihrer Rede verwenden?

I 3.3 Die Chrie

Lernziel:. Sie üben eine klare ☞Redestruktur und versuchen diese so elegant und gewandt in Worte zu fassen, dass sie für den Zuhörer nicht mehr deutlich hervortritt, also die Rede wie ‚ein perfekter Guss' erscheint.

Teilnehmer:	1 Person
Übungsdauer:	☆☆
Schwierigkeitsgrad:	☆☆
Übungsart:	Einzelübung

Beschreibung: Eine Chrie (griechisch für ‚Nützliches') ist die Schilderung eines kurzen, pointierten Geschehnisses, das mit einer bekannten, vorbildlichen Persönlichkeit verbunden ist. Zumeist wird eine besonders schlagfertige Bemerkung oder eine ausgefallene Tat als Reaktion auf einen Anlass oder eine Frage dargestellt. Wie z. B. als George Bernard Shaw dem damaligen Premierminister von Großbritannien Winston Churchill zwei Premierenkarten zu einem seiner Stücke mit dem Vermerk schickte: „Bringen Sie einen Freund mit, wenn Sie noch einen haben." folgte die prompte Antwort von Churchill: „Bin an dem Abend parlamentarisch gebunden, komme zur zweiten Vorstellung, wenn es noch eine gibt".

Die schon in der Antike entwickelte Chrie-Übung basiert auf einem klaren Schema, an dem die Erzählung entwickelt und in eine Redeform gekleidet werden kann. Dabei kann auch ein einfaches Zitat als Vorlage dienen.

Sie gehen bei der Chrie-Übung Schritt für Schritt folgende Punkte durch:
1. Lobende Vorstellung des Autors
2. Nennung des Zitates oder des denkwürdigen Geschehnisses
3. Aufzeigen eines Grundes, warum die Bemerkung oder die Geschehnisse denkwürdig sind
4. Deutung des Beispiels bei Umkehrung der Aussage
5. Darstellung eines Vergleichs
6. Nennung eines weiteren Beispiels für die Hauptaussage der Chrie
7. Untermauerung der dargestellten Meinung durch die Aussage einer anderen Persönlichkeit
8. Kurze Zusammenfassung

Hier eine ausgearbeitete Chrie-Übung als Beispiel:
Von Sir Peter Ustinov stammt folgende Vermutung: Die letzte Stimme, die man hört, bevor die Welt explodiert, wird die Stimme eines Experten sein, der sagt: „Das ist technisch unmöglich."

1. Sir Peter Ustinov, einer der bekanntesten und beliebtesten internationalen Schauspieler und Autoren der letzten Jahrzehnte, stach durch seinen Wortwitz und Scharfsinn zu aktuellen politischen und sozialen Gegebenheiten immer wieder hervor.
2. Seine Einstellung zum Thema ‚Experten' macht er dadurch deutlich, dass er für den Zeitpunkt der Explosion der Welt pro-

Randnotizen:

Die Chrie = eine pointierte Erzählung

Die Chrie-Übung

Beispiel einer ausgearbeiteten Chrie-Übung

Lob

Zitat

phezeit, dass das Letzte, was man hören wird, die Stimme eines Experten ist, der dieses als für technisch unmöglich erklärt.

Begründung   3. Diese Vermutung ist sehr treffend, da es zu nahezu jedem Phänomen mindestens zwei Experten und drei Meinungen gibt und so genannte Experten oft so selbstbewusst auftreten und sich auch von den offensichtlichsten Beweisen nicht von ihrer Meinung abbringen lassen.

Gegenteil   4. Einerseits ist diese Vielfalt der Auffassungen wissenschaftlich begrüßenswert, sie erscheint den meisten jedoch als Zeichen dafür, dass es mehr um die Selbstbestätigung und das Rechthaben von Wissenschaftlern geht, als um einen möglichen Dienst für die Menschen.

Vergleich   5. So ist auch eine beharrliche kriegerische Auseinandersetzung zwischen zwei Staaten, bei denen es letztlich im Wesentlichen um die Rechthaberei der Staatsoberhäupter geht, keineswegs gut für das Volk, zu dessen Wohle die Staatsmänner eigentlich handeln sollten.

Beispiel   6. Bewahrheitet hat sich dieses Beispiel auch an dem Untergang der Titanic, die von Experten für unsinkbar erklärt worden ist und doch unzweifelhaft auf dem Grunde des Atlantiks ihr Ende gefunden hat.

Untermauerung   7. Auch Laurence Johnston Peter (1919-90), ein bekannter amerikanischer Managementberater verlautbarte: „Rate dreimal hintereinander richtig und du wirst den Ruf eines Experten haben". Auch er hegt also an der Wahrheit und Verlässlichkeit der Aussagen von Experten gewisse Zweifel.

Zusammenfassung   8. Ustinovs Ausspruch sollte uns also vor Augen führen, dass die Meinung von Experten und die Realität oft sehr weit voneinander entfernt sein können und es im Zweifel eben keine genau von Experten bewiesenen Sachen gibt sie beweisen sich oft erst, wenn sie geschehen.

Anwendung: Suchen Sie sich ein Zitat einer berühmten Persönlichkeit und erstellen Sie eine Rede mit dem oben beschriebenen Schema der Chrie-Übung.

Mögliche Zitate können sein: „Nehmen Sie die Menschen, wie sie sind. Andere gibt es nicht". Konrad Adenauer (1876-1967), „Kein Ding ist gut oder schlecht, erst das Denken macht es dazu." William Shakespeare (1564-1616) oder auch „Wir müssen die Änderung sein, die wir in der Welt sehen wollen." Mahatma Gandhi (1869-1948).

Die Übung war erfolgreich, wenn Sie die einzelnen Punkte des Chrie-Schemas eingearbeitet haben und diese beim Lesen oder Vortragen der Ausarbeitung nicht auffällig hervortreten.

I 3.4 Analyse einer Musterrede

Lernziel: Lange Reden haben eine detaillierte, ausgearbeitete Redestruktur. In dieser Übung lernen Sie die klassische Redegliederung kennen und üben anhand einer längeren Beispielrede deren Struktur und die innere Anordnung der Argumente.

Teilnehmer:	1 Person
Übungsdauer:	☆☆
Schwierigkeitsgrad:	☆☆☆
Übungsart:	Einzelübung

Beschreibung: Am Beispiel einer längeren Rede können die einzelnen Stationen einer Rede gezeigt werden. Auch eine lange Rede folgt den drei Abschnitten ☞Einleitung, ☞Hauptteil und ☞Schluss. Die klassische Rhetorik kennt darüber hinaus eine viel feinere Struktur der einzelnen Redeteile, die damit die Perfektionierung der Gesamtrede ermöglicht.

Der klassische Aufbau der Rede lässt sich teilen in:
- Anfangsteil (exordium)
  - Erwecken von Aufmerksamkeit (attentum parare)
  - Betroffenheit (tua res agitur)
  - Erwecken von Wohlgefallen (benevolum parare)
  - Ankündigung des Redezieles (propositio)
- Vorschau auf den Inhalt der Rede (partitio)
- Erzählung (narratio)
- Argumentation (argumentatio)
- Schlussteil (peroratio)
  - Zielsatz (conclusio)
  - Handlungsaufforderung

Als Beispiel wird im Folgenden die Rede von Joschka Fischer auf dem Parteitag der Grünen in Bielefeld 1999 zu der Frage, ob die Grüne Partei dem militärischen Einsatz gegen Milosevic zustimmen darf oder nicht, analysiert. Der Text ist die Mitschrift der gehaltenen Rede, nicht das Redemanuskript. Die gesamte Rede finden Sie im Anschluss an diese Übung abgedruckt.

DIE REDETEILE IM DETAIL:

Aufgabe des kurzen Anfangsteils ist es, den Zuhörer auf die folgende Rede vorzubereiten, d. h. ihm sowohl das Thema zu nennen, als ihn auch in die richtige Stimmung zu versetzen.

Anfangsteil (exordium) und Erwecken von Wohlgefallen (benevolum parare)

Erwecken von Aufmerksamkeit (attentum parare) Der Redner muss die Dringlichkeit und Notwendigkeit seiner Rede beweisen: „Und ich sage euch: er hat mittlerweile Hunderttausenden das Leben gekostet. Und das ist der Punkt, wo Bündnis 90/Die Grünen nicht mehr Protestpartei sind."

Betroffenheit (tua res agitur) Der Redner muss den Zuhörern beweisen, dass sein Redethema den Zuhörer betrifft, z. B. indem er seine Zuhörer direkt anspricht: „... ich weiß ja nicht, wie es euch geht, wenn ihr die Bilder seht..."

Erwecken von Wohlgefallen (benevolum parare) Die Zuhörer sollen dem Redner und dem Redegegenstand gegenüber positiv gestimmt werden. Das Wohlgefallen kann z. B. durch die Anrede (titulatio) gewonnen werden: „Liebe Freundinnen und Freunde, ... liebe Gegner – geliebte Gegner!"

Ankündigung des Redezieles (propositio) Der Redegegenstand, das Redeziel soll kurz und pointiert zusammengefasst und angekündigt werden: „Ich will euch zeigen, warum wir diesem militärischen Einsatz zustimmen mussten!" (konstruiert)

Vorschau auf den Inhalt der Rede (partitio) Wenn die Rede sehr lang oder der Redegegenstand besonders kompliziert ist, kann es sich lohnen, den Inhalt und den Aufbau der Rede schon vorher anzukündigen: „Die Gründe für unsere Zustimmung, die ich euch nennen will, sind: die Deutsche Geschichte; der Völkermord in Ex-Jugoslawien, die Zukunft Ex-Jugoslawiens und die moderne Friedenspolitik" (konstruiert)

Erzählung (narratio) Die Erzählung soll den Zuhörer mit den wichtigsten Fakten des Redegegenstandes vertraut machen. Alle Grundinformationen, die zum Verständnis der Situation notwendig werden, sollen vorgelegt werden. Eine Erzählung soll sachgerecht, kurz, klar und verständlich sein. Dabei ist sie natürlich auch parteiisch, d. h. von der eigenen Perspektive geprägt, ohne jedoch unwahr zu sein oder notwendige Informationen zu verschweigen.

Argumentation (argumentatio) Die Argumentation hat die Aufgabe, Gründe für die Richtigkeit des Redeziels (im Beispiel der Fischerrede: Gründe dafür, dass die Zustimmung der Grünen zu einem militärischen Einsatz in Ex-Jugoslawien richtig ist) zu liefern. Die Begründung kann dabei sachlich, aber auch gefühlsbetont sein. Fischer formuliert als seine Hauptargumente: 1. Die Verantwortung, die aus der deutschen Geschichte kommt. 2. In Jugoslawien findet ein Völkermord statt, darauf muss man reagieren und zwar möglichst schnell und effektiv, um weiteres Unheil zu verhindern. 3. Wenn nicht reagiert wird, dann sind auch die noch friedlichen Teile Ex-Jugoslawiens von Terror und ethnischer Säuberung bedroht. 4. Moderne Friedenspolitik kommt ohne die Androhung und im Notfall auch ohne die Anwendung von militärischen Mitteln nicht aus.

Wie aus den Argumenten schnell erkennbar, wird in dieser Rede hauptsächlich über die Gefühlsebene argumentiert. Die Entscheidung, wie sachlich oder wie emotional argumentiert wird, muss in jeder Rede neu gefällt werden und orientiert sich an der Angemessenheit (aptum) gegenüber dem Publikum, dem Redegegenstand und der Person des Redners. Die Argumentation ist in der Regel der Hauptteil der Rede und somit häufig der längste Teil.

Im kurzen Schlussteil einer Rede kommt es darauf an, alles zuvor in der Argumentation Bewiesene als sicher (certum) darzustellen. Der Schluss einer Rede ist die letzte Gelegenheit, das Publikum von der Richtigkeit des Beweisziels zu überzeugen, er verdient daher besondere Aufmerksamkeit.

Schlussteil (peroratio)

Das Beweisziel der Rede wird als richtig und bewiesen nochmals pointiert wiederholt: „Daher ist es richtig dem militärischen Einsatz zu zustimmen!" (konstruiert)

Zielsatz (conclusio)

Der Redner formuliert als Konsequenz seiner Rede eine Handlungsaufforderung an seine Zuhörer: „Und was ich euch als Außenminister bitte, ist, dass ihr mir helft, dass ihr Unterstützung gebt und dass ihr mir nicht Knüppel in die Beine werft, und dass ich nicht geschwächt, sondern gestärkt aus diesem Parteitag herausgehe, um unsere Politik weiter fortsetzen zu können."

Handlungsaufforderung

Es ist eine der effektivsten Übungen, sich Musterreden zu suchen und sie zu analysieren. So kann am Vorbild die Wirkungsweise und die Technik der Rede erlernt und das eigene Repertoire erweitert werden. Von einem herausragenden Redner zu lernen, ist ein guter Weg auch selbst zu einem besonderen Redner zu werden. Dabei kommt es darauf an, nicht nur zu versuchen, das Vorbild zu kopieren. Vielmehr sollten Sie erkennen, was gut ist an diesem Redner und dies für den eigenen Stil, der eigenen Person und den jeweiligen Redegegenstand anpassen.

Lernen von den Besten

Anwendung: Suchen Sie sich eine längere Rede und versuchen Sie erst Einleitung, Hauptteil und Schluss zu markieren. Dann bestimmen Sie die einzelnen Hauptargumente und deren innere Gliederung. Als letztes versuchen Sie, die restlichen Details der Struktur der Rede zu erkennen. Eine gute Quelle für längere Reden ist das Internet, in dem z. B. die Reden des Bundespräsidenten (www.bundespraesident.de) vollständig veröffentlicht werden oder aber auch ganze Redensammlungen zu finden sind. Bedenken Sie, dass nicht jede Rede alle Teile beinhaltet.

Transskript der Re-
de des Bundesau-
ßenministers

*Rede des Bundesaußenministers Joschka Fischer auf dem außer-
ordentlichen Bundesparteitag von ‚Bündnis 90/Die Grünen‘ in
Bielefeld am 13. Mai 1999*

Anfangsteil
(exordium)

Liebe Freundinnen und Freunde, ... liebe Freundinnen und Freunde, ... liebe Gegner – geliebte Gegner! ... Wisst ihr – ein in halbes Jahr sind wir jetzt hier in der Bundesregierung, ein halbes
Jahr ... [Zuruf: Kriegshetzer!] ja, jetzt kommt's, ich hab nur drauf
gewartet: ‚Kriegshetzer‘ – hier spricht ein Kriegshetzer, und Herrn
Milosevic schlagt ihr demnächst für den Friedensnobelpreis vor,
nicht wahr. ...

Betroffenheit
(tua res agitur)

Wisst ihr – wenn da vorhin die Parteifreundin sich hinstellte
und sagte, die Parteiführung spricht über ihre Zerrissenheit – ich
weiß ja nicht, wie es euch geht, wenn ihr die Bilder seht – ich
hätte mir nie träumen lassen, dass wir hier einen Grünen-Partei-
tag nach einem halben Jahr ... ich dachte, wir wollen hier diskutieren und dass die Friedensfreunde vor allen Dingen am Frieden Interesse haben. Und wenn ihr euch so sicher seid – dann
solltet ihr doch die Argumente wenigstens anhören und eure Argumente dagegensetzen ... mit Sprechchören, mit Farbbeuteln
wird diese Frage nicht gelöst werden, nicht unter uns und nicht
und auch nicht außerhalb. Und wir erleben ja bei diesem Parteitag – und insofern ist es keine innere Zerrissenheit, sondern
eine äußere Zerrissenheit, ich hätte mir auch nicht träumen lassen, dass wir Grüne unter Polizeischutz einen Parteitag abhal-
ten müssen; aber warum müssen wir unter Polizeischutz diskutieren?

Erwecken von
Aufmerksamkeit
(attentum parare)

Doch nicht, weil wir diskutieren wollen, sondern weil hier offensichtlich welche nicht diskutieren wollen, wie wir gerade erlebt haben. Das ist doch der Punkt!

Und da sage ich euch, da sage ich euch, dass mir bestimmte
Diskussionen – und ich weiß, als Bundesaußenminister muss ich
mich zurückhalten, muss mich – darf zu bestimmten Dingen aus
wohlerwogenen Gründen nichts sagen, nicht so, wie's mir wirklich das Maul am liebsten übergehen würde von dem, was ich in
letzter Zeit gehört habe. Ja, der Diplomatie eine Chance: ich kann
das nur nachdrücklich unterstützen! Nur, ich sage euch: ich war
bei Milosevic, ich hab mit ihm zweieinhalb Stunden diskutiert,
ich habe ihn angefleht, drauf zu verzichten, dass die Gewalt eingesetzt wird im Kosovo. Es ist jetzt Krieg, ja, und ich hätte mir
nie träumen lassen, dass Rot-Grün mit im Krieg ist, aber dieser
Krieg geht nicht erst seit 51 Tagen, sondern seit 1992, liebe Freundinnen und Freunde – seit 1992.

Und ich sage euch: er hat mittlerweile Hunderttausenden das Leben gekostet. Und das ist der Punkt, wo Bündnis 90/Die Grünen nicht mehr Protestpartei sind.

Wir haben uns entschieden, in die Bundesregierung zu gehen – in einer Situation, als klar war, dass hier die endgültige Zuspitzung der jugoslawischen Erbfolgekriege stattfinden kann. Ich erinnere mich noch [Zuruf: Aufhören!] – nein ich höre nicht auf, den Gefallen tue ich euch nicht ... den Gefallen tue ich euch nicht!

Erzählung (narratio)

Ich kann mich noch erinnern: die Bundestagswahlen waren gerade vorbei, da sind Schröder und ich nach Washington geflogen, wir waren noch in der Opposition – da war schon klar, dass wir mit ein Erbe bekommen, das unter Umständen in eine blutige Konfrontation, in einen Krieg führen kann. Und ich kann euch an diesem Punkt nur sagen: Schon damals, als wir die Koalition beschlossen haben, war uns klar, dass wir in einer schwierigen Situation antreten. Ich hätte mir nicht träumen lassen, ... ich hätte mir nicht träumen lassen, dass wir im ersten halben Jahr nicht nur die Agenda 2000, nicht nur die Frage der Kommission ... der Krise der Kommission, sondern auch die Frage Rambouillet und schließlich das Scheitern von Rambouillet und den Krieg dort haben. Nur, ich kann euch nochmals sagen: Was ich nicht bereit bin zu akzeptieren: Frieden, Frieden setzt voraus, dass Menschen nicht ermordet, dass Menschen nicht vertrieben, dass Frauen nicht vergewaltigt werden – das setzt Frieden voraus.

Und ... wisst ihr – ich bin der letzte, der nicht sagen würde, dass ich keine Fehler gemacht habe – auch und gerade in letzter Zeit ..., wenn darauf hingewiesen wird [Zurufe: Heuchler, Heuchler] ... wenn darauf hingewiesen wird, auf die Lageberichte – ja, war ein Fehler, den muss ich akzeptieren. Ich konnte im ersten halben Jahr, vor allen Dingen unter dem Druck nicht alles machen, aber ich trage dafür die Verantwortung und werde zu Recht deswegen kritisiert.

Andere Fehler sind gemacht worden. Nur auf der anderen Seite möchte ich euch sagen, und da möchte ich auch mal der Partei meine persönliche Situation berichten: Der entscheidende Punkt ist doch, dass wir wirklich alles versucht haben, um diese Konfrontation zu verhindern, und da sage ich euch [Tumult] ... ich bin ja nun weißgott kein zartes Pflänzchen beim Nehmen und beim Geben, weißgott nicht – aber es hat wehgetan, wenn der persönliche Vorwurf erhoben wurde, ich hätte da die Bundesrepublik Deutschland in den Krieg gefingert mit einem Annex B. Ich kann euch nur eines sagen: Die G-8 hat jetzt beschlossen, eine gemeinsame Grundlage, eine Prinzipienerklärung auf der

Grundlage, vollen Grundlage von Rambouillet. Und ich kann euch nur versichern: Ich habe alles getan, was in meinen Kräften stand, ... ich habe alles getan, was in meinen Kräften stand, um diese Konfrontation zu verhindern. Und wenn einer, ... und wenn einer in dieser Frage meint – und eine, er könne eine Position einnehmen, die unschuldig wäre, dann müssen wir die Positionen mal durchdeklinieren.

Argumentation
(argumentatio)

Mir wurde ‚moralischer Overkill‘ vorgeworfen und, äh, ich würde da eine eine ‚Entsorgung der deutschen Geschichte‘ betreiben und Ähnliches.

Ich will euch sagen: Für mich spielten zwei zentrale Punkte in meiner Biografie eine entscheidende Rolle, und ich kann meine Biografie da nicht ausblenden – ich frage mich, wer das kann in dieser Frage. In Solingen, als es damals zu diesem furchtbaren, mörderischen Anschlag auf ‘ne ausländische Familie, auf ‘ne türkische Familie kam: die rassistischen Übergriffe, der Neonazismus, die Skinheads – natürlich steckt da bei mir immer die Erinnerung auch an unsere Geschichte und spielt da eine Rolle, und ich frage mich: Wenn wir innenpolitisch dieses Argument immer verwendet haben, gemeinsam verwandt haben, warum verwenden wir es dann nicht, wenn Vertreibung, ethnische Kriegführung in Europa wieder Einzug halten und eine blutige Ernte mittlerweile zu verzeichnen ist? Ist das ‚moralische – Hochrüstung‘, ist das ‚Overkill‘? ... Auschwitz ist unvergleichbar. Aber in mir – ich stehe auf zwei Grundsätzen: Nie wieder Krieg! Nie wieder Auschwitz! – Nie wieder Völkermord! Nie wieder Faschismus! Beides gehört bei mir zusammen, liebe Freundinnen und Freunde. Und deswegen bin ich in die Grüne Partei gegangen.

Was ich mich frage, ist ... was ich mich frage, ist, warum ihr diese Diskussion verweigert: Warum verweigert ihr mit Trillerpfeifen diese Diskussion? ... Wenn ihr euch als Linke oder gar Linksradikale bezeichnet. Ihr mögt ja alles falsch finden, was diese Bundesregierung gemacht hat und die NATO macht – das mögt ihr alles falsch finden, aber mich würde mal interessieren, wie denn von einem linken Standpunkt aus das, was in Jugoslawien seit 1992 an ethnischer Kriegführung, an völkischer Politik betrieben wird, wie dieses von einem Linken, von euerm Standpunkt aus, denn tatsächlich zu benennen ist; warum ihr meint – sind es etwa alte Feindbilder, an die man sich gewöhnt hat, und weil Herr Milosevic in dieses Feindbild so nicht reinpasst – ich sage euch: Mit dem Ende des Kalten Krieges ist eine ethnische Kriegführung, ist eine völkische Politik zurückgekehrt, die Europa nicht akzeptieren darf. Wenn wir diese Politik akzeptieren, werden wir dieses Europa nicht wieder erkennen, liebe Freundinnen und Freunde. Das wird nicht das Europa sein, für das wir gekämpft haben.

Frieden setzt die Analyse der Ursachen des Kriegs voraus: eine politische Analyse. Wenn wir Frieden schaffen wollen – da stimme ich allen zu, die meinen, moralische Empörung reicht nicht aus. Wenn wir Frieden schaffen wollen, dann müssen wir die politischen Bedingungen für einen dauerhaften Frieden in Südosteuropa herstellen. Und dafür müssen wir erstmal analysieren, was die Ursachen des Krieges sind. Südosteuropa ... Südosteuropa hatte ein eigenes – Ordnungsprinzip während der Zeit des Kalten Krieges. Dieses Ordnungsprinzip kon... ordnete sich um die Bundesrepublik Jugoslawien herum, um das multinationale ... damalige Jugoslawien. Mit dem Tod Titos, mit dem Ende des Kalten Krieges ... und gleichzeitig [technische Störung] wurde dieses Jugoslawien auseinandergetrieben. Seitdem haben wir es dort mit einem Erbfolgekrieg zu tun. Er begann in Slowenien, er ging weiter nach Kroatien, Ostslawonien, die Krajina, er hatte zur Grundlage: überall, wo Serben leben, alle Serben in einen Staat – und das war die Kriegserklärung an die anderen Völker im damaligen Jugoslawien. Das ist die großserbische Politik gewesen, die Milosevic bis auf den heutigen Tag verfolgt. Und dann die blutige Katastrophe, die blutige Katastrophe in Bosnien – und da sage ich: da reden wir über einen versuchten Völkermord an den bosnischen Muslimen. Ich sage all denen – Annelie [Buntenbach], Christian [Ströbele] – wenn ihr sagt, lasst uns das Bomben einstellen, und dann schaun wir mal, dann verhandeln wir – ich hab mir mal rausgesucht, wie viele Waffenstillstandsabkommen Milosevic und seine Paladine und wie viele VN-Resolutionen unterzeichnet wurden. 18 Waffenstillstandsabkommen seit 1993, davon hat nur das letzte gehalten und hat Hunderttausende ihr Leben gekostet in Bosnien-Herzegowina und in den anderen Regionen. 73 ... 73 ... 73 UN-Resolutionen, liebe Freundinnen und Freunde, 73 – und da lese ich: zwei – am 16.4.93 die VN-Resolution 819: ‚Srebrenica wird Schutzzone‘ und am 6. Mai VN-Resolution 824: ‚Einrichtung 6 Schutzzonen für muslimische Flüchtlinge (Srebrenica, Zaba, Gorazde, Tuzla, Sarajewo, Bihac)‘. Ich frage euch, liebe Freundinnen und Freunde: Woher nehmt ihr euer Vertrauen bei Milosevic, dass ohne massiven bewaffneten Schutz es den Menschen nicht genau so wieder gehen wird wie den Männern in Srebrenica, die kalt im Massengrab liegen bis auf den heutigen Tag? Woher nehmt ihr das? Ich hab dieses Vertrauen nicht. Milosevic – wir haben in Rambouillet versucht, die serbisch-jugoslawische Seite zu überzeugen. Das Absurde ist, dass der Westen, die von euch so verachtete NATO, für die territoriale Integrität Jugoslawiens eingetreten ist – gegen Sezession, gegen die Unabhängigkeit der Kosovaren. Wir sind dafür eingetreten, eine politische Lösung zu erreichen. Und wenn gesagt wird: Gebt der Demokra... Diplomatie eine Chance: es wurde doch alles versucht, um mit diplomatischen Mitteln ein Einvernehmen hinzubekommen – da mögt ihr pfeifen, so viel ihr wollt, liebe Freundinnen und Freunde. [Tumult] Ich war dabei, und ich wünsche euch, ich wünsche euch: Geht mit dieser Position – ich war am letzten Sonntag im Flüchtlingslager in Cegrane in Mazedonien – geht doch mal mit eurer Position dorthin und redet mit den Menschen – mal sehen, was die dazu sagen, das sind die direkt Betroffenen. Es sind die Vertriebenen. Und wenn ich mir was vorwerfe ... wenn ich mir was vorwerfe, liebe Freundinnen und Freunde, dann kann es allerhöchstens dies sein: Milosevic in seiner Brutalität, Milosevic in seiner Radikalität, Milosevic in seiner Entschlossenheit, den ethnischen Krieg ohne Rücksicht auf die Zivilbevölkerung durchzusetzen, diesen ethnischen Krieg zu Ende zu bringen – und wenn wir uns früher darüber aufgeregt haben, über Counter-Strategien gegen Guerilla-Bewegungen – ja, Milosevic geht von der These aus: ‚Guerillas sind diejenigen, die im Volk wie im Wasser schwimmen, und deswegen lasse das Wasser ab, zerstöre ein Volk, vertreibe es vollständig durch Schrecken, durch Terror, und dann wird es auch keine Guerilla geben, und destabilisiere noch die Nachbarstaaten.‘ Ich sage euch: Diese Politik ist in einem doppelten Sinne verbrecherisch: Ein ganzes Volk zum Kriegsziel zu nehmen, zu vertreiben durch Terror, durch Unterdrückung, durch Vergewaltigung, durch Ermordung, und gleichzeitig die Nachbarstaaten zu destabilisieren – dies bezeichne ich als eine verbrecherische Politik, liebe Freundinnen und Freunde. Und deswegen ...

Wir haben in dem ganzen Konflikt nicht geruht, trotzdem, als es notwendig war, Milosevic militärisch entgegenzutreten – denn wenn das nicht getan wird, wird der Sandcak, wird Montenegro das nächste sein; und dann wird, entsprechend seiner großserbischen Strategie, von der er nicht ablässt – ja da schüttelst du den Kopf – das haben wir mit dem Kosovo, da hast du genau so den Kopf geschüttelt, als wir das anhand von Srebrenica diskutiert haben, und da kann ich dir nur sagen, wenn wir dem nicht entschlossen entgegentreten, dann wird als nächstes auch Mazedonien in Frage gestellt werden. Dann werden wir die Konsequenz haben, dann werden wir die Konsequenz haben, dass die

Vertriebenen, dass die Entrechteten, dass diejenigen gleichzeitig – die groß-albanische Idee, die gegenwärtig nur 'ne Rand – 'ne politische Randerscheinung ist, in einem Maße befeuern werden, wie wir das von den Palästinensern kennen, und dann werden wir das Gegenteil von Frieden haben ... sondern wir werden dauerhafte Instabilität, dauerhaft Krieg, dauerhaft Unterdrückung in dieser Region bekommen noch mit ganz anderen Konsequenzen – 's ist das Gegenteil von Friedenspolitik, und deswegen sage ich: Milosevic darf sich nicht durchsetzen, und wir dürfen nicht beschließen, was in diese Richtung gehen könnte.

Ich ... ich möchte [Tumult] – wir haben die fünf Punkte vorgeschlagen und durchgesetzt. Wir haben einen Friedensplan, der zuerst belächelt wurde, der mittlerweile die Grundlage der G-8 ist, durchgesetzt. Wir haben darauf gesetzt, den Vereinten Nationen endlich wieder eine entscheidende Rolle zukommen zu lassen, wir haben darauf gesetzt, Russland ins Boot zu bringen, was mit G-8 gelungen ist, wir setzen darauf – und das, bitte ich euch, ist der Kern des Ganzen: nicht, ob wir mit einem guten Gewissen nach Hause gehen, nicht, ob wir uns mit Farbbeuteln beschmissen haben, sondern ob wir politische Entscheidungen treffen, die die Rückkehr der Vertriebenen ermöglichen – ja oder nein. Das ist der Maßstab, liebe Freundinnen und Freunde. Und das ist auch der moralische Maßstab. Das ist der friedenspolitische Maßstab. Und ich sage euch: Ohne diese Rückkehr, ohne diese Rückkehr wird es keinen Frieden geben. Und diese Rückkehr wird nur stattfinden, wenn es eine robuste internationale Friedenstruppe gibt – ohne dieses wird es keine Rückkehr geben nach den Schrecken, die diese Menschen erlebt haben. Und es wird keine Rückkehr geben, wenn es nicht zum Rückzug der bewaffneten Streitkräfte Jugoslawiens, der Paramilitärs und der Sonderpolizei, der MUP, tatsächlich kommt. Die Menschen werden nach dem Horror nicht zurückgehen. Und wenn sie nicht zurückgehen, wird es keinen Frieden geben. Das muss das Ziel sein. Dafür kämpft die Bundesregierung. Dafür kämpfen wir. Jeden Tag. Und ich kann euch nur sagen: da müssen wir jetzt mal Tacheles reden. Was nicht sein kann, ist: Wir behalten, wir als Partei, behalten auf der einen Seite unser gutes friedenspolitisches Interesse, äh, Gewissen, und dann gibt es ein paar in der Fraktion und in der Regierung, die sind dafür zuständig dann für die Realitäten – so wird es nicht gehen. Und deswegen, liebe Freundinnen und Freunde, ist heute Klartext angesagt. Ich freue mich ja, wenn gesagt wird – von Christian Ströbele und anderen –, sie wollen, dass Joschka Fischer Außenminister bleibt. Aber dann müsst ihr die Bedingungen auch dafür schaffen, dass ich erfolgreich Außenminister sein kann!

Handlungs-
aufforderung

Und ich werde mit eurem Antrag geschwächt aus diesem Parteitag hervorgehen und nicht gestärkt, liebe Freundinnen und Freunde.

Schlussteil
(peroratio)

Ich sage euch: Ich halte zum jetzigen Zeitpunkt eine einseitige Einstellung – unbefristete Einstellung der Bombenangriffe für das grundfalsche Signal – Milosevic würde dadurch gestärkt und nicht geschwächt. Ich werde das nicht umsetzen, wenn Ihr das beschließt – damit das klar ist! Ich muss hier Klarheit schaffen, weil – es nützt ja nichts, wenn ich euch heute erzähle:

Na ja, das ist alles nicht so schlimm, und dann mache ich irgendwie – wie ich meine, ich könnte gerade mal so weitermachen – da habe ich ein anderes Verständnis von Regierungsbeteiligung in einer demokratischen Grünen Partei. Und deswegen sage ich Euch an diesem Punkt: Was wir gemeinsam brauchen, ist die Kraft, jetzt in der Verantwortung – und das ist nicht nur die Verantwortung der Regierung, das ist nicht nur die Verantwortung von Bundesvorstand/Fraktion, sondern das ist die Verantwortung der ganzen Partei, von uns allen – jetzt die Kraft zu haben, in diesem Widerspruch, in dem wir drin sind, nämlich dass wir einerseits mit militärischen Mitteln, mit einem Krieg Milosevic Einhalt gebieten müssen, gleichzeitig alle Möglichkeiten zu nutzen, um eine Friedenslösung zur Rückkehr der Flüchtlinge zu erreichen und zu einem dauerhaften Schweigen der Waffen. Wir haben dafür den Stabilitätspakt Südlicher Balkan entwickelt. Sagt mir eine Regierung, eine, sagt mir eine Regierung, die mehr politische Initiativen erfolgreicher entwickelt hat als diese Bundesregierung. [Beifall] Und deswegen, liebe Freundinnen und Freunde, bitte ich euch, bei allem – und ich verstehe sehr gut die Emotionen, ich verstehe auch die Argumente der Ablehnung, jeder hat sie doch selbst in sich, ich führe diese Diskussion Tag für Tag im Grunde genommen in mir selbst und jeder führt sie – aber ich bitte euch, liebe Freundinnen und Freunde: Was wir jetzt gemeinsam brauchen, ist die Kraft, diese Verantwortung umzusetzen, so schwer es auch geht. Und was ich euch als Außenminister bitte, ist, dass ihr mir helft, dass ihr Unterstützung gebt und dass ihr mir nicht Knüppel in die Beine werft, und dass ich nicht geschwächt, sondern gestärkt aus diesem Parteitag herausgehe, um unsere Politik weiter fortsetzen zu können. Ich danke euch. [Tumult und Beifall]

I 4 Formulieren und sicherer Stil (elocutio)

„Ein Mann – eine Frau – ein Messer!" Sechs Worte, und im Kopf beginnt sich eine ganze Geschichte zu entwickeln. So sehr Sprachwissenschaftler und Formulierungskünstler bemüht sind, Worte so zu wählen, dass die Chance auf das Missverständnis möglichst klein wird, so sehr muss man doch eingestehen, dass unsere Sprache hochkomplex und vieldeutig ist.

Kaum ein Wort verfügt nicht über Dutzende verschiedene Deutungsmöglichkeiten. Im richtigen Kontext kann jedes noch so positive Wort negativ belegt werden. Ihr Gefühl für diese vielen Bedeutungsmöglichkeiten eines Textes können Sie mit Hilfe der ersten Übung dieses Kapitels trainieren.

Erste Übung: Subversives Neuschreiben

Überdies verfügt gerade die deutsche Sprache über die Eigenschaft, durch die geschickte Verwendung von Haupt- und Nebensatzkonstruktionen Sätze von gar biblischen Ausmaßen konstruieren zu können. Diese sind zwar grammatikalisch richtig, im gesprochenen Wort aber fast gänzlich unverständlich. Man beachte nur die gesprochene Verständlichkeit eines Satzes aus Thomas Manns Zauberberg gegenüber den kurzen Titeln der BILD-Zeitung. Je länger der Satz, desto mehr an Konzentration fordert er beim Verstehen! Ein Redner, der sein Publikum erreichen will, sollte daher kurz und klar sprechen können. Die zweite Übung dieses Kapitels soll diese Kunst, Schriftsprache in Rede zu wandeln, zeigen und einüben.

Zweite Übung: Schriftliche in mündliche Sprache umwandeln

Sie sollen einen zehnminütigen Vortag halten. Nun haben Sie aber Inhalt für über eine Stunde! Im vorherigen Kapitel haben Sie gelernt, wie Sie Ihre Rede strukturieren können. In der dritten Übung dieses Kapitels üben Sie, Inhalte zu konzentrieren und auf den Punkt zu bringen. Diese Art der Übung hilft Ihnen auch klarer zu benennen, welchen Punkt, welches Argument Sie gerade in Ihrer Rede darstellen.

Dritte Übung: Auf den Punkt bringen – Pointieren!

Ein Bild sagt mehr als tausend Worte. Die hohe Kunst des ausformulierten Wortes liegt im gezielt eingesetzten Redeschmuck. Eine Metapher, eine Analogie, ein treffendes Beispiel zur rechten Zeit in die Rede eingebracht, sorgt für besseres Verständnis, vergnügt die Zuhörer und gibt vielleicht den letzten Ausschlag, dem Redner zuzustimmen. Ohne zu tief in die vielfältige Welt der Redefiguren der Rhetorik einzusteigen, soll die letzte Übung das grundlegende Handwerkszeug zum Einsatz des Redeschmucks vermitteln.

Vierte Übung: Bildliches Erzählen

I 4.1 Subversives Neuschreiben

Lernziel: Jede Sache hat mindestens zwei Seiten. Diese zu erkennen und zu benennen ist Ziel dieser Übung. Dabei sollen Sie lernen, die richtigen Worte einzusetzen, um in einer sprachlichen Auseinandersetzung Ihre Argumente für eine befürwortende, aber auch für die verneinende Seite zu finden.

Teilnehmer:	1 Person
Übungsdauer:	☆☆
Schwierigkeitsgrad:	☆☆
Übungsart:	Einzelübung

Zwei Seiten einer Meinung

Beschreibung: Dass jede Medaille zwei Seiten hat, ist eine Binsenweisheit, dennoch fällt es uns häufig schwer, wenn wir uns einmal eine Meinung zu einer bestimmten Frage gebildet haben, auch die Gegenmeinung nachzuvollziehen. Für den Redner ist es wichtig, immer auch die Argumente und Meinungen der anderen Seite zu erkennen.

Advocatus diaboli und Toleranz

So kann es passieren, dass wir einmal eine uns gegenläufige Meinung vertreten müssen (advocatus diaboli), z. B. als Sprecher einer Gruppe, die eine andere Entscheidung, als die von uns gewünschte, gefällt hat. Daneben ist es aber auch ratsam, in der Vorbereitung einer Rede die ☞Argumentation der Gegenseite zu berücksichtigen und gegebenenfalls in der eigenen Rede schon vorwegzunehmen und somit im Vorhinein zu entkräften. Über dies hinaus lehrt die Beschäftigung mit der anderen Seite, die Denkweise und die Motivationen, die das Gegenüber antreiben zu erkennen. Durch dieses Nachvollziehen und Hineinversetzen in den Anderen, entwickelt sich häufig eine tiefe Toleranz und ein ehrlicheres Verständnis für die andere Seite.

Häufig wird eine neutrale Aussage schon durch die Hinzufügung eines wertenden Wortes positiv bzw. negativ. Ein einfaches Beispiel:

- das große Auto (neutral)
- das große, komfortable Auto (positiv)
- das große, die Umwelt verschmutzende Auto (negativ)

Auch das Weglassen einzelner Elemente einer Aussage kann die Wertung verändern:

- Ein Mörder wird wegen eines ungewöhnlich scheußlichen Verbrechens zum Tode verurteilt.
- Ein Mörder wird wegen seines Verbrechens zum Tode verurteilt.

Oder eine allgemeine, gegen die eigene Meinung gerichtete Aussage, wird übernommen und als für die eigene Sache sprechend gedeutet:

- Der Politiker X hat nur die Interessen der Arbeitgeber im Sinn.
- „Man wirft mir vor, nur an die Arbeitgeber und nicht an die Arbeitnehmer zu denken. Ja das tue ich, aber genau das ist richtig, denn ohne Arbeitgeber gibt es keine Arbeitnehmer."

Anwendung: Haben Sie Lust einen eigentlich neutralen Text positiv oder negativ zu ,beeinflussen'? Nehmen Sie einen möglichst neutralen Text, wie z. B. einen Zeitungsartikel, eine Beschreibung oder einen anderen neutralen Text. Versuchen Sie diesen Text so negativ wie möglich darzustellen. Nehmen Sie den Text erneut und stellen Sie den Sachverhalt nun möglichst positiv dar. Lassen Sie dabei aber nach Möglichkeit keine Inhalte weg und versuchen Sie mit möglichst wenigen Textänderungen auszukommen.

Sie können auch den hier anschließenden Text von F. Erler ,Armee und Staat' bearbeiten. Schreiben Sie den Text so, dass die Armee für den Staat nicht notwendig ist und anschließend in gegenteiliger Zielsetzung.

Variation: Sie können auch versuchen, einen eindeutig wertenden Text zu ,entschärfen' oder noch zu verstärken. Gute Übungstexte finden Sie hier z. B. bei Kommentaren in Ihrer Tageszeitung oder bei einer Rede in einer Debatte.

Übungstext – Armee und Staat: [...] Jede Armee hat ihre innenpolitische Fragwürdigkeit, beruht auf den Grundsätzen des Befehlens und Gehorchens und ist deshalb von vornherein ein Gegensatz zur Demokratie, die auf Diskussion und Abstimmung begründet ist. ,Militarismus' ist nicht schlechthin identisch mit dem Vorrang des Uniformierten vor dem Zivilgekleideten, sondern besteht weithin in der Übertragung der militärischen Lebensform auf die Politik. [...]

Auch unter der Herrschaft von Zivilisten kann die der Demokratie abträgliche Geisteshaltung von Befehl und Gehorsam Boden gewinnen. In einer parlamentarischen Demokratie muss das Parlament, das ja die Regierung gebildet hat, den Rang der obers-

Übungstext: Armee und Staat

ten Gewalt bewahren und sich auch dann als Kontrollinstanz der Regierung gegenüber benehmen, wenn es in seiner Mehrheit eben diese Regierung billigt. Es darf sich nicht zu einem bloßen Vollstrecker des Regierungswillens erniedrigen und damit die Aufgabenverteilung zwischen Regierung und Parlament in der Demokratie umkehren. Damit wäre die Grenzlinie zum autoritären Staat erreicht. […] Ein schwer auflösbarer Widerspruch besteht zwischen der Forderung auf Unterordnung der Militärgewalt unter die zivile Führung und der nach dem Recht und der Pflicht zum Widerstand der Militärgewalt gegen die Zivilgewalt, wenn diese zur Usurpation wird, die ihr gezogenen Grenzen überschreitet und die Nation ins Unglück stürzt.

Wer den bedingungslosen Gehorsam der Militärs vor der zivilen Gewalt fordert, verurteilt den 20. Juli. Wer den Militärs das Recht zubilligt, ihnen unbequeme politische Entscheidungen der Zivilgewalt zu torpedieren, macht sie zur herrschenden Gewalt im Staat.

(Fritz Erler: *Armee und Staat*. ‚Der Monat‘ 1955.)

I 4.2 Übersetzung Schriftsprache in mündliche Sprache

Lernziel: Lernen Sie mit dieser Übung eine klare, kurze und verständliche Sprache. Üben Sie Formulierungen zu verwenden, die Ihre Zuhörer verstehen können, indem Sie in der Lage sind, auch einen geschriebenen Text in einen mündlichen Vortrag zu übertragen.

Teilnehmer:	1 Person
Übungsdauer:	☆
Schwierigkeitsgrad:	☆
Übungsart:	Einzelübung

Beschreibung: Ein geschriebener Text ist etwas völlig anderes als ein gesprochener Vortrag. Beim Lesen kann der Leser Worte nachschlagen, Unverstandenes erneut lesen und längere Zeit über bestimmte Stellen nachdenken. Diese Möglichkeiten hat der Hörer eines Vortrages nicht.

Wenn Sie von Ihren Zuhörern verstanden werden wollen, sollten Sie auf Folgendes achten:

Was ist Rede im Gegensatz zur Schreibe?

- *Kürze:* Kurze, nicht verschachtelte Sätze. Ein gesprochener Satz mit mehr als 20 Wörtern gilt für die meisten Zuhörer als unverständlich,
- *Einfache Sprache:* Fremdwörter und Fachausdrücke, die nicht jedem Zuhörer bekannt sind, sollten möglichst vermieden oder sofort erklärt werden.
- *Direkte Ansprache:* Sprechen Sie Ihre Zuhörer immer wieder direkt an, wie z. B. „Was ich damit sagen wollte, meine Damen und Herren, ist...".
- *Anordnung:* Rede und Schreibe sind ähnlich, aber doch anders angeordnet. (☞Bewertung und Anordnung von Argumenten)
- *Pointierung:* Die wichtigsten Aussagen sollten in einem Satz pointiert formuliert werden. (☞Pointieren)
- *Gegenwart:* Berichte sollten eindringlich sein, daher bietet sich für Erzählungen die Gegenwartsform (Präsens) an,
- *Aktiv:* Vermeiden Sie passive Formulierungen, so z. B. statt: „Es muss etwas getan werden.", können sie verwenden: „Wir müssen etwas tun.".
- *Wiederholungen:* Damit sich die Zuhörer das Wichtige merken, sollten Kernaussagen wiederholt werden und am Ende der Rede nochmals zusammengefasst werden.

Anwendung: Nehmen Sie den Text aus der vorherigen Übung. Formulieren Sie diesen Text so um, dass Sie diesen problemlos einem Zuhörer vortragen können. Verwenden Sie dazu die genannten Hilfestellungen dieser Übung. Sie können auch den Praxistest wagen und den neuen Text jemandem vortragen. Wenn derjenige den Inhalt und das Redeziel verstanden hat, ist dies ein gutes Zeichen für eine gelungene Umformulierung.

I 4.3 Pointierung

Lernziel: Lernen Sie Ihre Gedanken punktgenau und treffend zu verdichten und zu formulieren. Schaffen Sie dadurch die sprachliche Grundlage für ein besseres Verständnis Ihrer Redestruktur.

Teilnehmer:	1 Person
Übungsdauer:	☆☆
Schwierigkeitsgrad:	☆☆
Übungsart:	Einzelübung

Beschreibung: Die Fähigkeit, sich exakt auszudrücken ist eine Kunst, die den überzeugenden Redner ausmacht. Ein gut gemachter Text ist nach Sinnabschnitten strukturiert. Jeder Absatz handelt einen Kerngedanken ab. Nun ist es möglich, diesen Kerngedanken in einem Satz wiederzugeben. Im letzen Schritt der Verdichtung kann dann dieser Satz zu einem einzelnen Wort bzw. einer kurzen Folge von zwei bis drei Wörtern zusammengefasst werden.

Ein Beispiel:

„Wer einmal auf den Geschmack von Macht gekommen ist, dessen größte Sorge ist es, diese Macht zu halten und womöglich zu vergrößern. Dieses Prinzip lässt sich bis zu gewissen Ausprägungen auch leicht vernünftig verteidigen. Schließlich gelten die ‚guten Gründe‘, die eine gewisse Anhäufung von Macht ursprünglich produziert haben, meist noch mindest eine Weile über diesen Anstoß hinaus, und die Menschen, die eine machtvolle Position bekleiden, fühlen sich durch ihren Erfolg bestätigt und wollen ihn zu ihrem eigenen oder fremden Wohle fortsetzen. Es liegt jedoch in der Natur des Menschen, dass sich dieses Streben sehr bald verselbstständigt und weit über diese vernünftigen Gründe hinaus weiterentwickelt.“

Fasst man diesen *Absatz in einen Satz* zusammen, erhält man die Aussage: „Macht strebt in problematischer Weise nach Erhalt und Vergrößerung der Macht.“

Pointiert man diesen *Satz auf ein Wort* so könnte man den Inhalt mit dem Schlagwort ‚Machtvergrößerung‘ umschreiben.

Diese Fähigkeit, ein sprachliches ‚Inhaltsverzeichnis‘ zu erzeugen, kann man in einer Rede sehr gut nutzen, indem man die Redegliederung: „Sage, was Du sagen wirst.“, „Sage es.“ und „Sage, was du gesagt hast.“ benutzt. Der Redner kündigt z. B. an, er habe drei Aspekte, die für ihn sprechen: einen historischen, einen wirtschaftlichen und einen gesellschaftlichen Aspekt. Dann würde er diese drei nacheinander ausformulieren: „Zum historischen Aspekt…“. Am Ende der Rede kann nun eine treffende Zusammenfassung folgen: „Für meine Position sprechen somit die historischen, wirtschaftlichen und die sozialen Aspekte.“

Wenn Sie versuchen, eine besondere Klarheit für Ihre Rede zu bekommen, ist diese Methode empfehlenswert. Seien Sie aber vorsichtig, wenn viele Ihrer Mitredner diese gleiche Struktur und Art der Pointierung verwenden. Es ermüdet den Zuhörer extrem, mehrere Reden in dieser immer gleichen Strickart zu hören. Bedenken Sie, dass eine der höchsten Künste der Rhetorik das ‚Verstecken der Kunst‘ ist! (☞dissimulatio artis)

Anwendung: Sagen Sie punktgenau was Sie meinen! Nehmen Sie dazu einen Text aus der ersten Übung dieses Kapitels und versuchen Sie ein ‚Inhaltsverzeichnis‘ des Textes zu bilden. Versuchen Sie dabei die jeweiligen Kernaussagen zu identifizieren und in einem Satz zusammenzufassen. Verdichten Sie diesen Satz dann zu einem einzelnen Wort. Alternativ können Sie auch einen Artikel aus Ihrer Tageszeitung zusammenfassen. Sie können die Treffsicherheit Ihrer Pointierung testen, indem Sie versuchen, nur anhand der Stichworte den Text nachzuerzählen – besser noch: einer anderen Person vorzutragen.

I 4.4 Bildliches Erzählen

Lernziel: Lernen Sie Ihre Zuhörer an Ihre Rede zu fesseln, indem Sie deren Phantasie und Vorstellungskraft ansprechen. Malen Sie Ihre Argumente aus, passen Sie sie an die Vorstellungswelt Ihrer Zuhörer an und werden Sie so zu einem überzeugenderen Redner.

Teilnehmer:	1 Person
Übungsdauer:	☆☆
Schwierigkeitsgrad:	☆☆☆
Übungsart:	Einzelübung

Beschreibung: Argumente überzeugen nicht von sich aus, sie bedürfen der Erklärung. Dabei ist es häufig nützlich, nicht nur rein logisch vorzugehen, sondern sich an den jeweiligen Zuhörer anzupassen. Sie können ein Argument auf vielfältige Art und Weise ausarbeiten. Verwenden Sie z. B. Metaphern, Analogien, Beispiele und Modelle.

Metaphern, Analogien, Beispiele und Modelle

Ein solches unausgebautes Argument für die Frage: „Brauchen wir eine Eignungsprüfung für Politiker?" könnte wie folgt aussehen: „Nur mit fundierter Ausbildung ist ein Mensch den gestellten Aufgaben gewachsen."

Beispiel für die Ausarbeitung eines Arguments

Ausgearbeitet könnte das Argument diese Form annehmen:

- METAPHER: *Der Inhalt wird durch einen anderen Inhalt ersetzt, dabei bleibt die Aussage identisch.*
  „Wenn ein Seekapitän in die Chefetage einer Fluggesellschaft berufen würde, käme uns das nicht komisch vor?"
- ANALOGIE: *Ein Fall von ähnlicher Struktur wird beschrieben.*
  „Einem Arzt, der in seinem Fach nicht vollständig ausgebildet ist, würden wir uns doch niemals anvertrauen, dennoch vertrauen wir politisch Unausgebildeten das Schicksal unseres Staates und damit unser aller Schicksal an."
- BEISPIEL: *Für das Argument wird ein gültiger Fall, ein Anwendungsbeispiel aus dem Leben erzählt.*
  „Der Minister Müller [für dieses Beispiel fingiert] ist als Quereinsteiger in die Politik gekommen, er hat Monate gebraucht, um sich in die Strukturen des Ministeriums einzuarbeiten, in dieser Zeit ist nichts passiert! Sein Vorgänger, der ehemalige Staatsminister Meier [auch dieser ist fiktiv], hingegen kannte sein Geschäft und konnte sofort an die Arbeit gehen"
- MODELL: *Die Grundprinzipien des vorliegenden Argumentes werden schematisch dargestellt.*
  „Das Grundprinzip einer gelungenen Tätigkeit liegt in der Kompetenz des Handelnden, daraus folgt, dass derjenige, der eine bestimmte Aufgabe zu erfüllen hat, für diese Aufgabe die notwendigen Vorraussetzungen mitbringt: Fähigkeit, Kenntnis und natürlich Ausbildung."

Nicht alle Ausarbeitungsmethoden sind für alle Argumente gleich sinnvoll und anwendbar und es bedarf einer gewissen Übung und Phantasie, um sie anzuwenden.

Es lohnt sich jedoch auch die Übung für beide Seiten, also das Für und Wider einer Frage durchzuspielen.

Anwendung: Beginnen Sie mit Ihren Worten andere an Ihre Rede zu fesseln. Finden Sie zu einem Thema einige Argumente und verändern Sie diese nach allen vier Varianten. Anregungen dazu finden Sie in den Debattenthemen im Anhang.

Als Grundsatz für eine gelungene Ausarbeitung gilt: das Beispiel muss möglich sein und die Ausarbeitung muss einen Bezug zum Ausgangsargument haben und dem Beweisziel des Redners nutzen.

I 5 Manuskript und letzte Handgriffe (memoria)

Ein überzeugender Inhalt, eine gute Struktur und eine ansprechende Sprache in Ihrer Rede sollten Sie bis hierher entwickelt haben. Dennoch startet so mancher Redner mit den Worten „Wo soll ich anfangen?". Damit Sie dann nicht den bösen Zwischenruf aus einer der hinteren Reihen des Publikums ertragen müssen: „Möglichst nah am Ende!" beschäftigt sich dieses Kapitel mit der Vorbereitung Ihres Manuskripts.

Drei gute Beispiele, wie ein Manuskript aussehen kann, wie es aufgebaut wird und was Sie beim Einsatz beachten sollten, lernen Sie in der ersten Übung.

Erste Übung: Manuskripterstellung

Und was, wenn alles schief geht? Wenn alle vorbereiteten Zettel zu Boden fallen? Sie vor Lampenfieber kaum atmen, geschweige denn sprechen können? Was müssen Sie machen, damit Sie auch alle Details im Umfeld der Rede im Blick behalten? Wie Sie Ihr Manuskript ‚störungsresistent' und ‚notfallgewappnet' machen, zeigt die zweite Übung.

Zweite Übung: Retter in der Not

Stellen Sie sich einen Redner vor. Wann wird dieser besonders überzeugend sein? Wenn er von seinem Skript abliest oder wenn er weiß, was er sagen will, das Publikum scharf im Blick hat und befreit von Papier sagt, was er meint? Sicherlich ist der Redner, der keine Unterlage mehr benötigt in der vorteilhaften Lage, leichter einen stärkeren Kontakt mit dem Publikum aufzubauen. Dazu benötigt er aber die Fähigkeit, auswendig zu wissen, wann welcher Punkt seiner Rede zu sagen ist. Drei Möglichkeiten, sich auch längere Reden zu behalten (memorieren), lernen Sie in der letzten Übung dieses Kapitels.

Dritte Übung: Memorieren

I 5.1 Arbeiten mit Manuskripten

Lernziel: Lernen Sie in dieser Übung Ihre Rede so aufzubereiten, dass Sie mit einem Manuskript einen überzeugenden Vortrag halten können. Dabei sollen Sie die grundlegenden Regeln für ein ausformuliertes Redemanuskript, ein Manuskript in der Form eines Übersichtsblattes und mit flexiblen Karteikarten erfahren und am Beispiel üben.

Teilnehmer:	1 Person
Übungsdauer:	☆☆
Schwierigkeitsgrad:	☆☆☆
Übungsart:	Einzelübung

Beschreibung: Es gibt so viele Arten ein Manuskript zu erstellen, wie es Redner gibt, die Manuskripte verwenden. Gemeint ist damit, dass jeder bis zu einem bestimmten Grad seinen eigenen Stil finden muss. Es gibt drei gängige Arten der Manuskripterstellung: die ausformulierte Rede, das Übersichtsblatt und die Karteikartenmethode.

Variante 1: Die ausformulierte Rede

Bei der AUSFORMULIERTEN REDE sollten Sie ein DIN A4 Blatt hochkant nehmen. Schreiben Sie Ihre Rede in exakt dem Wortlaut, in dem Sie diese später vortragen wollen. Achten Sie auf einen ausreichenden Zeilenabstand (mindestens 1,5 Zeilen; besser 2-3 Zeilen) und eine ausreichend große Schriftart. Je nach Lichtverhältnissen am Rednerpult sollte die Schriftgröße bei Schriftgrad 14 und höher sein. Bedenken Sie, dass diese Form des Vortrags nur dann souverän durchgeführt werden kann, wenn Sie ein Rednerpult zur Verfügung haben (☞W.O.G.A.M.P.I.T.Z.). Wenn Sie Ihre Rede ausformuliert haben, lesen Sie diese zur Sicherheit laut vor. Ist der Satzbau verständlich kurz und prägnant? Keine Schachtelsätze? Haben Sie Redesprache verwendet und Schriftsprache vermieden?

Markieren Sie Betonungen, Pausen, Tempowechsel

Markieren Sie nun die Stellen farblich, die Sie besonders betonen wollen. Fügen Sie kleine Markierungen ein für die Stellen, an denen Sie eine Pause einfügen wollen. Sie können auch Passagen hervorheben, die Sie besonders langsam und eindringlich (z. B. durch gepunktetes Unterstreichen) oder vielleicht schneller und dynamischer (z. B. durch einfaches Unterstreichen) vortragen wollen. Überfrachten Sie Ihr Manuskript aber nicht! Wichtig ist nach wie vor der gute Kontakt zum Publikum und das sollten Sie auch immer im Blick behalten. Bevor Sie die Rede vortragen, sollten Sie immer und immer wieder Ihr Manuskript durchlesen und vor allem auch laut und mit voller Betonung üben.

Aktuelles und nächstes Blatt nebeneinander legen

Ein kleiner Tipp noch für den Vortrag: legen Sie jeweils das Blatt, von dem Sie vortragen und den Stapel mit den jeweils nächsten Blättern nebeneinander, mit der Schriftseite nach oben. So können Sie vom aktuellen Blatt vortragen und bereits sehen, was als nächstes in Ihrer Rede folgen wird. Außerdem vermeiden Sie durch das einfache ‚herüberziehen' des neuen Blattes auch auffälliges Umblättern.

Zum Erstellen eines ÜBERSICHTSBLATTS beginnen Sie wieder mit einem klassischen DIN A4 Blatt. Schreiben Sie auf dieses Blatt die wesentlichen Stichpunkte Ihrer Rede, ähnlich einem Inhaltsverzeichnis. Wenn Sie mit dem Verdichten Ihrer Kerngedanken auf einzelne Stichworte noch nicht geübt sind, sollten Sie die Übung ‚Pointieren' aus dem vorherigen Kapitel ausprobieren. *Variante 2: Das Übersichtsblatt*

Damit Sie einen guten Einstieg und ein treffendes Ende Ihrer Rede auf jeden Fall vortragen können, sollten Sie zwei Sätze auf Ihrem Übersichtsblatt ausformuliert haben. Ganz oben auf dem Blatt sollten die ersten ein- bis zwei Einleitungssätze stehen, damit Sie auch in der Hektik des Vortrags souverän beginnen können. Der flüssige Vortrag kommt dann meist sehr viel leichter, wenn das erste Eis gebrochen, die ersten Worte gut gesagt sind. Der zweite Satz, der auf Ihrem Blatt stehen sollte, ist Ihr Zielsatz. Was wollen Sie mit Ihrer Rede erreichen? Formulieren Sie dazu Ihren letzten Appell, Ihre letzten Worte der Rede aus und platzieren Sie diese unten auf Ihrem Blatt. *Ein formulierter Anfangs- und Endsatz*

Den Hauptteil Ihrer Rede schreiben Sie in Stichpunkten in die Mitte des Blattes. Manche Redner verwenden dafür ein ‚Mind Map'. Achten Sie dabei aber darauf, dass die einzelnen Punkte gut lesbar sind. Die meisten Redner aber schreiben ihre Stichpunkte im Ablauf der Rede von oben nach unten auf. Machen Sie für eine bessere Übersichtlichkeit immer zum jeweiligen ‚Stichpunkt/Argument' folgendes kenntlich: „Wie ist dessen Herleitung?", „Welches Beispiel, welche Zahlen, Daten, Fakten sollen genannt werden?" Versuchen Sie alle relevanten Punkte auf ein Blatt zu schreiben. Wenn Sie mehrere Blätter verwenden, verliert man manchmal den Überblick. Auch bei dieser Methode benötigen Sie ein Rednerpult, um professionell auftreten zu können. *Alles auf ein Blatt*

Gänzlich ohne Rednerpult können Sie arbeiten, wenn Sie KARTEIKARTEN verwenden. Nehmen Sie dazu Karteikarten, die ungefähr die Größe eines DIN A6 Papiers haben. Benutzen Sie diese im Querformat. *Variante 3: Die Karteikarten*

Wenn Sie Rechtshänder sind bzw. eher mit der rechten Hand Gesten ausführen, markieren Sie auf der linken Seite der Karteikarten einen ca. 1,5 cm breiten Rand. Sollten Sie eher mit der linken Hand Ihre Gestik einsetzen, setzen Sie diesen Rand auf der rechten Seite. Während des Vortrags nehmen Sie die Karteikar- *Der Daumentrick* ten in die Hand, mit der Sie vermutlich weniger Bewegungen ausführen werden, da eine Geste mit einer Karte in der Hand viel zu auffällig wäre und eher wie ‚herumfuchteln‘ wirkt. Damit Sie nun alles auf Ihrer Karte lesen können, nutzen Sie den eingezeichneten Rand und halten dort die Karten fest.

Drei bis vier
Stichpunkte

Tragen Sie nun auf den Karten Ihre Stichpunkte ein. Pro Karte sollten Sie ca. 3-4 Punkte unterbringen können. Schreiben Sie auf die erste Karte Ihren Einleitungssatz und auf die letzte Karte Ihren Schlussappell. Vermeiden Sie es, banale Dinge zu notieren. Es ist immer wieder peinlich zu beobachten, wenn ein Redner seinen eigenen Namen von einer Karteikarte abliest, so als wüsste er ihn nicht mehr.

Kodierung von
Karteikarten

Karteikarten haben den Vorteil hoher Flexibilität. So können Sie Karten, die Sie nicht benötigen einfach überspringen. Damit Ihnen dies leichter fällt, sollten Sie die Karten farblich kodieren. Karten, deren Inhalt Sie auf jeden Fall erwähnen müssen (MUSS) sollten Sie rot markieren. Karten mit zusätzlichen Inhalten (SOLL), die Sie erwähnen sollten, aber aus Zeitgründen auch wegelassen können, sollten Sie gelb markieren. ‚Nice-to-have‘-Karten mit zusätzlichen Beispielen, Anekdoten, Exkursen sollten Sie in weiß oder einer eher unauffälligen Farbe kennzeichnen. Sie können diese Farben natürlich frei wählen.

Karten immer
weiterblättern

Sie sollten auch diese Art des Vortrags üben. Vor allem sollten Sie viel Wert darauf legen, dass Sie automatisch immer die abgehandelte Karte im Stapel nach hinten packen, auch wenn Sie gar nicht auf die Karte geblickt haben. Es sammeln sich sonst sehr schnell etliche Karten an und in dem Moment, in dem Sie Ihre Karte als Erinnerungsstütze benötigen, müssen Sie erst umständlich blättern bis Sie die richtige Karte gefunden haben.

Anwendung: Entwickeln Sie mit Hilfe der vorherigen Kapitel eine kurze Rede von ca. 3-4 Minuten Länge. Formulieren Sie die Rede für ein Redemanuskript aus. Beachten Sie dazu die oben genannten Hinweise. Erstellen Sie ein zweites Redemanuskript auf einem größeren Blatt und übertragen Sie dann Ihre Rede auf Karteikarten. Tragen Sie Ihre Rede vor und beobachten Sie, welche der drei Techniken Sie am besten handhaben können.

Das Manuskript ist erfolgreich erstellt, wenn Sie die Rede halten können und dabei die für Sie wichtigen Punkte während der Rede schnell wieder finden und Sie so die Rede flüssig und souverän vortragen können.

I 5.2 Vorbeugung und Pannenhilfe

Lernziel: Erkennen Sie Stresssituationen, überwinden Sie Hänger und präparieren Sie Ihr Manuskript für die Situationen, die während der Rede auftreten können.

Teilnehmer:	1 Person
Übungsdauer:	☆
Schwierigkeitsgrad:	☆☆
Übungsart:	Einzelübung

Beschreibung: „Das menschliche Gehirn ist eine großartige Sache: Es funktioniert vom Augenblick der Geburt an – bis zu dem Moment, wo man aufsteht, um eine Rede zu halten" soll einst Mark Twain gesagt haben. Das Horrorszenario für einen Redner. Der totale Black-out. Ohne weit in die Welt der Psychologie und Medizin vorzudringen, kann man kurz bildlich zusammenfassen, was nun passieren kann. Aufgrund einer bedrohlichen Situation verlässt Ihr Geist die logischen Funktionen Ihres Gehirns und versetzt Sie in die Flucht-, Starre- oder Angriffsreaktion eines Menschen aus der Steinzeit. Wurde dieser mit dem Leben bedroht, konnte er entweder kämpfen, sich tot stellen oder davon laufen. Jede der Reaktionen ist gleich: die Atmung verflacht sich, die Herzfrequenz wird erhöht und alle fluchtrelevanten Körperfunktionen werden auf Höchstleitung eingestellt. Alle Varianten sind für den Redner eher ungünstig.

Wenn die Lichter ausgehen

Was müssen/was können Sie tun? Erste Pflicht des Redners ist es, wieder einen ‚kühlen Kopf' zu bekommen. Am ehesten erreichen Sie dies, indem Sie versuchen, wieder tiefer durchzuatmen. Achten Sie auf eine ruhige Bauchatmung. Mit bestimmten Entspannungstechniken kann man lange vor der Rede solch bewusste Atmung trainieren. Wenn Sie sich körperlich beruhigt haben, sollten Sie versuchen, wieder in Ihre Rede einzusteigen.

Bewusstes Atmen

Besser ist es jedoch das Stressniveau nicht in diesen kritischen Bereich kommen zu lassen. Vorbote von Redestress ist das sich im Vorfeld einer Rede langsam ausbreitende Lampenfieber. Interessant ist, dass egal ob Sie ein erfahrener Redner sind oder gerade mit dem Reden begonnen haben, dieses Lampenfieber vor der Rede eigentlich immer auftritt. Das ist auch gut so. Ein Sportler benötigt eine gewisse Anspannung, um im entscheidenden Moment des Wettbewerbs mit voller Konzentration Höchstleis-

Mein Freund das Lampenfieber

tungen zu erbringen. Bei einem Redner ist dies ähnlich. Nur mit voller Konzentration kann er die vielschichtige Situation der Rede brillant meistern. Der Unterschied zwischen dem nervösen und dem souveränen Redner liegt in dem, worauf sich der Redner konzentriert. Der unerfahrene Redner konzentriert sich auf die Redesituation selbst: „Wie sehe ich aus? Alle schauen mich jetzt an! Was, wenn ich meinen Text vergesse!" Der gute Redner legt sein ganzes Augenmerk auf den Inhalt, sein Publikum und das Ziel, das er erreichen will. Wenn Sie Ihr Ziel vor Augen haben, sind Sie meist so beschäftigt, dass für Nervosität kaum noch Zeit bleibt. Die im zweiten Teil dieses Buches beschriebenen Übungen sind immer so aufgebaut, dass Sie im Wettbewerb mit anderen Rednern stehen. Nehmen Sie die Herausforderung an – und Ihr Lampenfieber wird Ihr bester Freund.

Hänger überlebt

Was machen Sie bei einem ‚Hänger' bzw. wie steigen Sie wieder in Ihre Rede ein? Wenn Sie Ihren roten Faden verloren haben, wiederholen Sie Ihr zuletzt gesprochenes Wort, den letzten Satz oder Ihren letzten Gedanken. Falls Sie jetzt ihren roten Faden noch nicht wieder gefunden haben, fassen Sie den letzten Absatz bzw. Sinnabschnitt zusammen. Wenn Sie noch immer keine Idee haben, fassen Sie Ihre Rede bis zu dieser Stelle zusammen. Sollte nichts mehr helfen, lächeln Sie und bekennen Sie ehrlich Ihre Situation. Kaum ein Zuhörer ist böse oder reagiert ärgerlich, wenn der Redner ehrlich zu erkennen gibt, dass auch er nicht perfekt ist. Nutzen Sie das Verständnis des Publikums und schauen ruhig in Ihren Unterlagen nach, wo Sie sich befinden und denken Sie daran: auch erfahrene und routinierte Redner haben ab und zu einen ‚Hänger'.

Regieanweisung im Manuskript

Sie können Ihre Rede zusätzlich unterstützen, indem Sie Ihre MANUSKRIPTE ERWEITERN. Fügen Sie dazu eine weitere Spalte an einem bisher nicht genutzten Rand Ihrer Blätter oder Ihrer Karteikarten ein. Diese Spalte sollte ca. 3 cm breit sein. Schreiben Sie hier Regieanweisungen auf, wie z. B. ‚Pause', ‚Blick ins Publikum' oder ‚Folie auflegen'. Damit können Sie die Rede durchplanen.

Seiten deutlich nummerieren

Achten Sie bei mehrseitigen Manuskripten auf eine durchgängige Seitennummerierung. So können Sie, auch wenn der Stapel, aus schwitzenden Händen entronnen, sich gleichmäßig auf dem Boden verteilt hat, schnell wieder die ursprüngliche Ordnung herstellen. Bei Karteikarten eignet sich dafür besonders gut der obere Bereich der Spalte, die für den Daumen reserviert wurde.

Notfallkarteikarte

Bei der Verwendung von Karteikarten können Sie ‚Notfallkarten' vorbereiten. Auf diese Karte schreiben Sie eine kurze Zusammenfassung Ihrer Rede. Idealerweise ist dies bei kürzeren Reden Ihre letzte Karte. Damit Sie in der Stresssituation auch schnell die richtige Karte finden, achten Sie darauf, dass diese Notfallkarte etwas größer ist als alle anderen Karten. So können Sie von jeder Position Ihrer Rede auf diese Karte zugreifen.

Anwendung: Bereiten Sie sich für einen eventuellen Notfall vor. Nehmen Sie dazu ein bereits erstelltes Manuskript aus der ersten Übung oder erstellen Sie sich ein neues Redemanuskript. Modifizieren Sie Ihr Manuskript, indem Sie diese mit Regieanweisungen versehen und notfallsicher gestalten.

I 5.3 Memorieren der Rede

Lernziel: Einen längeren Text zu merken, frei vorzutragen und damit flexibel auf die Redesituation einzugehen, lernen Sie in dieser Übung.

Teilnehmer:	1 Person
Übungsdauer:	☆☆☆
Schwierigkeitsgrad:	☆☆☆
Übungsart:	Einzelübung

Beschreibung: Um eine Rede schnell zu memorieren, können Sie verschiedene Techniken verwenden. Im Folgenden wird Ihnen die ‚Loci-Methode‘, das Bilden von Akronymen und das mentale Malen von Bildern vorgestellt.

Die ‚LOCI-METHODE‘ basiert auf der Idee, nach der räumlich gespeicherte Erinnerungen leichter aufgerufen werden können. Stellen Sie sich einen Ort vor, den Sie extrem gut kennen, wie z. B. Ihre Wohnung etc. Dieser Ort sollte aus mehreren Räumen bestehen und Ihnen so vertraut sein, dass Sie sich praktisch blind hindurchbewegen könnten. Laufen Sie diese Räume in immer der gleichen Reihenfolge in Gedanken ab, bis sich auch diese fest in Ihre Vorstellung eingebrannt hat. Wenn Sie nun Ihre Rede memorieren wollen, legen Sie nacheinander in die Räume Gegenstände ab, die Sie an die einzelnen Punkte ihrer Rede erinnern sollen. So könnten Sie für ein ‚ökologisches Argument‘ im ersten Raum einen Strauß bunter Blumen ablegen, für das folgende ‚wirtschaftliche Argument‘ einen Geldschein in den nächsten Raum legen und sich im letzten Raum eine Menschenmenge für das ‚ge-

Die ‚Loci-Methode‘

sellschaftliche Argument' vorstellen. Wenn Sie nun die Rede halten, gehen Sie gedanklich durch die einzelnen Räume, betrachten den dort abgelegten Gegenstand und erinnern sich an den damit verknüpften Begriff. Diese Methode wird von vielen Gedächtniskünstlern eingesetzt. Sie sollten die Räume, nach Ihrer Rede ,reinigen', d. h. Sie gehen nach der Rede gedanklich durch die Räume und nehmen die Gegenstände aus den Räumen wieder heraus, damit Sie beim nächsten Verwenden der Technik wieder neue Gegenstände dort ablegen können. Damit Sie diese Technik gewinnbringend einsetzen können, benötigen Sie aber viele ,Übungsläufe'. Beherrschen Sie die Loci-Methode, sind unglaubliche Leistungen möglich. So wurde z. B. im Mittelalter damit die gesamte Bibel wörtlich auswendig gelernt. Um genügend Plätze dafür zu finden, benötigen Sie jedoch einen Ort wie den Kölner Dom mit über 100.000 Plätzen!

Akronyme bilden   Das BILDEN VON AKRONYMEN ist eine schnellere Methode, eine Redestruktur zu merken. Nehmen Sie dazu die Anfangsbuchstaben Ihrer Hauptargumente und bilden Sie daraus ein bis zwei schlagende Worte, wie z. B. ABO für die Argumente ,Arbeitslosigkeit', ,Beschaffungskriminalität' und ,Obdachlosigkeit'. Sie können auch ganze Sätze bilden, wie „Mein Vater Erklärt Mir Jeden Sonntag Unsere Neun Planeten." – Hier steht jeder Anfangsbuchstabe für einen der Planeten unseres Sonnensystems (Mars, Venus, Erde, …).

Geschichten erzählen und gedankliche Bilder malen   Sollten Sie kein einfach zu merkendes Akronym finden, können Sie die einzelnen Begriffe, die Sie sich merken wollen, als BILDER AUFMALEN ODER GEDANKLICH vorstellen. Erzählen Sie sich nun eine möglichst absurde Geschichte, in der alle Begriffe in der Reihenfolge, wie sie in der Rede auftauchen sollen, genannt werden. Sie können sich auch ein Bild vorstellen, auf dem alle Begriffe als Objekte verbunden dargestellt sind. So könnte ein „Fischerhaken, der an einem leeren Netz hängt, in dessen Seilen eine Stoppuhr liegt" ein Bild sein für drei Argumente gegen die Überfischung der Nordsee: Verbesserte Fangtechniken (Fischerhaken), sinkende Fangquoten (leeres Netz) und die zögerlichen Maßnahmen der Europäschen Union (Stoppuhr). Spielen Sie doch einmal ,Ich packe meinen Koffer'. Bei diesem Spiel, in dem reihum jeder den Inhalt des Koffers wiederholt und immer einen weiteren Gegenstand in den Koffer packt, üben Sie ganz nebenbei Ihr Erinnerungsvermögen. Versuchen Sie dabei die einzelnen Gegenstände mit Hilfe einer Geschichte in Ihrer Vorstellung zu verbinden.

Anwendung: Entwickeln Sie zwei kurze Reden (Länge: ca. 3-4 Minuten). Versuchen Sie, die drei Reden mit Hilfe der oben vorgestellten Mnemotechniken auswendig zu lernen und tragen Sie diese, am besten vor einem Zuhörer, frei vor. Mit welcher der Methoden können Sie am besten arbeiten?

I 6 Auftritt und Stimme (actio)

Ihre Rede ist fertig. Das Manuskript geschrieben. Nun wird es ernst. Der Auftritt vor dem Publikum steht bevor. Drei Dinge sollten Sie nun näher betrachten. Den Raum, in dem Sie Ihren Vortrag halten werden, Ihre Stimme als wichtigstes Instrument um Gehör zu finden und Ihren Körper, der Ihre Aussagen unterstreicht.

Die Gestaltung des Raumes ist einer der wesentlichen Punkte, die entscheiden, auf welche Weise Sie rednerisch wirken können. Große Räume bedürfen einer anderen Vorgehensweise als kleine Besprechungszimmer. In der ersten Übung dieses Kapitels können Sie Ihren Blick für verschiedene Raumgestaltungen und die damit für Sie verbundenen Konsequenzen besser einschätzen lernen.

Erste Übung: Das Erkunden des Raums

Die großartigste Rede, die treffendsten Worte nutzen wenig, wenn Sie nicht gehört werden. Die zweite Übung besteht aus den Artikulationsübungen des Demosthenes und zeigt Ihnen einen Weg, selbst mit wenig ausgeprägten sprachlichen Voraussetzungen an Ihrer Stimme und Ihrer Stimmkraft zu arbeiten.

Zweite Übung: Artikulieren wie Demosthenes

„Der Ton macht die Musik", die Betonung bestimmt die Bedeutung der Worte. In der dritten Übung ‚Betontes Vortragen' spielen Sie mit der Betonung von einzelnen Worten und verändern so die Bedeutung ganzer Sätze. Diese Fähigkeit ermöglicht, jeweils das Wort, auf das es ankommt zu betonen und damit sprachlich zu unterstreichen und hervorzuheben.

Dritte Übung: Den richtigen Ton treffen

Die vierte und letzte Übung dieses Kapitels soll Ihnen ermöglichen, Ihren Stand und Ihre Gestik zu verbessern.

Vierte Übung: Gezielte Gestik und Stand

I 6.1 Auftritt im Raum

Lernziel: Lernen Sie den Ort an dem Sie Ihre Rede halten einzuschätzen. Erkennen Sie Hindernisse, aber auch Chancen, die im Aufbau der Räumlichkeiten sein können.

Teilnehmer:	1 Person
Übungsdauer:	☆☆
Schwierigkeitsgrad:	☆
Übungsart:	Einzelübung

Der Ort bestimmt mit

Beschreibung: Eine Rede ist immer auch von der Umgebung in der sie gehalten wird abhängig. Stellen Sie sich vor, der Kanzler würde seine Neujahrsansprache in einer Kneipe halten oder ein Pfarrer seine Rede im Supermarkt! Die Wirkung wäre sicherlich eine grundlegend andere.

Raum, Ausstattung, umgebende Aspekte

Wenn Sie als Redner den Raum betreten, sollten Sie drei Dinge in Augenschein nehmen: den Aufbau des Raumes selbst, die zur Verfügung stehende Ausstattung und damit verbundene Aspekte. Bedenken Sie, dass Sie zwar oftmals Details im Raum ändern können, letztendlich aber Ihren Vortrag auch in Bezug auf den Raum anpassen müssen (☞W.O.G.A.M.P.I.T.Z.).

Blick 1: Der Aufbau des Raumes Größe und Anordnung

Im AUFBAU DES RAUMES sollten Sie folgendes beachten:

Wie groß ist der Raum? Wo ist die Position des Redners? Wie sind die Sitzplätze der Zuhörer angeordnet, z. B. Reihenbestuhlung oder Seminarraumgestaltung? Haben die Zuhörer Tische vor sich? Wie weit ist die Rednerposition vom Publikum entfernt? In welchem Winkel steht der Redner zum Publikum? In direkter Blickrichtung des Publikums oder an einer der Seiten des Raums?

Licht

Wie sind die Lichtverhältnisse? Von welcher Seite des Raumes ist der größte Lichteinfall zu erwarten? Stört der Lichteinfall evtl. den Vortrag? Gibt es Verdunklungsmöglichkeiten? Wie sehr kann der Raum abgedunkelt werden?

Klima

Wie ist das Klima im Raum? Gibt es eine funktionierende Klimaanlage? Oder zumindest eine funktionsfähige Heizung? Können Sie vorhandene Fenster öffnen? Können Sie dadurch den Raum ausreichend lüften?

Offener/Geschlossener Raum

Wo befinden sich die Türen im Raum? In Ihrem Blickbereich? Sehen Sie also, wenn jemand den Raum betritt? Oder können Personen hinter Ihnen den Raum betreten oder verlassen? Werden die Türen während des Vortrags geöffnet sein? Wie laut ist das Öffnen der Türen? Würde es Ihren Vortrag stören?

Akustik

Wie ist die Akustik im Raum? Kann man Ihre Stimme bis in die letzten Sitzreihen hören? Auch wenn der Raum mit Menschen gefüllt ist? Hallt es im Raum? Wie laut werden Geräusche des Publikums sein? Benötigen Sie eine Beschallungsanlage (Mikrofon und Lautsprecher)? Gibt es zum Zeitpunkt der Rede evtl. störende Außengeräusche aus Nachbarräumen oder außerhalb des Gebäudes, wie z. B. Straßenlärm?

Bei der AUSSTATTUNG DES RAUMES sollten Sie folgendes beachten: Gibt es ein Rednerpult? Wie groß ist dieses Pult? Sind Sie dahinter überhaupt noch sichtbar? Sieht man Ihre Gestik? Kann man Ihre Beine sehen? Ist das Pult in der Höhe und Position veränderbar? Müssen Sie hinter dem Pult stehen bleiben oder können Sie auch vor oder neben das Pult treten während des Vortrags?

Blick 2: Ausstattung des Raumes
Pult

Wo können Sie Ihre Unterlagen ablegen? Gibt es eine Halterung für Ihr ☞Manuskript? Sind die Lichtverhältnisse ausreichend, um Ihr Manuskript lesen zu können? Gibt es eine funktionierende Leselampe? Reflektiert sich das Licht auf Ihrem Manuskript? Wo können Sie Unterlagen, die Sie vielleicht austeilen wollen, zwischenlagern? Gibt es eine Stellfläche für ein Glas Wasser? Können Sie für die Kontrolle Ihrer Redezeit Ihre Uhr gut sichtbar platzieren?

Platz für Manuskript

Wird Ihre Rede mit technischen Hilfsmitteln übertragen? Gibt es ein Mikrofon und funktioniert dieses einwandfrei? Werden Sie evtl. während der Rede auf eine Videoleinwand übertragen? Wo steht dann die Kamera?

Übertragung

Können Sie technische Visualisierungshilfen einsetzen? Gibt es eine Projektionsfläche, z. B. eine Leinwand? Gibt es einen Overheadprojektor mit Leerfolien, passenden Stiften und umschaltbarer Ersatzlampe? Steht eine Moderationswand mit Equipment zur Verfügung? Haben Sie Flipcharts mit ausreichend Stiften und Papier zur Verfügung? Oder vielleicht eine Tafel? Steht dann verschiedenfarbige Kreide zur Verfügung? Können Sie leserlich darauf schreiben? Können Sie einen LCD-Projektor (Beamer) einsetzen? Ist dieser technisch einwandfrei bzgl. Funktionsfähigkeit der Lampe, Farbtreue, Auflösung etc.? Haben Sie vor Ort Zeigestäbe und/oder Laserpointer zur Verfügung? Haben Sie Ersatzakkus für den Laserpointer?

Visualisierungshilfen

Bei den ASPEKTEN DIE DEN RAUM UMGEBEN stellen sich unter anderem folgende Fragen:
Ist ein Haustelefon vorhanden und funktionsfähig? Welche Nummern müssen Sie wählen, um den Hausmeister, die verantwortlichen Organisationsmitglieder oder Notfallpersonal zu erreichen?

Blick 3: Aspekte, die den Raum umgeben
Telefon und Nummern

Wo gibt es sanitäre Einrichtungen? Stehen Getränke, wie stilles Wasser und Kaffee für Redner und Publikum zur Verfügung?

Notwendigkeiten

Anwendung: Besuchen Sie einen Ort, an dem Sie eine Rede halten könnten, z. B. ein Klassenzimmer, einen Seminarraum, einen Vorlesungssaal oder einen Konferenzraum. Beachten Sie alle Gegebenheiten im Raum. Verwenden Sie dazu auch die oben genannten Fragen. Stellen Sie sich nun an die Position, an der der Redner stehen würde. Stellen Sie sich vor, Sie würden hier eine Rede halten. Können Sie Kontakt zu allen Zuhörern aufbauen? Kann Sie jeder gut sehen? Was fehlt noch, damit Sie sich an dieser Stelle wohl fühlen können? Sollten Sie ungestört in diesem Raum sein, können Sie ein paar Worte vortragen und die Akustik des Raumes testen.

I 6.2 Demosthenes' Artikulationsübungen

Lernziel: Verbessern Sie Ihre Stimmkraft und Ihr Artikulationsvermögen. Nach dieser Übung sollten Sie auch unter körperlicher Anstrengung und Stress immer noch klar und deutlich das Wort ergreifen können.

Teilnehmer:	1 Person
Übungsdauer:	☆
Schwierigkeitsgrad:	☆☆
Übungsart:	Einzelübung

Beschreibung: Als der bedeutendste Redner des antiken Griechenlands gilt der Redner und Politiker Demosthenes. Ihm gelang es wie keinem anderen, seine Zuhörer in seinen Bann zu schlagen. Demosthenes war aber kein ‚geborener Redner‘. Ganz im Gegenteil, die Überlieferungen bezeugen, dass er in seiner Jugend alles andere als ein großer Redner war. Es wird berichtet, dass er eine sehr schwache Stimme, eine sehr undeutliche Aussprache und sogar einen Sprachfehler hatte.

Der Redner Demosthenes

Zum großartigen Redner wurde er durch ein ausgedehntes Training und den Willen, überzeugend reden zu können. Einige dieser Übungen sind überliefert und erfüllen auch heute noch hervorragend ihren Zweck, die eigene Stimme auszubilden.

Klare Aussprache

Bei einer dieser Übungen legte sich Demosthenes Steine in den Mund und rezitierte laut Gedichte, um seine Aussprache zu verbessern. Die Idee dieser Übung ist es, das Reden erst etwas schwerer zu machen, um die Zunge zu zwingen, trotz der Behinderung durch die Steine die Worte sauberer zu bilden.

Bei einer anderen Übung ging er mit schnellem Schritt einen Berg hinauf und sprach dabei laut Gedichte, Reden oder andere Texte nach. Diese Übung steigert ungemein die körperliche Fitness und sorgt dafür, dass der Redner auch in Stresssituationen, in denen die Atmung meist flacher wird, immer noch genügend ‚Luft' hat, um laut und deutlich sprechen zu können.

Ausdauer und Stress

Hinweis: Diese Übung verbessert lediglich die Aussprache. Sollten Sie an ein umfangreicheres Sprachtraining denken, wenden Sie sich bitte an einen Logopäden oder Sprechtrainer.

Anwendung 1: Kaufen Sie sich eine frische Karotte. Reinigen und schälen Sie diese und scheiden Sie sie in ca. 2-5 cm große Stücke. Nehmen Sie eines der Karottenstücke und beißen Sie mit Ihren Schneidezähnen darauf. Lesen Sie nun einen Text von der Länge einer halben Buchseite, mit der Karotte im Mund, laut vor. Nehmen Sie nun die Karotte aus dem Mund. Lesen Sie denselben Text erneut laut vor. Beachten Sie die Veränderung in Ihrer Aussprache! Wenn Sie diese Übung in regelmäßigen Abständen über eine längere Zeit wiederholen, sollte sich die Klarheit Ihrer Artikulation verbessern.

Anwendung 1: ‚Steine' im Mund

Beachten Sie: Diese Übung ist spielerisch! Versuchen Sie nicht mit Gewalt den Text zu lesen. Wenn Sie spüren, dass es nicht mehr angenehm vorzulesen ist, brechen Sie ab und versuchen es mit weniger Text. Sollten Sie eine Abneigung oder Unverträglichkeit bzgl. Karotten haben, können Sie für die Übung auch einen Korken verwenden.

Hinweis

VARIATION: Wenn Sie das Gefühl haben, dass Sie vielleicht aufgrund Ihres möglichen Dialekts nicht gut verstanden werden – dann versuchen Sie anstatt der Karotte im Mund einfach den Text möglichst laut zu flüstern. Bei vielen Dialekten werden die Endsilben weggelassen oder nicht richtig artikuliert. Wenn Sie flüstern, müssen Sie alle Silben betonen, um verstanden zu werden.

Anwendung 2: Versuchen Sie, einen Text auswendig vorzutragen. Sie können dazu, von Ihnen bereits in den Vorkapiteln vorbereite Redetexte verwenden oder auch früher gelernte Gedichte oder Texte vortragen. Gehen Sie nun wandern. Ideal ist ein ansteigender Weg, auf dem Sie schnellen Schrittes nach oben wandern und dabei Ihren Text vortragen.

Anwendung 2: Bergwanderung

Alternativ können Sie auch auf einem Laufband oder einem Heimtrainer die Übung durchführen.

Diese Übung entfaltet ihre volle Wirkung, wenn Sie sie häufiger ausführen. Versuchen Sie dabei immer ein wenig schneller als das letzte Mal zu gehen.

I 6.3 Betontes Vortragen

Lernziel: Sie lernen, sprachlich das Wichtige Ihrer Rede hervorzuheben. Verbessern Sie Ihre Fähigkeit, während des Vortrags
wichtige Worte und Passagen besser zu betonten. Die Übung soll
ebenso zeigen, dass unterschiedliche Betonungen die Bedeutung
eines Satzes maßgeblich ändern können.

Teilnehmer:	1 Person
Übungsdauer:	☆
Schwierigkeitsgrad:	☆
Übungsart:	Einzelübung

Beschreibung: Wenn Sie einen Text schreiben, können Sie die
wichtigen Worte vielfältig hervorheben, wenn Sie diese z. B. unterstreichen, fett oder farbig hervorheben. Im Vortrag bleibt Ihnen dazu die Möglichkeit der Pausen, der Betonung und verschie-
dener Stimmungen.

Jeweils nur ein Wort betonen

Nehmen Sie z. B. den Satz „Du sollst deine Freunde nicht belügen". Betont man nun beim Vorlesen jeweils ein Wort, ändert
sich die Bedeutung des Satzes. So bedeutet „DU sollst deine
Freunde nicht belügen." etwas anderes, als wenn man nur das
‚SOLLST' betont. Beim ‚DU' ist die Aufmerksamkeit auf das Gegenüber gerichtet: „Gerade DU solltest das nicht tun!", beim
‚SOLLST' steht das ‚nicht sollen' im Vordergrund.

Anwendung: Testen Sie Ihre sprachlichen Fähigkeiten. Nehmen
Sie jeweils einen kurzen Satz Ihrer Wahl. Tragen Sie diesen laut
vor. Wiederholen Sie den Satz und betonen Sie jeweils ein Wort
besonders. Beachten Sie, wie sich die Bedeutung des Satzes ändert. Tragen Sie den Satz so oft vor, bis Sie jedes Wort einmal besonders betont haben.

VARIATION 1: Sie können auch den Satz ohne Betonung vortragen, aber jeweils zwischen zwei Worten eine längere Pause ein-
binden. Beachten Sie die Veränderung der Satzwirkung.

VARIATION 2: Eine andere Variation ist es, diesen Satz in verschiedenen Stimmungen vorzutragen, wie z. B. traurig, hastig,
aufgeregt. Beachten Sie aber, dass eine Rede kein Schauspiel
ist. Diese Übungen sollen Sie auf die Wirkung ihrer Worte aufmerksam machen – sie sollen Sie nicht zum Theaterspieler machen!

I 6.4 Gezielte Gestik und Stand

Lernziel: Stehen Sie souverän und überzeugend während Ihres Vortrags. Verbessern Sie Ihre Gestik und Körperhaltung und beginnen Sie zu überzeugen, noch bevor Sie ein Wort gesprochen haben.

Teilnehmer:	1 Person
Übungsdauer:	☆☆
Schwierigkeitsgrad:	☆☆☆
Übungsart:	Einzelübung

Beschreibung: Ein Redner überzeugt nicht nur durch die Schlüssigkeit seiner Argumentation und der Gefühle, die er bei den Zuhörern wecken kann. Im allerersten Moment, noch bevor ein einziges Wort gesprochen wurde, überzeugt der Redner durch sein Auftreten. Dabei ist der Stand von großer Bedeutung. Einem fest und sicher auftretenden Redner wird wohl mehr Vertrauen entgegengebracht, als dem, der tänzelnd und nervös vor dem Publikum erscheint. Die folgende Aufgabe soll Ihnen helfen, ein besseres Körpergefühl zu entwickeln.

Besserer Stand durch besseres Körpergefühl

Während der Rede unterstreicht die Körpersprache, dabei speziell die eingesetzte Gestik, das Gesagte. Man unterscheidet dabei drei Bereiche: einen unteren Bereich, der vom Boden bis etwa zur Gürtelhöhe reicht, einen mittleren Bereich von Gürtelhöhe bis zum Halsansatz und einen oberen Bereich, der oberhalb des Halsansatzes beginnt. Sollten Sie nicht gerade das temperamentvolle Wesen mancher südeuropäischer Völker haben, so empfiehlt es sich, Ihre Gestik zumeist im mittleren Bereich einzusetzen. Die meisten Redner setzen Ihre Gestik richtig ein, wenn Sie im Sinne dieses Buches mit ganzem Herzen versuchen ihr Publikum zu erreichen und von ihrer Sache zu überzeugen. Es empfiehlt sich daher, vor allem am Inhalt und Ihrer sonstigen Überzeugungskraft zu arbeiten. Die Gestik kommt dann unbewusst und richtig an der passenden Stelle. Eine gute Möglichkeit, sich an die vielleicht noch ungewohnte Rednerstellung leichter gewöhnen zu können, ist es, jonglieren zu lernen. Dabei nehmen Sie ganz natürlich die richtige Rednerhaltung ein.

Drei Bereiche der Gestik

Anwendung: Entwickeln Sie ein besseres Körpergefühl. Legen Sie ein längliches Brett auf den Boden. Schieben Sie unter das

Brett einen runden Stift oder einen dicken Bleistift. Stellen Sie sich nun auf das Brett und versuchen Sie, länger als eine Minute so auf dem Brett zu balancieren, dass die beiden Seiten des Bretts nicht den Boden berühren. Achten Sie darauf, dass das Brett Ihr Körpergewicht aushält.

Alternativ dazu können Sie ein ‚Sitzkissen‘ aus dem Orthopädie-Fachgeschäft besorgen. Stellen Sie sich auf das Sitzkissen und balancieren Sie mindestens vier Minuten auf diesem wackligen Untergrund. Treten Sie nun auf die Seite und fühlen Sie, wie sich Ihre Körperhaltung verbessert hat. Sie können auch versuchen, währenddessen laut einen Text vorzutragen.

Ein kleiner Tipp, falls Sie während eines Vortrags zu viel ‚herumlaufen‘. Legen Sie sich während einer Übungsrede auf den rechten und linken Fuß einen Stift. Achten Sie während des gesamten Vortrags darauf, dass die Stifte nicht von Ihren Füssen fallen. Benutzen Sie dies nur zur Übung, auf keinen Fall während Ihrer wirklichen Rede. Sonst wirkt Ihr Vortrag zu steif und unbeweglich.

I 7 Auf dem Weg zum Könner: Die Kurzrede

Wenn Sie die überwiegende Zahl der Übungen der vorherigen sechs Kapitel gemacht haben, sind Sie nun soweit. Verlassen Sie die Stille und Einsamkeit Ihres Lernzimmers und treten Sie nun ein ins Rampenlicht der Rednerbühne! Es ist an der Zeit, Übungen zu machen, bei denen Sie direktes Feedback anderer Teilnehmer bzw. Ihres Publikums bekommen können. Aber keine Angst, kein Meister ist je vom Himmel gefallen! Selbst von herausragenden Rednern der Antike, wie Cicero und Demosthenes ist überliefert, dass auch einmal eine Rede daneben ging. Wichtig ist nur, dass man aus seinen Fehlern lernt und es nochmals probiert. Oder in den Worten einer Volksweisheit: „Hinfallen ist keine Schande, nur Liegenbleiben ist eine!"

Ab jetzt im Team!

Alle folgenden Übungen dieses Buches können nur noch mit anderen zusammen gemacht werden. Dies gilt im Besonderen für den zweiten Teil des Buches. Hier findet sozusagen der Übergang von der Übung der einzelnen Elemente hin zum Üben der ganzen Rede und allen damit verbundenen Bestandteilen statt.

Erste Übung: ‚Kairos!‘

Wenn Sie nun das erste Mal vor Ihr Publikum treten, ist einer der wichtigsten Punkte, dass Sie den Kontakt mit Ihren Zuhörern aufbauen und während der ganzen Rede halten. Wenn Sie noch keiner im Publikum als Redner wahrgenommen hat, ist es sinnlos zu sprechen – es würde Sie noch keiner hören. Um diesen günstigen Moment der Aufmerksamkeit des Publikums und damit den Beginn der Rede besser zu finden, sollten Sie die Übung ‚Kairos!' probieren.

Die zweite Übung trainiert das Erstellen einer ersten Kurzrede. Dabei ist es nicht nur wichtig, alles bisher Gelernte einfließen zu lassen und den Moment der Redesituation zu erleben. Ganz grundlegend sind die dabei vorgestellten Feedbackregeln. Es ist wichtig für den Redner zu erkennen, wie er auf seine Zuhörer wirkt. Es ist daher praktisch unerlässlich, diese Wahrnehmung der Zuhörer zu erfragen. Damit dies in möglichst produktiver Weise geschehen kann, sollten Sie die dort beschriebenen Feedbackregeln beherzigen.

Zweite Übung: Kurzrede mit Feedback

I 7.1 ‚Kairos!' – Übung

Lernziel: Die „Kairos"-Übung (angelehnt an: gr. Kairos = der günstige Zeitpunkt) soll Ihnen zeigen, wann der günstige Moment gekommen ist, mit der Rede zu beginnen. Finden Sie den Kontakt mit Ihrem Publikum und lernen Sie darauf zu achten, ob die Zuhörer schon bereit sind, Ihren Worten aufmerksam zu folgen.

Teilnehmer:	mind. 5 Personen
Übungsdauer:	☆
Schwierigkeitsgrad:	☆
Übungsart:	Einzelübung

Beschreibung: Viele Redner machen den Fehler, bereits auf dem Weg zur Redeposition zu sprechen oder sie beginnen ihre Rede, ohne sich der Aufmerksamkeit des Publikums sicher zu sein. Die ersten Sätze dieser Redner gehen meist im Gemurmel des Publikums, das erst langsam merkt, dass ein Redner begonnen hat, unter. Da kaum Kontakt mit dem Publikum aufgebaut wurde, leiden diese ‚fehlgestarteten' Reden meist die ganze Redezeit über an einem nicht aufmerksamen Publikum. Der Redner verschenkt viel von seiner Überzeugungskraft.

Erst ankommen – dann sprechen

Anwendung: Setzen Sie sich mit mindestens fünf Personen zusammen in einen Raum. Stellen Sie die Sitzgelegenheiten für alle Teilnehmer im Halbkreis auf. Setzen Sie sich in die Runde. In beliebiger Reihenfolge steht einer der Teilnehmer der Übung auf, tritt an die Öffnung des Halbkreises. Er versucht nun nur mittels Blickkontakt alle Zuhörer ‚abzuholen'. Wenn der Redner der Meinung ist, er habe nun die volle Aufmerksamkeit, führt er eine Geste aus und tritt dann wieder ab.

Wenn der Redner nun wieder Platz genommen hat, wird gefragt, wer von den Teilnehmern sich angesprochen gefühlt hat. Danach tritt der nächste Redner nach vorne.

Beachten Sie, dass es in dieser Übung kein generelles Richtig oder Falsch gibt. Es gibt nur ein Mehr oder ein Weniger in dieser speziellen Situation. Selbst erfahrene Redner ‚holen' dabei nicht immer alle Redner ab. Bedenken Sie, dass Sie sich für den richtigen Moment sensibilisieren können – ihn aber nicht erzwingen können.

EINE VARIATION dieser Übung ist, dass alle Teilnehmer im Halbkreis stehen. Der Redner tritt hervor und nimmt Kontakt auf. Wenn er das Gefühl der allgemeinen Aufmerksamkeit hat, tritt er einen Schritt nach vorne, anstatt etwas zu sagen. Alle Teilnehmer die sich ‚abgeholt' fühlen treten in diesem Augenblick auch einen Schritt nach vorne. Im Idealfall machen Redner und Publikum den Schritt gemeinsam. Diese Variation der Übung zeigt noch wesentlich stärker, ob die Teilnehmer bereits ‚beim Redner' sind.

I 7.2 Erstellen und Vortragen einer Kurzrede

Die Übung der Kurzrede besteht aus zwei Teilen: dem ersten Erstellen und Vortragen der Rede nach den Kurzrederegeln und einem Verbessern und erneuten Vortragen der verbesserten Kurzrede.

Teilnehmer:	1 Redner & Publikum
Übungsdauer:	☆☆
Schwierigkeitsgrad:	☆☆☆
Übungsart:	Einzelübung

Lernziel: Springen Sie jetzt ins kalte Wasser! Im Rahmen dieser Übungen werden Sie durch das Erstellen und Vortragen einer ganzen Rede alle vorher geübten Inhalte umsetzen. Mit Hilfe eines gezielten Feedbacks der anderen Teilnehmer können Sie diese Kurzrede bewerten und verbessern.

Beschreibung: Die Kurzrede ist eine kurze Interpretationsrede. Das Thema der Kurzrede ist eine kurze Offenbarung, eine pointierte Erzählung oder ein umfangreicher Sinnspruch. Als Quellen eignen sich u.a.:

- Manifeste von Offenbarungsreligionen (Bibel, Koran, Thora u. ä.),
- Fabel-, Märchen-, Legenden-, Anekdoten- und Chriensammlungen (Aesop, Phaedrus, Diogenes Laertius, Grimm, u. ä.) und
- Sprichwort- und Sentenzsammlungen.

Das Thema muss mindestens eine klare und interpretationswürdige Aussage enthalten und sollte fünf Zeilen an Länge nicht unterschreiten und dreißig Zeilen nicht überschreiten.

Zum Thema der Kurzrede

Beim Ablauf der Kurzrede sollten Sie folgendes beachten:

- Die Vorbereitungszeit auf diese Rede sollte gut eine Woche betragen.
- Die Interpretationsrede sollte fünf Minuten bis maximal fünfzehn Minuten dauern.
- Die Rede sollte vollständig ausformuliert sein (☞Formulieren und sicherer Stil, ☞Manuskript) und entweder vom Blatt oder auswendig vorgetragen werden.
- Die Rede soll die Aussage des Themas interpretieren oder umdeuten. Das Thema selbst muss in der Rede nicht genannt oder zitiert werden, es muss aber spätestens am Schluss der Rede erkenntlich sein.
- Der Redner sollte ausreichend Kopien seines Themas mitbringen, um sie nach seiner Rede den Zuhörern zum Vergleich zugänglich zu machen.
- Die Rede sollte schriftlich mitgebracht oder zumindest nachgereicht werden.
- Der nächste Redner wird per Losverfahren unter allen Interessenten ermittelt oder einfach bestimmt.
- Sie benötigen mindestens fünf oder mehr Teilnehmer, um diese Übung durchzuführen.

Für ganze Beispiele mit Themen und ausformulierten Reden besuchen Sie bitte die Internetseiten des Vereins Streitkultur e.V. (www.streitkultur.net).

Eine Rede ist wesentlich bestimmt durch die Wirkung des Redners auf sein Publikum. Um Ihre Kurzrede zielgerichtet zu verbessern, sollten Sie sich daher nach der Rede Feedback der andern Teilnehmer holen.

Besser werden durch gezieltes Feedback

Feedbackregeln

Damit Sie nun möglichst gut Ihre eigene Selbsteinschätzung der Rede mit der subjektiven Wahrnehmung der anderen Teilnehmer vergleichen können und daraus sinnvolle Verbesserungen ableiten können, sollten Sie folgende FEEDBACKREGELN einhalten:

- FEEDBACK IST EINE LERNCHANCE und damit immer freiwillig – jeder wird deswegen vor dem Feedback gefragt, ob er es hören will! Ein Feedback kann immer nur komplett abgelehnt werden. Einzelne Teilnehmer vom Feedbackgeben auszuschließen ist nicht fair.
- FEEDBACK IST PERSÖNLICH – das Feedback wird *an* jemanden gegeben, nicht *über* jemanden. Immer auf direkte Ansprache achten! („Was ich an Dir gut fand..." *nicht:* „Was er hätte machen sollen war...")
- FEEDBACK IST EINE SCHILDERUNG DES BEOBACHTETEN, keine Diskussion über die Wahrheit der Welt oder gar Gedankenlesen – wer Feedback gibt, sollte daher auf Mutmaßungen verzichten und sich auf das in der Situation Beobachtbare beschränken („Dein Stand wirkte nicht sicher." *nicht:* „Dein Stand war nicht sicher, weil Du nervös warst und sicher schlecht geschlafen hast."). Wer Feedback bekommt, sollte sich auch nur zu Wort melden, wenn er ein Feedback nicht verstanden hat. Rechtfertigungen oder Gegendarstellungen machen keinen Sinn, da ja nur die subjektive Außenwahrnehmung geschildert wird! Der Feedbacknehmer darf dafür aber am Ende der Feedbackrunde noch ein *kurzes* Statement abgeben. Da offenes und ehrliches Feedback im Alltagsleben eher selten ist, genügt auch ein ehrlich gemeintes „Danke".

Orientierungsfragen für den Inhalt des Feedbacks

Um das Feedback inhaltlich zu fundieren, können folgende ORIENTIERUNGSFRAGEN für ein allgemeines Feedback herangezogen werden:

- Hat der Auftritt den Redner für die Zuhörer gewonnen? (freundlich/arrogant/schüchtern/zappelig?)
- Haben Gestik und Mimik die Aussagen unterstrichen oder von ihnen abgelenkt?
- War die Rede gut zu verstehen?
  (zu schnell/Worte verschluckt/Pausen/zu leise?)
- Wurde die Sprache erfolgreich eingesetzt?
  (Bilder/Vergleiche/treffende Wortwahl?)
- War die Rede gut anzuhören?

(Wechselnde Betonung/Lautstärke/Sprachregister/Sprachwitz/
Wortspiele/Eloquenz?)
- Sind die Argumente angekommen?
(Logik/Argumentauswahl/Sachrichtigkeit?)
- War der rote Faden zu erkennen?
(Aufbau/Abschnitte erkenntlich/Einleitung/Schluss?)
- Hat die Rede zum Thema/zu der Aufgabenstellung gepasst?

Anwendung: Erstellen Sie nun eine Kurzrede! Verwenden Sie
dafür die oben genannten Regeln. Tragen Sie diese Rede den anderen Teilnehmern vor.

Lassen Sie sich Feedback von den anderen Teilnehmern geben. Nehmen Sie drei Punkte aus dem Feedback, die Sie an Ihrer Rede verbessern möchten. Dabei sollte eine der Verbesserungen den Inhalt Ihrer Rede betreffen. Die beiden anderen sollten
den Vortrag Ihrer Rede verbessern. Tragen Sie nun Ihre Kurzrede erneut vor. Fragen Sie die anderen Teilnehmer nach der Rede lediglich, ob Sie in diesen drei Lernpunkten besser oder
schlechter geworden sind.

Sie können die Kurzrede zu neuen Zitaten so oft üben wie Sie
möchten. Gerade als Abwechslung im Redetraining ist es immer
wieder spannend, diese Form der Rede vorzutragen und sich weiter zu verbessern.

II Trainingsformen

II 1 Agonale Rhetorik

Die nun folgenden rhetorischen Trainingsformate unterscheiden sich maßgeblich vom Grundlagentraining im ersten Teil dieses Buches und den Anweisungen, Tipps und Tricks der meisten Rhetorikratgeber. Um diesen Unterschied treffend zu erläutern, liegt abermals ein Vergleich mit sportlichen Disziplinen nahe: Bei der Auswahl einer Sportart bieten sich – über die reinen persönlichen Vorlieben hinaus – vor allem zwei Kriterien an. Zum Einen sollte die Sportart Spaß machen, zum regelmäßigen Training mit Gleichgesinnten anregen und möglicherweise in Wettkämpfen gipfeln, in denen man sich messen kann und die einen damit zu zusätzlicher Übung anspornen. Zum Anderen sollte die Disziplin ein ausgewogenes Training ermöglichen, d. h. einzelne Körperteile nicht über Gebühr belasten und zur allgemeinen Fitness beitragen – sie sollte schlicht gesund sein.

Genau diese Kriterien können auch an rhetorisches Training, das der sportlichen Übung ja in vielerlei Hinsicht gleicht, angelegt werden. Dabei kann das erste Kriterium exakt übernommen werden: Rhetorische Übungen sollten Spaß machen, im Team mit Mitstreitern ausgeübt werden und auch das rhetorische Training kann in Wettkämpfen kulminieren, in denen sich Anfänger, Fortgeschrittene und schließlich gar die Besten eines Landes, Kontinentes oder der Welt messen.

Die „Gesundheit" von rhetorischem Training lässt sich an der Frage messen, ob man durch die entsprechende Übungsform dem Ziel, ein guter Redner zu werden, einen Schritt näher gekommen ist oder nicht. Diese Frage klingt freilich sehr viel leichter als sie tatsächlich ist. Die Leistungen eines guten Redners lassen sich schließlich nicht mit der Stoppuhr oder dem Meterstab messen. Was eine bestimmte Übung leisten kann und wo ihre spezifischen Stärken und Schwächen in der rhetorischen Ausbildung liegen, kann teilweise erst nach Jahren des Trainings genau ermittelt werden. Bei den in diesem Buch vorgestellten Trainingsformaten genügt aber glücklicherweise ein Blick in die Geschichte, um diese Fragen beantworten zu können.

BESONDERHEITEN DER AGONALEN RHETORIK

Der ‚Agon', zu deutsch ‚Wettstreit', gilt als eines der treiben-
den Elemente der griechischen Antike. Schon bei den frü-
hesten griechischen Schriftstellern werden ausführliche Beispiele für Wettkämpfe aller Art überliefert. Hesiod und
Homer selbst sollen sich einen Dichterwettstreit geliefert haben. Im Wettstreit miteinander werden die Menschen regelmäßig zu Höchstleistungen angespornt; dies macht den
Agon als Grundprinzip des Fortschritts so bedeutsam. Diese
Eigenschaft zeigt sich auch in der Agonalen Rhetorik: Wo
zwei Parteien miteinander im rhetorischen Wettstreit stehen,
da werden meist die glänzendsten und überzeugendsten Reden gehalten.

Eines der bekanntesten Zitate des griechischen Philosophen He-
raklit lautet „Der Streit ist der Vater aller Dinge!". Dieser Ausspruch
beschreibt sehr passend eine der Grundeigenschaften menschli-
cher Motivation: Überall, wo wir uns mit anderen Menschen messen können, packt uns schnell der Ehrgeiz und wir wollen uns
verbessern, vorhandene Fähigkeiten ausbauen und die bestmög-
lichen Ergebnisse erzielen. Dieser Motor für menschliche Best-
leistung braucht ein gewisses Maß an Sportlichkeit und Fairness,
um nicht in sinnlosen Streitereien oder Schlimmerem zu enden.
Ob im Sport, in der Wirtschaft, der Politik oder in der Wissen-
schaft, der Mensch wächst mit seinen Gegnern.

Was bedeutet dies für das rhetorische Training? Die meisten
rhetorischen Übungen geben Anweisungen für die individuelle
Arbeit im stillen Kämmerlein. Manche von ihnen finden auch in
größeren Gruppen statt, dann aber meist nur mit der Zielsetzung,
auch einmal vor Publikum zu sprechen, einen sicheren Stand zu
gewinnen und das Lampenfieber zu bekämpfen. Die meisten dieser Übungen sind recht sinnvoll, verlieren aber schnell an Reiz
und bauen auf den Willen des Einzelnen auch dann noch wei-
terzumachen, wenn das Training zu einer lästigen Pflicht wird.
Sie entsprechen in ihrem Aufbau den Leibesertüchtigungen von
Turnvater Jahn, die man ausschließlich aus Liebe zu einem langen und gesunden Leben widerwillig auf sich nimmt.

Rhetorisches Training kann aber auch wie ein Tennismatch
oder Fußballspiel mit Freunden aufgebaut sein. Wenn es den
sportlichen Ehrgeiz weckt und während der Übung nicht mehr
die Reflexion über die eigenen rednerischen Fähigkeiten in den

Vordergrund stellt, sondern den Spaß an der Sache, dann kann man es regelmäßig und über Jahre betreiben ohne sich dabei jemals zu langweilen. Dafür bedarf es freilich eines Regelwerkes, das ein bestimmtes Ziel definiert und die Grundlage für einen Wettstreit mit Sportlichkeit gibt.

Diese Art von Regelwerken stellt das vorliegende Trainingsbuch im nun folgenden Teil vor. Die meisten von ihnen haben in ihren Grundzügen bereits eine Jahrhunderte alte Tradition, sind aber für das moderne Training grundlegend überarbeitet und ausformuliert worden. Sie bieten Ihnen die Möglichkeit für ein dauerhaftes Training und werden in unterschiedlichen Fassungen weltweit praktiziert.

EIGENSCHAFTEN DER AGONALEN ÜBUNGEN

Mit dem Wortgefecht, der Deklamation, der Debatte und der Disputation werden vier Trainingsformate vorgestellt, die alle auf spielerische Art und Weise rednerische Qualitäten trainieren. Genau wie bei den meisten Sportarten gilt aber auch bei ihnen: Unterschiedliche Disziplinen führen zur Ausprägung unterschiedlicher Fähigkeiten und am gesündesten ist eine Mischung aus verschiedenen Sportarten und ein Übermaß einer Übung bringt auch gewisse Nachteile mit sich. Es lohnt sich also, zu Beginn einen kurzen Blick auf die besonderen Qualitäten, aber auch Grenzen der vier Disziplinen zu werfen.

Das Wortgefecht ist die einfachste und anfängerfreundlichste unter den vorgestellten Übungen. Sie ist angelehnt an die antike Thesis und trainiert im besonderen Maße die Fähigkeit, zu einem bestimmten Thema ein großes Spektrum an Argumenten zu finden und auf knappe und präzise Weise vorzutragen. Wenn sich der werdende Redner jedoch ausschließlich auf diese Übung beschränkt, ist es möglich, dass er einen übermäßig kompakten und schnellen Stil entwickelt, in dem die wichtigen Funktionen von erzählenden und ausmalenden Passagen einer Rede verloren gehen.

Diese Tendenz wird jedoch von der zweiten Übung, der Deklamation, wieder aufgefangen. Sie ist das ideale Trainingsfeld, um längeres, detailliert ausgearbeitetes Reden zu lernen. Hier werden auch narrative Elemente, Wortschmuck und Spannung trainiert. Gleichzeitig schärft der regelmäßige Deklamator auch seinen Blick für Fragen von Moral und Gerechtigkeit. Die Deklamation wurde jedoch bereits in der Antike dafür kritisiert, dass sie zu pompösen und teilweise realitätsfernen Vorträgen führt. Ein Teil dieses Risikos ist durch das moderne Regelwerk entfernt, dennoch sollte auch die Deklamation mit anderen Übungen ergänzt werden.

Eine dieser Ergänzungsmöglichkeiten ist die Debatte, die Königsform der rhetorischen Trainingsformate. Angelehnt an den Parlamentsbetrieb hält sie den Redner an, genau auf die Gegenseite und die Zuhörer einzugehen und seinen Stil dem jeweiligen Thema anzupassen. Weltweit ist die Debatte die beliebteste Übungsform und sie wird in dutzenden regionaler und internationaler Turniere praktiziert. Gleichwohl führt auch sie, wenn sie übermäßig trainiert wird, zu bestimmten Redemustern und Gliederungen der Rede, die mit Hilfe etwa der Deklamation aufgebrochen und variiert werden sollten.

Die letzte und komplexeste Übung in diesem Band ist die Disputation. In ihr können, wie durch kaum eine andere Form, genauestes analytisches Denken, präzise Formulierungen und schlüssige Argumentation trainiert werden. Diese hervorragenden Eigenschaften verleiten den ungeübten Redner unter Umständen jedoch dazu, seinem Gegner die Worte im Mund zu verdrehen und eine ungenaue Wortwahl auszunutzen und sie sollte daher anderes Training nur ergänzen, nicht ersetzen. Dem etwas fortgeschrittenen Redner kann sie jedoch den letzten Schliff geben, der einen sauberen Vortrag von einer gewinnenden Rede unterscheidet.

Zusammengenommen bilden die vier Trainingsformen eine Grundlage für kontinuierliches, rhetorisches Training, das nicht nur viel Spaß macht und über Jahre in wechselnden Kreisen zu gemeinsamen Rededuellen anregt, sondern gleichzeitig auf spielerische Art und Weise vom rhetorischen Anfänger zum professionellen Redner führt.

Wer dieses Ziel erreicht, wird nicht nur persönlich erfolgreicher sprechen und so Freude am Vortrag vor Zuhörern gewinnen, sondern gleichzeitig einen wichtigen Beitrag für eine demokratische Gesellschaft leisten. Die Demokratie lebt von Menschen, die bereit – und in der Lage – sind, ihre Meinung zu artikulieren und für eine Position einzutreten. Für diese Aufgabe ist eine solide Redefähigkeit unerlässlich. Und damit schließt sich der Kreis des anfangs aufgeworfenen Bildes: So wie es sich lohnt, regelmäßig Sport zu treiben, um gesund zu bleiben, so ist es auch erstrebenswert, seine rhetorischen Fähigkeiten kontinuierlich zu trainieren und damit seine Meinung überzeugend vertreten zu können. Und beides, Sport wie Rhetorik, kann man auf eine Weise üben, die nicht nur Erfolg verspricht, sondern auch Spaß macht!

II 2 Wortgefecht

Schnell eine Vielzahl von Argumenten zu finden, diese richtig zu gewichten und prägnant zu präsentieren, ist eine der wichtigsten, wenn nicht die wichtigste Fähigkeit eines guten Redners. Das Wortgefecht und die drei dazugehörigen Vorübungen sind deshalb besonders diesem Schwerpunkt gewidmet und bieten Ihnen die Möglichkeit in der Gruppe mit Hilfe von argumentativen Suchtechniken eine große Zahl von Argumenten zu finden und diese anschließend prägnant zu präsentieren. Außerdem schärfen diese Übungen Ihre Fähigkeit, vorgebrachte Argumentationen schnell zu erfassen und sicher zu bewerten.

Der Schwerpunkt des Wortgefechts ist die argumentative Beleuchtung eines kontroversen Themenkomplexes. Dazu entwickeln zwei Kontrahenten möglichst viele und überzeugende Argumente für bzw. gegen die vorgegebene These und tragen sie nacheinander den bewertenden Zuhörern vor.

In den Vorübungen zum Wortgefecht dreht sich alles um das Auffinden von Argumenten innerhalb kurzer und kürzester Zeit.

In der Argumentationsstaffel, der ersten Übung, lernen Sie sich unter Zeitdruck schnell eine große Menge an Argumenten zu überlegen und in kompakter Form vorzustellen.

Erste Vorübung: Argumentationsstaffel

Die Stegreifrede trainiert die spontane Äußerung zu einem Thema und das Entwickeln von Argumenten und treffenden Gedanken während des Sprechens.

Zweite Vorübung: Stegreifrede

Im Argumentationskreisel steht die umfassende Durchdringung eines Gegenstands im Mittelpunkt. Hierbei lernen Sie zudem die bewusste Fokussierung der Aufmerksamkeit auf einzelne, wichtige Aspekte eines Themas.

Dritte Vorübung: Argumentationskreisel

II 2.1 Argumentationsstaffel

Lernziel: Mit dieser lockeren Einstiegsübung kann sich eine Gruppe auf eine der größeren Übungen neben dem Wortgefecht, vor allem auch auf eine Debatte oder eine Deklamation vorbereiten. Spontaneität, das schnelle Entwickeln von Argumenten und die kurze Formulierung der eigenen Gedanken sind hierbei nicht nur gefordert, sondern auch spielerisch lernbar.

Zum argumentativen Aufwärmen

Teilnehmer:	3-15 Personen
Übungsdauer:	☆
Schwierigkeitsgrad:	☆
Übungsart:	Vorübung

Anwendung: Für diese Übung braucht man einen kleinen Ball. Die Teilnehmer an dieser Übung stellen sich in einen Kreis. Es wird ein Thema ausgegeben und entschieden, ob in der ersten Runde nur Pro-Argumente oder nur Contra-Argumente oder beide im Wechsel gesucht werden sollen. Derjenige, der den Ball in der Hand hat, fängt an, nennt kurz ein Argument zum Thema und wirft den Ball weiter. Der Mitspieler, an den der Ball adressiert war, nennt sobald er den Ball hat, ein weiteres Argument und wirf den Ball weiter, dieser nennt wiederum ein Argument und so fort. Jeder Teilnehmer hat eine kurze Bedenkzeit von ungefähr zehn Sekunden, wenn er den Ball gefangen hat. Gelingt es ihm nicht innerhalb dieser Zeit ein Argument zu nennen, scheidet er aus. Derjenige, der als letztes übrigbleibt, also die meisten Argumente zu dem Thema nennen konnte, hat gewonnen.

VARIANTE: Sollte kein Ball zur Verfügung stehen, kann man die Argumentationsstaffel auch einfach der Reihe nach laufen lassen: Der Sitz- oder Stehnachbar nennt dann sein Argument, nach dem sein Vorgänger seines in die Runde gebracht hat.

II 2.2 Stegreifrede

Auch die spontane Rede will gelernt sein

Lernziel: Längere Redebeiträge ohne Vorbereitung, völlig spontan zu halten, ist für uns im Alltag (am Küchentisch, am Telefon oder in der Kaffeepause) in der Regel kein Problem. Vor richtigem Publikum, in der Klasse, in der Besprechung beim Chef oder bei anderen offizielleren Gelegenheiten sieht es meist anders aus. Wie Sie Ihre Gedanken beim Reden ordnen und ohne Probleme auch diese Hürde meistern können, lernen Sie in dieser Übung.

Auch diese Übung eignet sich in besonderem Maß als Auftaktübung für Debatten- oder Deklamationsübungseinheiten und natürlich auch als Vorübung für das Wortgefecht.

Teilnehmer:	3-10 Personen
Übungsdauer:	☆
Schwierigkeitsgrad:	☆
Übungsart:	Vorübung

Anwendung: Zunächst wählen Sie eine Hand voll Gegenstände, mindestens aber so viele Sachen wie Teilnehmer aus und schreiben sie die Begriffe mit dem Zusatz ‚Pro' oder ‚Contra' jeweils auf eine Karte (dann haben Sie beispielsweise zehn Karten mit fünf verschiedenen Begriffen). Reihum geht jeder Teilnehmer nach vorne, zieht eine Karte und hält dann eine Minute lang eine Lob- oder Tadelrede auf diesen Gegenstand. Beispiele für solche Gegenstände sind: Auto, Fernseher, Flugzeug, Atomkraft, Feuerzeug, Stammtisch oder Grundgesetz.

Die Frage, die jeder Redner dabei beantworten soll, lautet: Warum ist dieser Gegenstand gut/schlecht? Oder: Warum ist dies der beste/schlechteste Gegenstand der Welt? Nach jeder Kurzrede gibt die Gruppe dem Redner ein ebenso kurzes ☞Feedback.

Der beste oder schlechteste Gegenstand der Welt

VARIANTE: Um den Einstieg etwas leichter zu gestalten, kann man für diese Übung auch eine kurze Vorbereitungszeit von maximal fünf Minuten ansetzen.

II 2.3 Argumentationskreisel

Lernziel: Wenn man sich einem Thema zum ersten Mal oberflächlich nähert, läuft man oft Gefahr, sich in Sackgassen zu verrennen, nur einzelne Blickwinkel zu beleuchten und das Thema in seiner Breite zu verkennen. Sehr hilfreich, um diese Klippe zu umschiffen ist es, sich einige Blickwinkel auf Themen anzugewöhnen, die man der Reihe nach durchgehen kann. Ziel des Argumentationskreisels ist es, Sie mit wichtigen Suchkategorien für gesellschaftlich-politische Fragen vertraut zu machen und Ihnen die Fähigkeit zu vermitteln und die Breite eines Themas voll auszuschöpfen. Diese Übung eignet sich hervorragend dazu, Bündel von Argumenten für das Wortgefecht, die Deklamation oder die Debatte zu gewinnen und ergänzt so die Brainstorming-Übungen aus Teil I. Gerade für Debatten können die hier vorgestellten Suchkategorien enorm gewinnbringend angewandt werden.

In der Gruppe ein Thema durchdenken

Teilnehmer:	4 oder 8 Personen
Übungsdauer:	☆☆
Schwierigkeitsgrad:	☆☆
Übungsart:	Vorübung

Nützliche Suchkate-
gorien für die
eigene Recherche

Anwendung: Vor Beginn bestimmen die Teilnehmer den Begriff (z. B. Ehe, Demokratie, Fahrrad) oder das Thema (siehe auch ☞Themenliste Debatte) um den sich der Argumentationskreisel drehen soll, schreiben ihn auf ein DIN A4 Blatt und legen ihn in die Mitte. Je eine der acht Suchkategorien ‚politisch‘, ‚sozial‘, ‚wirtschaftlich‘, ‚ökologisch‘, ‚historisch‘, ‚kulturell‘, ‚religiös‘, ‚moralisch‘ wird dann auf acht Blätter als Überschrift geschrieben und ebenfalls in die Mitte gelegt. Damit sind die Vorbereitungen abgeschlossen.

Jeder Teilnehmer nimmt sich jetzt eines der Blätter und schreibt innerhalb von zwei Minuten zwei Argumente, die aus der angegebenen Perspektive (Bsp. Kategorie: ‚wirtschaftlich‘ Begriff: ‚Ehe‘ führt zu dem Argument: ‚weniger Steuern‘) für (oder gegen) den Begriff in der Mitte sprechen auf das Blatt. Nach den zwei Minuten klingelt einer der Teilnehmer oder ein extra eingesetzter Zeitnehmer und alle Blätter werden nach rechts weitergegeben – und das Spiel beginnt erneut. Die Teilnehmer sollten jeweils mit unterschiedlichen Farben schreiben, damit man die Argumente später ihren Findern zuordnen kann. Die Übung ist zu Ende, wenn alle Blätter einmal rumgegangen sind. Bei vier Teilnehmern wird die Übung einfach mit den verbleibenden vier Blättern wiederholt.

Nach der Kreativphase kommt die Bewertungsphase: Alle Teilnehmer nehmen sich gemeinsam die einzelnen Blätter vor und ermitteln per einfacher Abstimmung, welches das stärkste Argument auf dem Zettel ist. Derjenige, der die meisten Argumente dieser Kategorie auf sich vereinigen kann, ist der Sieger dieser Runde.

II 2.4 Wortgefecht

Hintergrund: Wort-
gefecht/Thesis

Das „Wortgefecht" nimmt sich die antike „Thesis" zum Vorbild. Im modernen Wortgefecht wie in der klassischen Thesis wird ein allgemeiner Begriff gewählt und mit der Aufgabe für den jungen Rhetor versehen, in grundsätzlicher Form entweder für oder wider diesen Begriff zu sprechen und damit zu prüfen, welches argumentative Spektrum eröffnet werden kann. Die Thesis gehörte zu den so genannten „Progymnasmata", einem Kanon von kleineren rhetorischen Übungsformen, die jeder Redner während seiner Ausbildung durchlaufen musste.

Lernziel: Sie lernen in dieser Übung, die Tiefe zu schätzen und Ihre geborgenen Schätze bündig vorzuzeigen. Beim Wortgefecht kommt es nämlich darauf an, ein Themenfeld möglichst umfassend zu durchleuchten und sämtliche schlagenden Argumente zu finden, die es in sich birgt. Damit ist das Wortgefecht ein hervorragendes Anwendungsgebiet für alle Übungen, die sich mit dem Auffinden von Gedanken beschäftigen. Hier zeigt sich, ob Ihnen die Herangehensweise und die Suchkategorien schon in Fleisch und Blut übergegangen sind und Sie sie als Werkzeug blind benutzen können. Die wichtigste Fähigkeit, die das Wortgefecht trainiert, ist es, so wenig Zeit wie möglich und so viel Zeit wie nötig auf ein Argument zu verwenden. Darüber hinaus entwickeln Sie im Wortgefecht ein Gefühl für das Gewicht von Argumenten, sowohl beim kurzen, knappen Präsentieren, als auch beim Bewerten.

Das Duell der Argumente

Teilnehmer:	2 Redner
	min. 3 Juroren
Übungsdauer:	☆☆
Schwierigkeitsgrad:	☆☆
Übungsart:	Trainingsformat

Anwendung: Den beiden Rednern wird der Begriff, um den sich das Wortgefecht dreht, mindestens einen Tag vor dem Aufeinandertreffen genannt. Beide Redner versuchen, eine möglichst große Anzahl an möglichst überzeugenden Argumenten für ihre Seite des Begriffs (Lob oder Tadel) zu finden und dann anschließend prägnant zu präsentieren. Sie müssen dabei nicht widerlegend zur anderen Seite Stellung nehmen, sondern können sich vollständig entweder auf das Lob oder die Kritik ihres Begriffs konzentrieren. Es wird ausgelost, wer das Wortgefecht mit seiner Rede beginnt. Beide Redner haben zum Vortrag ihrer Argumentation

Die Redner im Wortgefecht

maximal zehn Minuten Zeit. Ab Ablauf der fünften Minute wird ihnen jedoch alle 30 Sekunden ein Punkt von den Juroren abgezogen. Dadurch sind die Redner gezwungen, sich auf die schlagenden Argumente auf ihrer Seite zu beschränken und die Geduld des Publikums nicht übermäßig mit schwachen oder redundanten Ausführungen zu strapazieren. Und es hält die Redner an, auch wirklich nur so viel Zeit in ein Argument zu investieren, wie dies nötig ist.

Die Bewertung des Wortgefechts

Eine beliebig große Jury bewertet die beiden Reden. Bewertet werden Anzahl und Gewicht/Güte der vorgebrachten Argumente. Für ein besonders starkes Argument werden drei Punkte vergeben, für ein schlüssiges Argument bekommt der Redner zwei Punkte, für ein schwaches Argument einen Punkt und keine Punkte, wenn aus den Ausführungen kein Argument ersichtlich wurde. Die Punkte für die Argumente werden sofort vergeben, d. h. die Juroren müssen sich ein schnelles Urteil über das Gewicht der gerade vorgetragenen Argumentation machen. Um auch am Ende auf die einzelnen Wendungen eingehen und die eigenen Wertungen begründen zu können, sollten die Juroren die Argumente stichwortartig mitskizzieren *(siehe Übung: Pointieren)*. Ganz nebenbei trainiert dieser Mitschrieb auch die Fähigkeit, Argumente zu erkennen und kurz zusammenzufassen. Die Punktezahlen werden am Ende der Rede addiert, die Zeitausnutzungspunkte ggf. subtrahiert. Zur Bestimmung des Ergebnisses wird einfach der Mittelwert aus den jeweils vergebenen Punktzahlen gebildet. Das Wortgefecht gewinnt, wer von der Jury insgesamt mehr Punkte erhält.

Das Forderungssystem

Ergänzung: Das Wortgefecht kann man vor allem in Verbindung mit einem Forderungssystem zu einem regelmäßigen sportlichen Wettstreit ausbauen. Nebenbei kann man für Gruppen, die längerfristig zusammen trainieren, so auch eine interne Rangliste der besten Redner erstellen und für zusätzliche Motivation sorgen. Das Prinzip der Forderung kann man für die Deklamation, die Suasorie und die Disputation ebenfalls hervorragend nutzen.

Vor der ersten Forderungsrunde werden alle interessierten Redner an eine Position innerhalb einer Pyramide gelost. Diese Pyramide hat an der Spitze den Ranglistenersten, in der zweiten Ebene von links nach rechts den zweiten und dritten, in der dritten Ebene Plätze Nummer vier bis sechs, etc.

Jeder Teilnehmer des Forderungssystems kann jederzeit jeden anderen Teilnehmer fordern, der entweder links von ihm in der gleichen Zeile oder rechts von ihm in der nächsthöheren Zeile steht (z. B. der neunte die Nummern sechs bis acht, hingegen der dritte nur den zweiten). Neue Teilnehmer werden am Ende der Pyramide aufgenommen.

Der Herausforderer wählt ein Thema aus der vorgegebenen Liste und fordert eine der möglichen Personen zu einem bestimmten Termin heraus. Der Herausgeforderte kann daraufhin die Forderung annehmen oder ablehnen. Nimmt er sie zu diesem Termin an, so wählt er die Seite (Lob oder Kritik), auf der er das Thema verhandeln will. Ist der geforderte Termin bereits von einem anderen Duell belegt, so wird die Forderung auf den nächsten möglichen Termin verschoben. Lehnt der Herausgeforderte ab, so kommt das Duell nicht zustande. Ein zweimal vergeblich herausgeforderter Redner gilt als geschlagen und rutscht einen Rang ab. Tritt eine Person zu einen angenommenen Duell nicht an, so rutscht sie automatisch auf den letzten Platz der Pyramide ab.

Über Sieg oder Niederlage entscheidet das jeweils vorgesehene Gremium (Jury, Publikum). Gewinnt der Herausforderer, so übernimmt er den Platz des Herausgeforderten, alle nachfolgenden Platzierungen rutschen um einen Rang ab. Gewinnt der Geforderte, so verändert sich nichts.

Die Forderung

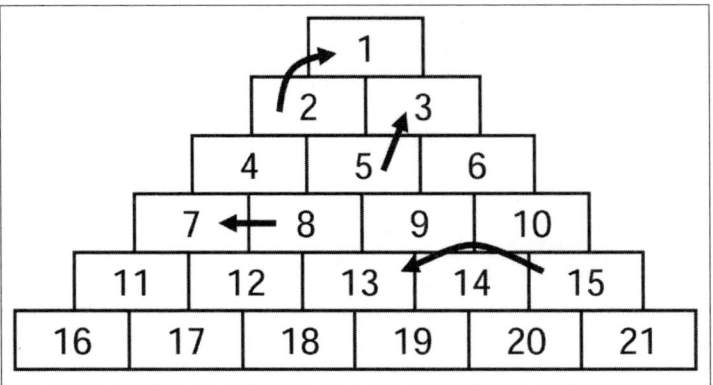

Forderungspyramide für das Wortgefecht und andere Übungen mit Einzelrednern

II 3 Deklamation

Kurze Reden kann man mit ein wenig Übung aus dem Stand ohne Probleme halten. Aber längere Reden aus dem Gedächtnis vorzutragen? Einen Fall in seinen Einzelheiten mitreißend dem gebannt lauschenden Publikum vorzutragen, ohne seine Aufzeichnungen zu verwenden und es dabei ganz für sich und seine Seite einzunehmen, ist dagegen eine ganz andere Herausforderung. Genau dies zu lernen, ist Gegenstand der Deklamation.

Der Grundzüge einer Deklamation

Als Rahmen der Deklamation (Controversie) dient eine fingierte Gerichtssituation, die sich eher an antiken als an modernen Rechtsverfahren orientiert. Im Mittelpunkt steht nämlich nicht die formalrechtliche Entscheidung, sondern der rednerische Überzeugungsprozess, die Glaubhaftmachung. Ankläger und Verteidiger versuchen mit allen rednerischen Mitteln, argumentativ (Logos), mit der Glaubwürdigkeit der eigenen Person (Ethos) und emotionalen Überzeugungsmitteln (Pathos), entweder einen Schuld- oder einen Freispruch zu erreichen. Bei allen Parallelen zur juristischen Entscheidungsfindung ist es nicht das Hauptziel der Deklamation, Recht zu sprechen im Sinne der reinen Gesetzesauslegung, sondern die Gerechtigkeit, im allgemein menschlichen Sinne, zu befördern. Wenn am Ende der Deklamation der Jurist sagt „So mussten wir entscheiden, die Gesetze ..." ist die Deklamation misslungen; wenn das ganze Publikum ausruft: „So ist es richtig, so hätte ich auch entschieden ...", dann ist ein Hauptziel der Deklamation erreicht.

Die Grundlage der Deklamation ist ein fiktiver Rechtsfall, der aus einer Fallbeschreibung und den anzuwendenden Rechtsnormen bzw. Gesetzen besteht. Aufgabe der Redner ist es, aus den Tatsachen und den gegebenen Gesetzen eine für ihre Seite möglichst überzeugende Position zu entwickeln, die Situation also parteilich zu interpretieren.

Die Vorübungen vor der eigentlichen Deklamation bereiten Sie Schritt für Schritt auf die längere Redezeit vor und führen Sie in die Interpretation von Normen ein und trainieren sämtliche erforderlichen Fähigkeiten für das gekonnte Deklamieren.

Erste Vorübung: Parteiisches Berichten

Mit dem parteiischen Berichten üben Sie die Fähigkeit, einen komplexen, dem Zuhörer unbekannten Fall so darzustellen, dass er zum Einen mit den Fakten vertraut wird, zum Anderen aber auch den von Ihnen gewünschten Blickwinkel annimmt.

Zweite Vorübung: Normanalyse

Die besondere Fähigkeit, eine Norm zu interpretieren und ihren Inhalt dabei nicht zu verändern, steht im Mittelpunkt der zweiten Übung, der Normanalyse.

Dritte Vorübung: Training am Modell

Mit dem Training am Modell machen Sie dann den ersten Schritt zur vollständigen Deklamation. Wie in den klassischen rhetorischen Übungen der Antike tragen Sie eine Muster-Anklagerede vor und können so Stil und Vorgehen nicht nur exemplarisch studieren, sondern auch die lebendige Gestaltung des Vortrags trainieren.

Die Anklagerede eines vorgegebenen Falls ist auch der Ausgangspunkt der nächsten Übungen. Mithilfe der so genannten Statuslehre lernen Sie aus der Perspektive des Verteidigers einen Fall systematisch zu analysieren und die erfolgsversprechendsten Ansatzpunkte einer Verteidigung herauszufinden.

Vierte Vorübung: Verteidigungs- strategien

II 3.1 Parteiisches Berichten

Lernziel: Sie müssen in der Deklamation als Redner die vorliegenden Fakten des Falles für Ihre Seite bewerten und sie dem Entscheidungsgremium so präsentieren, dass es sie zu Ihren Gunsten wertet. Mit der Übung parteiisches Berichten lernen Sie die notwendige Genauigkeit der Darstellung und die zielgerichtete Auslegung des Falls. Auch wie Sie mit Schwächen und Lücken in Berichten aus zweiter oder gar dritter Hand umgehen können, wird Ihnen in dieser Übung erklärt.

Parteiliches Darstellen

Teilnehmer:	4-6 Personen
Übungsdauer:	☆☆
Schwierigkeitsgrad:	☆☆
Übungsart:	Vorübung

Beschreibung: Die erste Aufgabe der Deklamationsredner ist die Beschreibung der Tat, des vorliegenden Falles. Dabei sollen dem Publikum zum einen alle notwendigen Fakten mitgeteilt, zum anderen natürlich zugleich die eigene Sichtweise, das eigene Überzeugungsziel vermittelt werden.

Es ist sinnvoll sich bei einer Erzählung, insbesondere wenn es sich um einen Rechtsfall handelt, an einigen Fragen zu orientieren:

Was sind wichtige Fakten?

• Was genau ist passiert?
• Wann ist es passiert?
• Wo ist es passiert?
• Wer waren die Beteiligten? (Täter bzw. Opfer)
• Woher kommen die Informationen? (Zeugen, Text usw.)

Neben der inhaltlichen Genauigkeit, soll die Erzählung auch durch Wortspiele, Metaphern und Sentenzen unterhalten und das

Parteilich und unterhaltend

Publikum emotional anrühren: Abscheu und Zorn gegen den Angeklagten bzw. Mitleid und Verständnis für den Beschuldigten
hervorzurufen, sind mögliche Mittel des Redners. Insbesondere
wertende Adjektive und Beschreibungen dienen der parteilichen
Darstellung (☞subversives Neuschreiben). Der Inhalt der gegebenen Fallbeschreibung darf zwar interpretiert und natürlich
auch selektiv vorgetragen werden, die Fakten müssen jedoch bestehen bleiben und können von den Rednern nicht in ihrer Sub-
stanz verändert werden.

Ausgangspunkt dieser Übung ist ein einfacher Text (ein Zei-
tungskommentar, eine Anekdote oder z. B. der Text der Übung
☞subversives Neuschreiben), der an zwei der Beteiligten ausge-
teilt wird. Die restliche Gruppe und die anderen Beteiligten bekommen den Text nicht und dürfen auch nicht wissen, um welchen Text es sich handelt. Die beiden ersten Redner haben nun
die Aufgabe, nach kurzer Vorbereitung, den Inhalt des Textes parteilich, einer pro und einer contra, zum jeweiligen Thema (im
Falle des Textes „Armee und Staat", S. 53, also für bzw. gegen
die Gründung einer deutschen Armee) umfassend aber ohne Ab-
schweifungen vorzutragen. Die Darlegung sollte relativ kurz,
zwischen zwei und drei Minuten, gehalten sein. Dabei gilt es für
beide Redner, eine gesunde Balance zwischen parteilicher Darstellung und inhaltlicher Richtigkeit zu halten. Die beiden zweiten Redner haben nun die Aufgabe, ihre Position nur aufgrund
der gerade gehörten Informationen zu verteidigen, dabei dürfen
und sollen sie natürlich auch Bezug auf die beiden vorherigen
Redner und deren Parteilichkeit nehmen. Sie sollten also offen
legen, an welcher Stelle die Fakten, nach ihrer Kenntnis (also
Aufgrund der zuvor von ihrem Vorredner gehörten Angaben), von
der Gegenseite zu weit oder mutwillig gar fehlinterpretiert wurden. Die Redner, die an dieser Position sprechen müssen, werden so bereits mit der alltäglichen Situation konfrontiert, auf
einander teilweise widersprechende und möglicherweise un-
vollständige Informationen angewiesen zu sein und dennoch ihrerseits eine schlüssige Darstellung zu geben und die Zuhörer für
ihre Seite zu gewinnen.

Das Feedback   Nach den Reden lesen Sie der gesamten Gruppe den zugrunde
liegenden Text laut vor. Die Gruppe bewertet neben dem allgemeinen Feedback zur Rede (☞Feedback) dabei besonders die angemessene und treffende Darstellung der Sachlage durch die Redner. Folgende Fragen sollten Sie dabei insbesondere beachten:
• Sind die oben genannten Fragen (was, wann, wo, wer, woher)
  eindeutig und richtig beantwortet?

- Wie haben sich die Fakten nach einem bzw. nach zwei Durchgängen verändert?
- Welche Inhalte sind sofort klar geworden, welche bis zum Schluss unklar geblieben?
- Was hat die Pro- bzw. was hat die Contra-Seite verschwiegen und was hat sie besonders betont?
- An welchen Formulierungen hat sich die Parteilichkeit am deutlichsten gezeigt?

Anwendung: In die Grundversion der Übung sind vier Redner und ein beliebig großes Publikum eingebunden. Für alle Redner gilt in dieser Übung, dass sie keine Aufzeichnungen für ihre Ausführungen benutzen dürfen. Zwei Redner vertreten dabei die Pro-Seite und zwei die Contra-Seite. Die ersten beiden Redner haben dabei zwei bis drei Minuten Zeit nach einer kurzen Vorbereitungszeit einen einfachen, bündigen Text aus parteiischer Perspektive (pro oder contra) darzulegen und so das Publikum für die eigene Interpretation der Fakten einzunehmen. Nach diesen beiden Darstellungen des Sachverhalts ergänzen die zweiten Redner, die nur diese Vorträge als Grundlage haben, die Ausführungen und argumentieren ebenfalls für ihre jeweilige Seite. Um festzustellen, wie weit sich die Redner von dem Ausgangstext entfernt haben und um ihr Vorgehen zu bewerten, wird der Text nach den Reden laut vorgelesen.

Um den Lerneffekt und die Zahl der beteiligten Redner zu erhöhen, kann man diese Übung auch mit sechs Rednern durchführen. In diesem Fall sollte ein Großteil der Übung in Abwesenheit des Publikums abgehalten werden. Nur die ersten beiden Redner erhalten den Text. Sie geben die wichtigen Informationen an die beiden Zweiten weiter, die wiederum das Gehörte an die Dritten berichten. Die Weitergabe ist ausschließlich mündlich. Erst die dritten Redner halten, mit den ihnen erzählten Informationen, nacheinander vor dem gesamten Publikum ihre Rede für bzw. wider die Sache. Der Contra-Redner ist während der Rede des Pro-Redners noch nicht im Raum. Nach diesen Reden wird abermals dem Publikum der Text vorgetragen und die Veränderung der Fakten im anschließenden Feedback erläutert.

Die Aufgaben der Redner

VARIANTE: Ist die Übungsgruppe relativ klein oder rednerisch noch unerfahren, kann das parteiische Berichten auch vereinfacht werden, indem die Gegenseite weggelassen wird. Der vorgegebene Text wird dann zwar immer noch parteilich und, ohne dass die

Gruppe und die nachfolgenden Redner ihn kennen, vorgetragen, jedoch gibt es keine Gegenseite, auf die geantwortet und reagiert werden muss. Der Fokus liegt dann noch stärker auf der Erzählung und weniger auf dem Wettkampf der Meinungen.

II 3.2 Normanalyse

Lernziel: Sie lernen in dieser Übung, wie man in Deklamationen richtig mit vorgegebenen Normen umgeht und sie angemessen interpretiert. Dabei werden Sie exemplarisch in die Bedeutungsbreite einzelner Normen eingeführt und es werden Ihnen Möglichkeiten aufgezeigt, wie Sie sich einzelne Bedeutungsebenen für den konkreten Fall nutzbar machen können.

Teilnehmer:	1 (2-5) Personen
Übungsdauer:	☆☆
Schwierigkeitsgrad:	☆☆
Übungsart:	Vorübung

Funktion der Normanalyse

Beschreibung: Eines der wichtigsten Elemente in der Vorbereitung einer Deklamation – oder bei der Auseinandersetzung mit Regeln und Gesetzen überhaupt – ist eine kompakte, aber genaue Analyse der zu Grunde liegenden Norm. Diese Normen unterscheiden sich bei der Deklamation von Regeln, mit denen wir tagtäglich konfrontiert sind, bzw. sie bilden ein Mittel aus den beiden größten realen Gruppen: Sie sind einerseits weniger bestimmt als deutsche Gesetze, d. h. es gibt zu ihnen keine Kommentare, Präzedenzfälle oder parlamentarische Entstehungsgeschichten. Andererseits sind sie aber genauer als die meisten moralischen Normen, mit denen wir leben, da sie zumindest in präziser schriftlicher Form vorliegen. Demgemäß ist auch ihre Analyse eher mit moralischen als mit juristischen Gesetzen vergleichbar. So bleiben von den vier klassischen juristischen Ansätzen, der wörtlichen, der systematischen, der teleologischen und der historischen Interpretation nur der erste und dritte über, da die Deklamationsnormen, wie erwähnt, weder in einem kompletten System stehen, noch über eine historische Genese verfügen. Diese beiden Ansätze bieten aber trotzdem einen großen Raum in der Interpretation der Normen.

Praktische Analyse

Anwendung: Wählen Sie sich eine der Normen aus den Deklamationsfällen im Anhang oder aus historischen Deklamationsfällen (☞Literaturverzeichnis) und versuchen Sie folgende Fragen zu beantworten:

WÖRTLICHE AUSLEGUNG:

Wortlaut der Norm

* Welche Handlung verbietet oder gebietet diese Norm?
* Wem verbietet oder gebietet sie diese Handlung?
* Unter welchen Bedingungen?
* Ist die Handlung genau definiert, gibt es Doppeldeutigkeiten?
* Ab und bis wann ist diese Norm gültig?
* Sind Ausnahmen genannt?
* Wen betreffen diese Ausnahmen?
* Gibt einen eingeschränkten räumlichen Geltungsbereich für die Norm?
* Welche Sanktionen droht die Norm an?
* Stehen die genannten Normen in bestimmten Fällen im Widerspruch zueinander?

INHALTLICHE AUSLEGUNG:

Sinn der Norm

* Welches schädliche Verhalten verhindert diese Norm?
* Welche grundsätzlichen Entwicklungen drohten, wenn es diese Norm nicht gäbe?
* Könnte dieses Verhalten auch durch weniger starke Normen erreicht werden?
* Wird auch gutes Verhalten durch die Norm verhindert?
* Steht die Norm im Widerspruch zu verbreiteten Rechtsprinzipien oder moralischen Vorschriften?

Ergebnis für die Deklamation

Üben Sie diese Analyse an zwei bis drei ☞Fällen. Je nachdem, ob Sie in der späteren Deklamation (oder in einem anderen vergleichbaren Streitfall) die Rolle des Anklägers oder die des Verteidigers übernehmen, sollten die Antworten auf diese Fragen ausreichende Ansatzpunkte geben, um entweder für die Anwendbarkeit und die Wichtigkeit dieser Norm im gegebenen Fall zu argumentieren oder um aufzuzeigen, dass der Fall entweder nicht unter die Norm fällt, oder, so er dies tut, die Norm nicht vollständig zur Lösung des dahinterliegenden Problems geeignet ist.

Gruppenübung

VARIANTE: Um die Normanalyse auch praktisch umzusetzen, eignet sich in einem zweiten Schritt, die Anwendung im Zwiegespräch. Dazu treten zwei Redner gegeneinander an, die restlichen Teilnehmer hören aufmerksam zu und geben nach den Reden ☞Feedback. Die beiden Redner bekommen eine Deklamationsnorm vorgelegt und wählen ihre Seiten. Einer der Redner spricht für die Wichtigkeit und Richtigkeit der Norm, der andere dagegen. Nach etwa zwanzig Minuten Vorbereitungszeit tritt zunächst der Redner an, der gegen die Norm spricht (er will etwas verändern), danach der Verteidiger der Norm (er will den fiktiven Status quo bewahren). Aufgabe des ersten Redners ist es dabei, in einer etwa fünf Minuten dauernden Ansprache zu zeigen, dass die Gesellschaft insgesamt ohne diese Norm oder mit einer anderen Norm besser dastünde als mit ihr. Der zweite Redner kann die Argumente des Vorgängers aufgreifen, sein Hauptziel ist es, die positive Bedeutung der Norm für die Gesellschaft darzustellen. Wenn Sie es sich zutrauen, versuchen Sie doch auch diese Reden schon einmal ohne Manuskript zu halten. Es erleichtert das flexible Eingehen auf den gegnerischen Redner und ist eine gute Vorbereitung auf die Deklamation.

II 3.3 Training am Modell

Auftritt: Gestik und Vortrag

Lernziel: Mit der Übung am Modell bekommen Sie eine genauere Vorstellung davon, was eine Deklamationsrede eigentlich ausmacht. Anhand einer Musterrede können Sie zusätzlich Ihren rednerischen Auftritt, also Ihre Körpersprache und die sprachliche Gestaltung Ihres Vortrags, perfektionieren. Dabei können Sie auf einige Elemente des ersten Teils dieses Buches (insbes. ☞Memoria und ☞Actio) zurückgreifen und die Erkenntnisse aus diesen Übungen an einer vollständigen, frei vorgetragenen Rede vertiefen. So können Sie Redeerfahrungen von einer sicheren Warte aus, nämlich einer ausformulierten und guten Rede, sammeln und sich ganz auf die Redesituation vor Publikum, die eigene Stimme und Gestik konzentrieren. Die Orientierung an Vorbildern hilft Ihnen dabei Ihren eigenen Stil zu kreieren, auszuprobieren und zu vervollkommnen.

Teilnehmer:	1 Redner und Publikum
Übungsdauer:	☆☆☆
Schwierigkeitsgrad:	☆☆
Übungsart:	Vorübung

Am Vorbild lernen

Beschreibung: Eine der am häufigsten angewandten Lernmethoden der antiken Rednerschulen bestand darin, Vorbildern nachzueifern (imitatio) und zu versuchen, sie mit eigenen Leistungen zu übertreffen. Ein wesentliches Anwendungsgebiet war der Vortrag von Musterreden. Anhand des vorbildlichen Textes lernten die Schüler der Rhetorik in erster Linie den kunstgerechten Vortrag und das gewandte Bewegen in der Redesituation. Vor allem die Stimmführung, die Sprechgeschwindigkeit und die Körpersprache standen im Fokus der Übung. Sich an vorbildlichen Modellen, seien es Texte oder Personen, zu orientieren und diese in einem ersten Schritt nachzuahmen, ist die einfachste und effektivste Lernmethode, die es in der Rhetorik gibt. Die theoretische Beschäftigung mit den rhetorischen Phänomenen kann dieses Lernen zwar gut ergänzen, aber einen eigenen Stil entwickeln Sie am schnellsten, wenn Sie sich an guten und geeigneten Beispielen orientieren. Das Ziel muss für Sie dabei aber immer sein, das Muster nicht nur möglichst gut zu imitieren, sondern, wo es geht, zu übertreffen. Freilich geht es dabei nicht um ein Rollenspiel oder Nachahmen bestimmter Stimmzüge, sondern um ein produktives Umgehen mit den rhetorischen Qualitäten des Redners. Beachten Sie genau, was der Redner gut und weniger gut macht und orientieren Sie sich an seinen Stärken. Hierfür sollten Sie die Musterrede modifizieren und dem eigenen Redestil anpassen. Jeder Redner muss immer darauf achten, dass die Rede, die er hält, nicht nur dem Publikum und dem Thema angemessen ist, sondern auch und besonders seiner eigenen Person.

Als Beispiel ist hier der Fall zwischen MILO UND CLODIUS der Vorlage bei Cicero frei nachempfunden. Im Gegensatz zum historischen Vorbild wird hier jedoch die Anklagerede gegeben. Die Gesetzeslage und die Fallbeschreibung sind der Rahmen der Deklamation und legen die Eckpfeiler der Deklamationsreden fest. Es folgt die Anklagerede gegen Milo, die Ihnen einen Eindruck verschafft, wie eine Deklamationsrede aussehen kann.

Der Musterfall: Milo und Clodius

NORM:
- Politischer Terror wird mit Freiheitsstrafe von 5 bis 10 Jahren bestraft. (Dieses Gesetz wurde erst nach dem Tod des Clodius ratifiziert.)
- Mord wird mit einer Gefängnisstrafe von bis zu 25 Jahren geahndet.

TATSACHENBESCHREIBUNG:
Die Politiker Milo und Clodius sowie ihre jeweilige große Anhängerschaft sind erbitterte Gegenspieler im Kampf um die politische Vorherrschaft. Milo hatte gegen seinen Konkurrenten Gewalt- und Morddrohung ausgesprochen. Eines Nachts treffen zwei Gruppen unter der Führung von Milo zum einen und Clo-

dius zum anderen auf der Hauptstrasse aufeinander. Es kommt zu gewalttätigen Auseinandersetzungen, bei denen Clodius schwer verletzt wird. Er wird von seinen Anhängern in das nächste Haus gebracht. Nach Aussagen der Anhänger des Clodius umstellen Milos Männer dieses Haus, dringen ein und der engste Mitarbeiter Milos tötet Clodius.

Milo geht mit seiner Frau und seinen Töchtern, die sich bei seiner Gruppe befanden, auf sein Landwesen, kehrt jedoch, nachdem die Tat bekannt geworden ist, in die Hauptstadt zurück und stellte sich der Anklage. Zugleich schickt er seinen engsten Mitarbeiter, den vermutlichen Mörder, ins Ausland.

Als Reaktion auf diese Tat erlässt der Senat das Gesetz gegen politischen Terror.

MUSTERDEKLAMATION

Redeanfang: Die Stimmung wird gesetzt

Was ist das für ein Staat, Ihr Richter, der nicht seine Vertreter, ja der nicht einmal sich selbst schützen kann? Was ist das für ein Staat, der politische Entscheidung durch Gewalt, Terror und hinterhältigen Mord akzeptiert? Was ist das für ein Staat, der Mörder nicht nur schützt, sondern sogar an seine Spitze stellt? Ist das ein Staat, in dem wir leben wollen – ich denke dies nicht.

Wir alle kennen ihn, den hier Angeklagten. Kennen seine politischen Ambitionen, seine zweifelhaften politischen Kumpanen, sein machthungriges Streben nach dem ersten Amt im Staate. Dieser Mordanschlag ist nicht die erste seiner Untaten, wir alle wissen es, noch kurz vor der Tat drohte er Clodius mit dem Tod. Eine Drohung, die er jetzt und mit aller Brutalität und Heimtücke wahr gemacht hat. Clodius und Milo waren erbitterte Gegner und ich will nicht behaupten, dass Clodius frei von Fehlern war. Aber lasst uns das eine nicht vergessen, Clodius hat nicht gemordet, er wurde gemordet.

Die Erzählung: Was ist passiert?

Das alles ist uns bekannt. Aber was ist in dieser blutigen Nacht genau geschehen? Milo zog mit seinem wilden Haufen aus, er nahm dabei nicht nur seine brutalsten Gefolgsleute mit, auch seine Frau und seine Tochter sollten an dieser Stunde seines Triumphes teilhaben. Niemand weiß, warum er ausgezogen ist, seine politischen Kampagnen sind in vollem Gange, in einer solchen Situation geht doch kein so machtorientierter Mann aufs Land, Ihr Richter. Er muss also in dieser Nacht ein anderes Ziel gehabt haben. Welche Ziele hat denn eine bewaffnete Gruppe mitten in der dunklen Nacht? Wir wissen nur, welches Ziel Milo und seine Gefolgschaft hatten, die Hauptstraße, Clodius, die politische Macht. Sie postierten sich an der Hauptstraße und warteten. Ob sie wussten, dass Clodius kommt, oder es nur hofften, jedenfalls lauerten sie ihm auf. Als er mit seiner Gruppe – er wusste ja, dass Milo ihn bedrohte, daher musste er sich schützen – die Straße entlang kam, um nach langer Arbeit im Dienste unseres Staates nach Hause zu kehren zu seiner Familie, da fielen die Mörder über ihn her. Dass er und seine Freunde sich wehrten, ist verständlich, aber es nutzte ihnen nichts, Milo hatte sich vorbereitet und für eine erdrückende Überzahl gesorgt. Clodius wurde verletzt, schwer verletzt und nur weil seine Freunde unter Gefahr ihres Lebens den Verletzten aus den Händen der Angreifer befreien konnten, konnte er zunächst sein Leben retten. Sie brachten Clodius in ein naheliegendes Haus, noch gab es Hoffnung ihn zu retten. Aber Milo wollte sicher gehen, er wollte seinen Gegner nicht nur verletzen und fürs Leben zeichnen, er wollte ihn endgültig aus dem Weg schaffen. Er schickte seine Schergen aus, die begonnene Tat zu vollenden. Seine vertrautesten Handlanger umstellten das Gebäude, stürmten es und einer erschlug den schon am Boden liegenden mit brutalster Gewalt. Und Milo, was tat er in dieser Zeit? Er fuhr mit seiner Familie aufs Land. Wir können nur vermuten, dass er seinen ‚Erfolg' feiern wollte, oder sich ein Alibi zu verschaffen hoffte. All dies nutzte nichts, seine Tat wurde bekannt. Aber statt sich zu entschuldigen, statt die Schuld auf sich zu nehmen, schickt er seine Vertrauten weg, kommt in die Stadt und behauptet frech: „Ich habe nicht angegriffen, nur durch Zufall war ich gerade in dieser Nacht, gerade an diesem Ort. Clodius – obwohl er mit seiner Gruppe in der Minderzahl war – hat mich angegriffen und ich musste mich wehren."

Das sind die Fakten, Ihr Richter. Wir werden nun untersuchen, was uns diese Fakten zeigen und werden sehen, dass dieser Milo gemordet hat, nur um sich seine politische Macht zu sichern.

Argumentation:
Was folgt aus den
Tatsachen?

Wir alle kennen Milo und wir alle kannten Clodius, beide sind als Politiker bekannt, die für ihre Meinung und Ansicht kämpfen und streiten. Clodius war nicht bei allen beliebt, ich will das niemandem weismachen, er hatte auch andere Gegner neben Milo. Und er hat diese Gegner und andere Meinungen bekämpft, mit allen Mitteln bekämpft, mit allen Mitteln der Rhetorik und der Politik wohlgemerkt. Dabei war Milo sein Hauptgegner und im demokratischen Wettkampf um die politische Macht, scheint der Ermordete die Oberhand behalten zu haben. Jeder andere Politiker hätte die Niederlage eingestanden, hätte vielleicht in der Opposition gegen seinen Konkurrenten gearbeitet und auf legalen Wegen versucht sich durchzusetzen. Milo jedoch, von seiner Eitelkeit und Machtgier besessen, kann sich nicht damit zufrieden

Milos Charakter

geben, unterlegen zu sein. Ihm sind alle Mittel recht, wir kennen ihn als brutal und rücksichtslos. Wir wissen, dass er noch nie Skrupel gezeigt hat, wenn es um seine eigene Macht und Position ging. Wir erinnern uns genau, wie er dem Ermordeten gedroht hat, mit dem Tod gedroht hat. Milo hat es also selbst gezeigt, durch sein Verhalten und durch seine Worte: Er ist zu einem Mord fähig und dazu bereit.

Milos Gelegenheit zur Tat

Alle Zeugen, sogar Milos Anhänger und er selbst, haben bestätigt, dass der Angeklagte zur Mordzeit am Tatort war, dass er dort nicht alleine war, sondern mit einer großen Gruppe schwer bewaffneter und zu allem bereiter Anhänger. Anhänger, von denen er wusste, dass sie zu allem, auch zu den schändlichsten Taten, bereit sind. Warum er zu dieser Zeit an gerade diesem Ort war, das kann er uns nicht erklären. Auch, weshalb er mit einem so großen und entschlossenen Haufen einen nächtlichen Spaziergang unternommen hat, kann er uns nicht erklären. Denn es gibt nur eine einzige Erklärung dafür: Er, Milo, und seine Schar lauerten auf den Ermordeten, sie müssen erfahren haben, welche Strecke Clodius abends auf seinem Weg zu Frau und Kindern nahm. Es gab nur einen Grund, zu dieser Zeit an diesem Ort zu sein: Clodius sollte überfallen werden. Wir sehen also, Milo hatte für die Tat eine Gelegenheit.

Milo und seine Anhänger

Seine ihm treu ergebenen Anhänger, Menschen die nie etwas tun, ja nie etwas auch nur denken, was nicht Milo denkt und ihnen zu tun befiehlt, diese Anhänger haben Clodius ermordet. Das ist eine Tatsache, die nicht bestritten werden kann und auch von niemandem bestritten wird. Und Milo war während der Tat anwesend, auch das ist bekannt. Ist es dann wirklich vorstellbar, dass diese seine Untergebenen gegen den Willen ihres Anführers gehandelt haben sollten. Nein, die Weisung, der Befehl zum Angriff und Mord ist mehr als wahrscheinlich, er ist die einzige Erklärung für das Verhalten.

Milo hat also den Charakter, der zum Mord befähigt, er hatte die Gelegenheit und er hat genug Macht über sein Gefolge, um sie sogar zu diesem Schritt zu bewegen.

Vorwegnahme möglicher Verteidigungsstrategien

Was er zu seiner Verteidigung vorbringt, ist mehr als unwahrscheinlich. Er sagt, es sei Selbstverteidigung gewesen. Ich aber frage: Ist es denn möglich, dass Clodius die größere und besser bewaffnete Gruppe angegriffen haben soll, ohne auch nur die Chance zu haben, gewinnen zu können? Kann es denn sein, dass Milo und seine Kumpanen zufällig bewaffnet waren, zufällig in so einer großen Gruppe, um eben diese Zeit, an eben jenem Ort auftauchen? Nein, das kann kein Zufall sein, dies war ein geplantes Zusammentreffen. Und nur der Vorbereitete, nur der bei einem Überfall Stärkere, kann doch wohl der Planende gewesen sein. Und selbst wenn Clodius – was nicht möglich ist – der Angreifer gewesen wäre, kann man nicht mehr von Selbstverteidigung sprechen, wenn die Angegriffenen die Zurückgeschlagenen so lange verfolgen, bis zum Krankenlager hin verfolgen, nur um sie zu ermorden. Das ist nicht Selbstverteidigung, das ist überlegter, geplanter und mit aller Berechnung durchgeführter Mord.

Milo behauptet, er habe doch alles getan, um den Fall aufzuklären und wäre sofort in die Stadt zurückgekehrt, um sich der Beschuldigung zu stellen. Das ist wahr, er ist zurückgekehrt. Aber warum ist er dann überhaupt fluchtartig verschwunden? Wenn er tatsächlich aufklären wollte, hätte er direkt am Tatort bleiben müssen, mit allen seinen Mitverschwörern, aber er ist zuerst auf seinen Landsitz ausgewichen. Nur, so können wir annehmen, um seine Spuren zu verwischen und eben das hat er ja getan. Alle seine treuen Untergebenen, von denen er sich nicht einmal bei sogenannten „abendlichen Spaziergängen" trennen wollte, all die hat er nicht nur aus seinen Diensten entlassen, er hat sie sogar außer Landes geschafft. Nur damit wir die Wahrheit nicht erfahren sollten und erst nach dieser Vertuschung traute sich Milo zurück. Mit dem Wissen zwar schuldig zu sein, aber mit der frechen Überzeugung, dass man ihm wohl nichts nachweisen könnte. Da, Ihr Richter, irrt sich dieser Mann, wir haben erkannt, wer der wahre Schuldige an diesem Mord ist: Milo.

Milos Verschleierungsstrategien

Er hat den Auftrag zu dem Überfall gegeben. Und dieser Auftrag, die Verfolgung bis in das Haus beweist es, lautete: den Clodius töten, um jeden Preis. Und Milo hat sich dabei schlimmer verhalten als der kaltblütigste Mörder. Er hat diese Szenen der Ermordung als ein Zuschauer betrachtet. Ich will mir die Freude, die er bei dem heimtückischen Schauspiel gehabt hat, nicht vorstellen. Selbst als der Angegriffene schwer verwundet und hilflos geflohen ist, selbst da noch regt sich kein Mitleid in dem Angeklagten. Er lässt ihn verfolgen und dem schon am Boden Liegenden bis zu seinem Krankenlager nachstellen und dort ermorden. Clodius war schon unfähig sich zu wehren, war keine Gefahr mehr und dennoch wurde dem Unterlegenen keine Gnade gezeigt.

Der Mord war unbarmherzig

Vielleicht denkt der eine oder der andere jetzt: Milo hat ja gar nicht gemordet. Den Auftrag gegeben und ohne Erbarmen der Ermordung zugesehen, ja, aber doch nicht selber gemordet. Wenn ein Mann mit seinem Dolch das Opfer ersticht, dann ist dieser Mann ein Mörder. Selbst wenn er kein Blut an seinen Hän-

Der Auftraggeber ist der Schuldige

den kleben hat, selbst wenn er den Dolch nur angetrieben und ihn im Moment der ersten Verwundung losgelassen hat. Nichts anderes hat Milo getan. Seine Schergen sind wie die Klinge des Mörders, kalt, gefühl- und gedankenlos, tödlich; mit dieser Klinge hat er das Opfer getötet, er selbst hat gemordet. Ja, schlimmer noch als der Mörder, der bei aller Schändlichkeit seiner Tat immerhin noch etwas riskiert, feige und hinterhältig hat dieser andere zu seinem Mordwerkzeug gemacht, um sein Leben nicht zu gefährden. Einen feigeren und heimtückischeren Mord hat es in unserem Staat nie zuvor gegeben.

Das Anti-Milo-Gesetzt

Wir müssen alles tun, um unseren Staat vor solchen Taten zu schützen. Daher haben wir das neue Gesetz gegen den politischen Terror geschaffen. Vor diesem Fall gab es ein solches Gesetz nicht, denn niemand von uns konnte eine solche Untat auch nur erahnen. Politik mit den Mitteln des Verbrechens war uns vor diesem abscheulichen Verbrechen unbekannt. Jetzt aber wissen wir, wie weit skrupellose Menschen gehen, und wir müssen ein Exempel statuieren. Wenn eine unausgesprochene Regel übertreten wird, unausgesprochen, weil sie für jeden selbstverständlich sein sollte, dann dürfen wir auch diese Missetat nicht ungestraft lassen. Nicht alles, was nicht eindeutig verboten ist, ist erlaubt. Die Gerechtigkeit, das Ansehen und die Sicherheit unseres Staates fordern es, dass wir diesen Terror auch Terror nennen und ihn bestrafen, wie man Terror zu bestrafen hat, mit aller Härte.

Das Ende der Rede

Wir haben gemeinsam gesehen, dass Milo in allen Punkten schuldig ist. Er hat bewusst und mit Vorsatz, aus reiner Machtgier gemordet und er hat mit Mord und Totschlag politischen Terror in nie gesehener Grausamkeit über unser friedliches Land gebracht.

Das Strafmaß

Für den Mord, diesen besonders grausamen und mitleidlosen Mord, können wir ihn nur zu 25 Jahren verurteilen, wenn er auch weit mehr verdient hätte. Für seinen Mordanschlag auf unseren Staat und uns alle sind die zehn Jahre Gefängnis eine gerechte Strafe. Nur wenn wir diese noch nie da gewesene Verbrechen mit aller Härte bestrafen: Üben wir Gerechtigkeit!

Der Appell

Wenn Ihr nun entscheidet, wie wir uns vor diesem Mann schützen, der vor nichts zurückschreckt, ja seine Tat nicht einmal bedauert, bitte ich Euch: Denkt an die Familie des Ermordeten, wie sie in dieser schrecklichen Nacht vergeblich gewartet haben und wie sie nun alle Nächte vergeblich auf den Ermordeten warten müssen. Denkt an den Staat, der vor solchen Verbrechern in Zukunft geschützt werden muss. Denkt an euch selbst und jeden einzelnen in diesem Land, die es zu schützen gilt vor denen, die unter dem Deckmantel der Politik ihre Mordtaten ungestraft zu tun glauben.

Anwendung: Mit dieser Übung erproben Sie den freien Vortrag und machen sich mit Redesituationen vor Publikum vertraut.

Bringen Sie die Deklamationsrede in eine für den freien Vortrag geeignete Form und tragen Sie sie vor der Gruppe vor. Das bedeutet natürlich nicht, dass der Text einfach verlesen werden soll. Ihre Aufgabe ist es, die ‚Schreibe‘ zur Rede zu erwecken, den Text also zum Publikum zu sprechen. Mit Hilfe der in den Übungskapiteln ☞Analyse einer Musterrede und ☞Räumliches Erinnern erlernten Methoden kann der Text so vorbereitet werden, dass es möglich ist, ihn ohne Manuskript und Stichworte vorzutragen. Und genau das ist das Ziel der Übung. Es ist dabei nicht notwendig, das Vorbild bis in alle Einzelheiten nach zu erzählen. Der Redner darf und sollte einzelne Formulierungen abändern und seinem Redestil anpassen, die Gesamtstruktur der Rede und der Inhalt soll und muss allerdings beibehalten werden.

> Rede nicht ‚Schreibe‘

Besonders wichtig für den Erfolg der Übung ist das anschließende Feedback. Nur wenn der Vortrag ausführlich und kritisch besprochen wird, kann der Redner in Zukunft Fehler vermeiden und seine Vortragsweise verbessern. Bei der Kritik soll besonders auf die Auftrittskriterien (Stimme, Mimik, Gestik etc.) geachtet werden, der Text der Rede ist ja vorgegeben.

> Der Auftritt zählt!

Für die Bewertung des Vortrages eignen sich besonders die im Kapitel Kurzrede vorgestellten ☞Feedbackkriterien.

VARIANTEN: Wenn der freie Vortrag für die Gruppe im Augenblick noch zu anspruchsvoll ist oder die Vorbereitungszeit zum Memorieren der Rede nicht ausreicht, kann die Aufgabe variiert werden.

> Vereinfachungsvarianten

Tragen Sie die Musterrede mit Hilfe eines Manuskriptes vor. Dabei kann entweder der gesamte vorliegende Text zur Hand genommen werden, der dann allerdings für den Vortrag bearbeitet werden muss. Also zum Beispiel: Betonungszeichen setzen, Redeabsätze einfügen etc. Die zweite Möglichkeit ist das Reden anhand von Stichworten, die aus dem vollständigen Text gewonnen werden, wie Sie es in den Übungen ☞Übertragung von Musterreden auf Manuskriptarten und ☞Akzentsetzungen in Manuskripten gelernt haben. Auch bei diesen beiden Varianten gilt es, in der Nachbesprechung besonders auf die Auftrittskriterien zu achten.

Wie bei fast allen Übungen gilt auch für das Training am Modell: Je häufiger die Übung, desto größer der Erfolg.

Die Verteidigung

In der folgenden Übung werden wir sehen, welche Methoden der Verteidiger hat, um auf eine Anklagerede eine überzeugende Antwort zu geben.

II 3.4 Verteidigungsstrategien (Statuslehre)

Hintergrund:
Statuslehre

Etwa im vierten Jh. v. Chr. entstanden und im zweiten Jahrhundert von Hermagoras von Temnos vollständig ausgearbeitet, wurde die klassische Statuslehre binnen kürzester Zeit zu einem der wichtigsten Werkzeuge des Gerichtsredners und blieb über Jahrhunderte ein dominanter Theoriekomplex in der rhetorischen Ausbildung. Nachdem die Bedeutung des Prozesswesens in der Kaiserzeit abnahm und die Gerichtsverfahren immer weiter formalisiert wurden, nahmen sich die Deklamationsschulen der Statuslehre an und übernahmen sie als zentrale Theorie. Einer populären Überlieferung zu Folge geht der Begriff ‚status' bzw. ‚stasis' auf die griechische Bezeichnung für die Ausgangsstellung zweier Ringer vor dem Angriff zurück. Wie diese bestimmen die Redner mit Hilfe der Statuslehre genau ihren Stand und planen den zentralen Angriffs- und Verteidigungspunkt.

Analyse und Training von Verteidigungsalternativen

Lernziel: Mit Hilfe einer vereinfachten Fassung der antiken Statuslehre sollen Sie in diesem Kapitel einen genauen Blick für die wichtigsten möglichen Streitpunkte entwickeln, die in einer Deklamation auftreten können. Dieser Blick wird in einem kurzen Analyseteil zunächst geschärft und dann in einem zweiten Schritt in einfachen Verteidigungsreden geübt. Nach dieser Übung sind Sie in der Lage, die Vielzahl von Möglichkeiten, mit denen man eine Anklage beantworten kann, als Verteidiger zu verstehen und in der Praxis die jeweils erfolgversprechendste umzusetzen. Sie sollten für die Statuslehrenübung die vorangegangene Übung (☞Training am Modell) bereits absolviert haben, um mit diesen Grundlagen weiterarbeiten zu können.

Teilnehmer:	2-5 Personen
Übungsdauer:	☆☆
Schwierigkeitsgrad:	☆☆
Übungsart:	Vorübung

Hintergrund: Jede Anklagerede hat eine Reihe von Elementen, die der Ankläger beweisen muss, damit eine Verurteilung gerechtfertigt werden kann.

Beweislast des Anklägers

An jedem dieser Punkte kann der Verteidiger ansetzen, um eine Verurteilung zu verhindern. Gelingt es ihm, mindestens in einem dieser Punkte zu überzeugen, dann gewinnt er den gesamten Fall.

Streitpunkte

Diese Streitpunkte sind in der Antike von zahlreichen Redelehrern systematisiert worden, um es den Rednern zu erleichtern, ihre jeweilige Aufgabe vollständig zu erfüllen. Für den Ankläger bietet sie so eine Übersicht über all seine Beweislasten, für den Verteidiger eine Auswahl an möglichen Angriffspunkten. Die nachfolgende Darstellung ist eine verkürzte Version des Modells des griechischen Deklamationslehrers Hermogenes von Tarsos. Dabei wurden insbesondere die Elemente, die sich mit der Normanalyse beschäftigen weggelassen (☞Normanalyse) und einige Untergliederungen im Detail vereinfacht. Damit ergeben sich folgende Streitpunkte (status):

Grundlage des Analysemodells

1. Faktizitätsstreitpunkt: Die erste Frage, die sich der Verteidiger stellt: „Sind die Fakten vom Ankläger richtig dargestellt worden?" Im Fall eines Mordes etwa: „War der Angeklagte zum Zeitpunkt des Todes überhaupt in der Nähe des Opfers?" Wenn die Fakten nicht stimmen oder nicht bewiesen werden können, ist dies der wichtigste Angriffspunkt, alle Fragen der Bewertung oder Rechtfertigung der Tat treten in den Hintergrund. Eine Verteidigung, die sich mit diesem Streitpunkt beschäftigt, wird also gründlich Beweise, Indizien, Zeugenaussagen, Motive und vielleicht auch Charakterzüge und Vorleben des Beschuldigten untersuchen.

Faktizität

2. Definitionsstreitpunkt: Ist die erste Frage bejaht, dann stellt sich als zweite: „Ist die Tat richtig benannt?" Auch wenn die Fakten an sich richtig sind, kann es immer noch sein, dass sich daraus nicht genau die Tat ergibt, auf die die Anklage geht und die durch die angerufene Norm verboten ist. So kann ein Verteidiger in einem Mordfall etwa erwidern: „Es stimmt, dass ich ihn erstochen habe, aber ich hatte dabei keine Planung oder niederen Absichten, sondern ich habe ihn im Zorn angegriffen. Wenn irgendetwas, dann kann es sich dabei nicht um Mord, sondern lediglich um Totschlag handeln, die Mordanklage ist nicht gerechtfertigt."

Definition

Natürlich wird dies im Beispiel zu einer erneuten Anklage wegen Totschlags führen, gelingt es dem Verteidiger aber, eine nicht oder zumindest weniger schwer strafbare Handlung anzuführen, so ist dies dennoch ein relativer Erfolg.

Rechtfertigung

3. Rechtfertigungsstreitpunkt: Sind die beiden vorangegangenen Fragen bejaht, so folgt die Frage „Ist die Tat aus sich heraus gerechtfertigt?", d. h. gibt es besondere Umstände, die eine an sich verurteilenswerte Handlung (z. B. die Tötung eines Menschen) begründen (z. B. Notwehr). Rechtfertigung ist dabei nicht als juristischer Fachterminus gemeint, sondern umfasst alles, was eine Tat so näher definiert, dass sie auf Grund besonderer Eigenschaften bereits aus sich heraus verteidigt werden kann.

Schuldabwälzung

4. Entschuldigungsstreitpunkt: Ist die Tat aus sich heraus nicht zu rechtfertigen, so stellt sich als nächstes die Frage, ob die Ursache für die verwerfliche Handlung in einem Bereich liegt, den der Beschuldigte nicht zu verantworten hat: „Trägt der Angeklagte die alleinige Verantwortung?" Häufig ist das Handeln durch andere, seien es Dinge oder Menschen motiviert. So kann die Tat etwa befohlen worden oder widrigen Umständen geschuldet sein.

Begründung

5. Begründungsstreitpunkt: Ist all dies nicht möglich, so bleibt als letztes in dieser Fragereihe schließlich nur noch die Erklärung der eigenen Motivation: „Wodurch ist die Tat zu Stande gekommen?" Vor Gericht ist dies sicher eine der schwächsten Verteidigungsmöglichkeiten, im täglichen Leben – und in der Deklamation – kann ein vollständiges Verständnis der Gedanken, Hintergründe und Ansichten jedoch zu einem Freispruch führen. Wohlgemerkt bedeutet dies nicht mehr, dass die Norm nicht eigentlich auf die Tat angewendet werden sollte, sondern schlicht, dass die Zuhörer und Richter bereit sind, dem Angeklagten zu verzeihen. Hinweise auf das tadellose Vorleben, besondere Verdienste um die Gemeinschaft, Ausnahmesituationen oder hehre Absichten sind hier am richtigen Ort.

Kompetenz

6. Kompetenzstreitpunkt: Etwas abgerückt und außerhalb dieser Fragereihe steht zudem der Streitpunkt der Kompetenz. In den meisten Fällen stellt sich nämlich zu Beginn die Frage „Darf mich diese Person, vor dieser Versammlung und unter dieser Norm überhaupt beschuldigen?". Fälle etwa von parlamentarischer Immunität, richterlicher Befangenheit, Verjährung etc. fallen unter diesen Streitpunkt. In einer Deklamation dürfte der Kompetenzstreitpunkt jedoch die Ausnahme sein, denn eine Rede, die hierauf basiert, wird meist nach kurzer Zeit die Argumentation beenden und auf technische Fragen verweisen. Im Einzelfall kann diese Frage jedoch auch in einer Deklamation gestellt werden, dann aber meist, um danach eine weitere Verteidigung nachzuschieben.

Beschreibung: Jede Verteidigungsrede, die in einer Deklamation gehalten wird, lässt sich einem oder mehreren dieser Streitpunkte zuordnen. Von Fall zu Fall eignet sich jedoch mal der eine und mal der andere Streitpunkt besser als Kernbereich der Rede. Meist ist bei einem ersten Blick auf die Aufgabenstellung jedoch noch nicht entschieden in welchem Status die Verteidigung erfolgt. Dies hängt im Wesentlichen an dem Verständnis des Verteidigers und teilweise auch an dem Schwerpunkt, den die Anklagerede setzt. Grundsätzlich gilt: Die Statuslehre ist das Menü, aus dem der Verteidiger sich seine Mahlzeit zusammenstellen kann! Damit diese Auswahl jederzeit zugänglich ist, sollte zunächst die Verteidigung in jedem Streitpunkt einmal geübt werden.

Statuslehre in der Deklamation

Anwendung: Schließen Sie die Übung der Statuslehre direkt an das vorangegangene ☞Training am Modell an und erarbeiten Sie eine Verteidigungsrede zu der Musteranklage im Text. Dafür können Sie sich durchaus etwas Zeit nehmen und in Ruhe einen Streitpunkt auswählen. Als Beispiel können Sie sich einen der folgenden Startpunkte wählen. Diese sind jedoch nur als Beispiel und einfache Auswahl gedacht, die Sie gern variieren können.

1. Faktizitätsstreitpunkt: „Milos Männer sind Clodius nach dem ersten Kampf überhaupt nicht gefolgt, die Anhänger des Clodius haben dies nur behauptet, um einen Widersacher loszuwerden."

Faktizität

2. Definitionsstreitpunkt: „Selbst wenn die Tötung auf Milos Geheiß hin durchgeführt wurde, so hat er doch keinesfalls Clodius selbst umgebracht und kann daher nicht als Mörder belangt werden."

Definition

3. Rechtfertigungsstreitpunkt: „Milo hat Clodius zwar schwer verletzt, dieser hat jedoch zuerst angegriffen, so dass eine Verteidigung notwendig wurde."

Rechtfertigung

4. Entschuldigungsstreitpunkt: „Milos Männer haben in vorauseilendem Gehorsam die Verfolgung selbst aufgenommen, Milo trifft keine Schuld."

Schuldabwälzung

5. Begründungsstreitpunkt: „Ja, Milo wollte den Clodius beseitigen, da dieser eine Gefahr für den Staat geworden war und seinen Horden nicht anders Einhalt zu gebieten war."

Begründung

Der Kompetenzstreitpunkt eignet sich im vorliegenden Fall vermutlich nicht.

Nach der Anklagerede und der Verteidigung sollten die restlichen Teilnehmer bewerten, welche Seite sie für überzeugender halten und ob sie denken, dass der richtige Bereich angegriffen wurde. Als Reaktion auf diese Kritik kann nach einer weiteren Vorbereitungszeit einer der anderen Teilnehmer eine alternative Verteidigungsrede mit einem anderen Streitpunkt halten.

Variante: Wenn Sie die Übung am Beispielfall gemacht haben oder wenn Sie direkt frei arbeiten wollen, können Sie sich auch einen beliebigen anderen Deklamationsfall aus dem Anhang wählen. Dann wird wiederum einer der Teilnehmer die Anklage übernehmen und einer oder mehrere andere eine Verteidigung ausarbeiten. Dabei müssen Sie sich in Ihrer Rede auch nicht auf einen einzelnen Streitpunkt beschränken, sondern können auch mit mehreren Streitpunkten in einer Verteidigungsrede experimentieren. Die Verteidigung ist dann gelungen, wenn Ihre Zuhörer nach der Rede eher zum Freispruch neigen als davor.

II 3.5 Deklamation

Die Controversie ist die größere der beiden Deklamationsvarianten (Suasorie und Controversie) und war damit die Krönung der antiken Rednerausbildung. In ihr wurden fiktive Rechtsfälle vorgelegt und von den Deklamatoren die Plädoyers der beiden Parteien trainiert. Die Controversie war als Übung besonders in der Spätantike sehr beliebt, wurde aber von vielen Zeitgenossen auch wegen der Auswüchse einzelner Redner kritisiert. Zahlreiche klassische Controversien sind in den Werken Senecas d. Ä. überliefert und bieten ein sehr schönes Bild des antiken Deklamationsbetriebs. Für den modernen Gebrauch wurde die Controversie gründlich überarbeitet.

Lernziel: Die Deklamation gilt seit jeher als ideale Übung für längere geschlossene Reden. Die Redezeiten der Deklamation sind deutlich länger als bei den übrigen Übungsformen (bis zu 20 Minuten) und außerdem wird die Redezeit, anders als bei den meisten übrigen Übungen, nicht unterbrochen. Die Deklamation ist der hervorragende Ort, an dem Sie, insbesondere als Ankläger, eine vorbereitete Rede mit Hilfe aller Produktionsstadien verfassen und vortragen können.

Teilnehmer:	2 Redner
	mind. 3 Juroren
Übungsdauer:	☆☆☆ (max. 40 Min.)
Schwierigkeitsgrad:	☆☆☆
Übungsart:	Trainingsformat

Durch den Verzicht auf das Redemanuskript liegt ein besonderer Schwerpunkt dieser Übung auf dem freien Vortrag. Dabei trainieren Sie insbesondere das Memorieren von Reden, Ihre körperliche Ausdrucksfähigkeit und Ihre Stimmführung. Das Hauptaugenmerk der Deklamation liegt also auf der rednerischen Performanz. *Kein Manuskript*

Damit rückt zugleich das Publikum, die direkte Ansprache der zu Überzeugenden, in den Mittelpunkt der Rede. Das Publikum will nicht nur argumentativ informiert, sondern auch unterhalten, erfreut und emotional bewegt werden. *Das Publikum: Ziel der Überzeugung*

Die Zuhörer und insbesondere die Juroren haben keine Kenntnis des Falles. Es ist Ihre Aufgabe, den Fall dem Publikum nahe zu bringen, ihn sachgerecht und im Lichte Ihrer Argumentationsziele zu erzählen.

Neben diesen klassischen Vortragstugenden zeigt sich an der Deklamation insbesondere der interpretierende Begriff von Gerechtigkeit. Sie werden durch die Deklamation sensibilisiert für den Umgang mit Gesetzen und prägen Ihr Verständnis von Gerechtigkeit anhand einer Vielzahl konkreter Fälle. Die vorgegebenen Gesetze sind eben nur der Ausgangspunkt der Entscheidung, sie müssen interpretiert und auf den jeweiligen Fall hin angemessen ausgelegt werden. *Die Interpretation zählt*

GESCHICHTE DER DEKLAMATION
Die eigentliche Deklamation entsteht in Rom im 1. Jh. v. Chr., als eine der wichtigsten Übungsformen der Rednerschulen. Zwar gab es schon in der hellenistischen Zeit Vorformen der Deklamation, insbesondere die Musterreden der großen Sophisten, aber die klar reglementierte Übung entstand erst später.

Die römische Deklamation bestand in historischen Beratungssituationen (Suasorie) oder der fiktiven Gerichtsrede (Conroversie). Zu den jeweils vorgegebenen Themen trugen die Redeschüler entweder Muster- oder selbständig erarbeitet Reden in freiem Vortrag vor. Von den bekanntesten römischen Rednern (z. B. Cicero und Seneca der Ältere) ist bekannt, dass sie ihre Redefähigkeiten durch Deklamationsübungen bis ins Alter hinein geübt haben und Musterdeklamationen für ihre Schüler hinterlassen haben.

Gegen die römische Deklamation erhoben manche Redelehrer den Vorwurf, dass sie nur ein Schaulauf kunstfertiger Rede sei und der Inhalt deutlich hinter dem Vortrag zurück blieb (ein spätes Beispiel dafür ist Lukians „Lob der Fliege"). Aber neben diesen Auswüchsen gab es immer auch die an der Sache orientierte, ernsthaftere Deklamation.

Kein Wunder, dass nur die zweite Art der Deklamation weiterhin durchgeführt wird. Einen Höhepunkt erlebte die Deklamation zur Zeit des Humanismus und der Reformation. Philipp Melanchthon hat beispielsweise die Deklamation und die Disputation zum festen Bestandteil der universitären Ausbildung in Wittenberg gemacht. Erst im 19. Jahrhundert, mit dem Niedergang der Rhetorik, gerät die Deklamation zunehmend in Vergessenheit.

Was ist Deklamation?

Suasorie und Controversie

Die zwei zu unterscheidenden Formen der Deklamation variieren vor allem in dem zugrundeliegenden Thema und im Schwierigkeitsgrad. Die ☞Ratsrede (Suasorie) galt als relativ einfach zu erlernen und wurde eher zu den Vorübungen gezählt, dagegen sahen die klassischen Autoren die Streitrede (Controversie) als anspruchsvollere der beiden Formen und behielten sie den geübteren Redeschülern vor.

Ratsrede und Debatte

Die Beratung strittiger politischer Fragen wird heute nicht mehr anhand einer Deklamation erörtert. Die Komplexität der Probleme und die Zersplitterung der politischen Lager haben dazu geführt, dass sich eine neue Form der Beratungsrede bei Entscheidungsfragen herausgebildet hat, die ☞Debatte, als deren Vorübung die ☞Ratsrede (Suasorie) immer noch besonders geeignet ist.

Die Aktualität der Controversie

Die Streitrede hat so viele eigenständige Merkmale und Besonderheiten, dass sich ihr Erhalt als autonome agonale Redeform lohnt. Zwar sind die in der Streitrede behandelten Themen den klassischen juristischen Problemfällen ähnlich, aber der Umgang mit der strittigen Rechtsfrage ist ein kategorisch anderer. Die juristischen Übungen (z. B. in sogenannten ‚moot courts') lehren, hauptsächlich, wenn nicht ausschließlich, den Umgang mit formaljuristischen Schemata und Lösungswegen. Anders dagegen die Streitrede. In ihrem Mittelpunkt steht die Frage nach der Gerechtigkeit, nicht nach dem juristischen Recht und ihre Methodik ist die der Überzeugung, nicht der Formalien. Kurz gesagt, eine juristische Übung gewinnt man nicht durch rhetorische Mittel, eine Streitrede nicht ohne rhetorische Mittel. In der Jurisprudenz entscheidet die formalistische Auslegung der Gesetze, in der Deklamation der allgemeine menschliche Gerechtigkeitssinn.

VORRAUSSETZUNGEN DER DEKLAMATION

Um die Trennung zwischen modernen juristischen Prozessen und der Deklamation klar und deutlich zu halten, müssen einige Bedingungen vorrausgesetzt werden. In der Deklamation gelten die deutschen Gesetze nicht, allein relevant sind die in der jeweiligen Fallbeschreibung vorgegebenen Normen, die Bestimmungen der europäischen Menschenrechtskonvention und die allgemeinen, überstaatlichen Rechtsprinzipien (z. B. „Keine Strafe ohne Gesetz" oder „Im Zweifel für den Angeklagten").

Welche Normen gelten?

Um diese Trennung zu verdeutlichen und auch, um den Umgang mit eventuell dem deutschen Recht widersprechende Normen zu erleichtern, wird der Ort des Geschehens und der Verhandlung verlegt. Wir stellen uns einen fiktiven, unabhängigen Inselstaat in der heutigen westlichen Welt vor, der Einfachheit halber nennen wir diesen Ort Sophistopolis. Sophistopolis ist ein unabhängiger Staat, das bedeutet, er muss in seiner Rechtssprechung auf keine äußerlichen Auswirkungen Rücksicht nehmen. Die europäische Menschenrechtskonvention ist ratifiziert und Sophistopolis ist ein Rechtsstaat. Für die Bewohner dieses fiktiven Landes ist die Gerechtigkeit das höchste Prinzip der Rechtssprechung, d. h. im Zweifelsfall stellen sie die Gerechtigkeit auch über die strikte Auslegung der Gesetze.

Sophistopolis

Sophistopolis ist der Ort, an dem Fall und Verhandlung stattfinden, diese Fiktion soll jedoch nicht dazu verleiten, die Deklamation als eine Art von Rollenspiel, übertrieben pathetisch oder antikisiert, zu verstehen. Wir befinden uns in der heutigen Zeit und in der westlichen Welt, der Vortragsstil und die herangezogenen Argumente sollen also all gemeinverständlich und dem heutigen Zuhörer angemessen sein.

Die Deklamation ist kein Rollenspiel

Allerdings hat Sophistopolis einen anderen Charakter als die meisten modernen Staaten. Durch seine kleine Größe und geringe Einwohnerzahl ist es möglich, dass die meisten Entscheidungen politischer und rechtlicher Natur volksnäher getroffen wer-

Sophistopolis, ein Stadtstaat

den können. Es gibt nur wenige bürokratische Strukturen, das ganze System ist vielmehr durch Räte und direkte Versammlungen geprägt. Auch die Verbreitung technischer Neuerungen ist in Sophistopolis bei weitem nicht so weit fortgeschritten, wie in der restlichen westlichen Welt. In der Deklamation sollte also davon ausgegangen werden, dass technische Mittel, die in der Fallbeschreibung nicht vorkommen, auch nicht zur Verfügung stehen.

TEILNEHMER DER DEKLAMATION

Die Verteilung der Rednerrollen
: Zu jeder Deklamation gehören zwei Redner, ein Ankläger und ein Verteidiger, ein Vorsitzender und die Geschworenen. Aufgabe des Anklägers ist es, einen Schuldspruch zu erreichen, während der Verteidiger auf einen Freispruch hinarbeitet. Die Positionen der Redner können durch freiwillige Meldung, das Los oder die Einschätzung der Redner (☞Deklamationsregeln) verteilt werden.

Der Vorsitzende und die Juroren
: Der Vorsitzende achtet auf die Einhaltung der Regeln (Redezeiten, angemessener Ablauf etc.), er greift auch ein, wenn einer der Redner die gegebenen Fakten oder Normen unzulässig verändert. Die Geschworenen haben die Funktion von Laienrichtern, sie entscheiden am Ende der Deklamation, nur aufgrund der beiden Reden, über Schuld und Unschuld.

DIE FALLBESCHREIBUNG

Die Normen
: Grundlage der Deklamation ist, wie gesagt, die Fallbeschreibung. Sie besteht aus zwei Teilen: 1) den gegebenen Normen und 2) der Tatsachenbeschreibung.

1) Die gegebenen Normen sind die rechtliche Grundlage der Deklamation, sie gelten nur für den jeweiligen Fall. Eine gegebene Norm kann nicht bestritten werden, d. h. das Gesetz ist gegeben und auch wirksam. Andere Normen bzw. Gesetze, mit Ausnahme der europäischen Menschenrechtskonvention, dürfen nur zum Vergleich herangezogen werden, sie haben keine bindende Gültigkeit. Ihre Anwendbarkeit auf den vorliegenden Fall kann aber natürlich bezweifelt werden (z. B. „Mord ist strafbar, aber es handelt sich hier um einen Fall von Selbstverteidigung"). Im Prinzip eignen sich die meisten Normen für eine Deklamation, sie sollten jedoch zwei Bedingungen erfüllen. Erstens, sie müssen verbindlich formuliert sein, das heißt nicht notwendigerweise in einem hölzernen Kanzleistil, aber doch immerhin so eindeutig, dass es zu keinen Missverständnissen kommt und die Norm eindeutig verstanden werden kann. Zum Zweiten dürfen sie nicht gegen die Menschenrechtskonvention verstoßen, die So-

phistopolis ja ratifiziert hat: Ein Gesetz beispielsweise, das Folter erlaubt, ist also im sophistopolischen Rechtssystem nicht denkbar.

2) In der Tatsachenbeschreibung sind alle relevanten Fakten des Falles vorgegeben (i. d. R.: was ist, wann und wo passiert, wer ist beteiligt und woher wissen wir es). Nur die Fakten, die tatsächlich angegeben sind gelten, alles andere ist Spekulation. Die vorgegebenen Fakten jedoch dürfen nicht angezweifelt werden, es sei denn, sie sind als Mutmaßungen formuliert oder sie werden von Zeugen vorgebracht, deren Glaubwürdigkeit bezweifelt werden kann.

Die Tatsachen-beschreibung

Ablauf der Deklamation

Zu Beginn der Deklamation erhalten der Vorsitzende, der Verteidiger und der Ankläger die Fallbeschreibung. Nach einer angemessenen Vorbereitungszeit, mindestens eine Stunde, beginnt die Deklamation mit der Rede des Anklägers, auf den direkt im Anschluss die Verteidigungsrede folgt.

Redezeiten

Jeder Redner erhält mindestens 10 Minuten Redezeit (alternativ 15 Minuten oder flexible Redezeiten ☞Deklamations-Regeln). Während der Redezeit sind keine Unterbrechungen gestattet. Zur besseren Orientierung des Redners sollte der Vorsitzende nach der Hälfte der Redezeit und zu Beginn der letzten zwei Minuten den Rednern durch einfaches Klopfen ein Zeitzeichen geben. Den Ablauf der gesamten Redezeit signalisiert der Vorsitzende mit einem doppelten Klopfzeichen. Danach darf der Redner noch 15 Sekunden nutzen, um einen begonnenen Gedanken zu beenden, dann muss der Vorsitzende ihn unterbrechen und weitere Äußerungen unterbinden.

Der Vortrag

Die Redner halten ihren Vortrag frei und stehend. Frei bedeutet, dass kein Manuskript oder sonstige Aufzeichnung verwendet werden darf. Die Deklamation soll vor allem den freien Vortrag üben. Schriftliche Hilfsmittel hemmen den Vortragenden im Publikumskontakt, in seiner Gestik und Artikulationsfähigkeit. Das bedeutet eine besonders gründliche Vorbereitung der beiden Redner. Die Struktur der Rede muss so klar sein, dass sie leicht memoriert werden kann und der Redner immer weiß, an welcher Stelle der Rede er sich befindet. Jeder kann eine Rede auch ohne Manuskript halten, es wird ja nicht erwartet, dass er eine

Manuskriptverbot

vorher ausformulierte Rede aus dem Gedächtnis vorträgt, er sollte die Eckdaten und die Redestruktur im Kopf haben. Das Ausformulieren kann dann in der Hauptsache während der Rede stattfinden. Selbst wenn es dabei in den ersten Übungen zu einigen Versprechern kommt, macht das gar nichts. Zum Einen wollen wir ja gerade üben, und dass dabei noch nicht alles perfekt funktioniert, ist normal. Zum Anderen sind kleinere Versprecher und Pausen im Vortrag nichts Ungewöhnliches und passieren auch dem besten Redner, meistens bemerkt das Publikum kleinere Versprecher gar nicht.

Für seinen Vortrag einstehen

Die Redner halten ihren Vortrag stehend vor dem Publikum, die Geschworenen sollten sich im Publikum befinden, ebenso der Vorsitzende, der an einem gut sichtbaren Punkt positioniert werden soll. Bei diesem Aufbau hat der Redner alle zu überzeugende Personen direkt vor Augen und kann sie ansprechen und sieht in der Reaktion des Publikums Widerspruch oder Zustimmung. Dadurch, dass er steht, kann er alle Mittel der körperlichen Beredsamkeit ohne Einschränkungen verwenden. Er sieht das Publikum und das Publikum sieht ihn.

AUFGABEN DER REDNER

Eine Hauptaufgabe: Informieren!

Die wichtigste Aufgabe der Redner ist die Präsentation der Fakten und Normen. Nur sie und der Vorsitzende kennen die Fallbeschreibung, das Publikum und die Geschworenen wissen über den Fall nur, was ihnen von den Rednern mitgeteilt wird.

Der Ankläger: Informieren und unterhalten

Der Ankläger: Hauptziel des Anklägers ist es, einen Schuldspruch zu erreichen. Er ist der erste Redner der Deklamation. Er kann sich also auf keine schon bekannten Fakten berufen und muss daher erst einmal ausführlich den Fall beschreiben. Dabei darf er keine Fakten verändern, seine Beschreibung darf und sollte allerdings durchaus parteilich sein. Er muss nicht alle Informationen vorlegen, so lange er damit ihren Kerninhalt nicht verändert und er darf sie natürlich parteilich interpretieren. So kann aus einem Mord ein ‚grässlicher Mord‘ werden. Die Erzählung der Geschehnisse ist mehr als nur eine Aufzählung, der Ankläger soll seine Zuhörer und die Geschworenen auch emotional von der Richtigkeit seiner Position überzeugen.

Neben den Fakten stellt der erste Redner auch die zu Grunde liegenden Gesetze vor. Auch dabei gilt: Der Inhalt darf nicht verändert aber interpretiert werden.

Normen müssen interpretiert werden

Durch eine Analyse des Geschehens und durch die Anwendung der Gesetze auf die Fakten soll der Ankläger die Strafbarkeit argumentativ beweisen und am Ende seiner Rede für einen Schuldspruch und gegebenenfalls für ein Strafmaß plädieren.

Der Verteidiger: Eine der wichtigsten Aufgaben des Verteidigers ist es, die von seinem Vorredner dargelegten Fakten und Normen zu ergänzen, gegebenenfalls zu korrigieren und parteilich zu interpretieren.

Die Geschworenen und das Publikum haben den Fall aus Sicht des Anklägers erläutert bekommen und es ist für jeden Verteidiger sinnvoll, diese Beschreibung zu relativieren, also die notwendigen Fakten zu wiederholen und für die eigene Position günstig auszulegen. Um einen Freispruch zu erreichen, ist es sinnvoll, Schritt für Schritt einzelne Fragen durchzugehen (Ist die Tat passiert, ist die Tat so passiert wie beschrieben etc. ☞Verteidigungsstrategien).

Der Verteidiger: Tatsachenbeschreibung ergänzen und ‚berichtigen'

ERGEBNIS DER DEKLAMATION

Über Sieg und Niederlage entscheiden die Geschworenen. Ihre Aufgabe ist es, mit normalem Gerechtigkeitssinn ohne juristisches Fachwissen und nur auf Basis der beiden Reden über Schuld (in diesem Fall gewinnt der Ankläger) oder Unschuld (der Verteidiger gewinnt) zu entscheiden.

Die Geschworenen

Nach der Deklamation kann der Vorsitzende die Fallbeschreibung laut und für alle verlesen.

In der Besprechung nach der Deklamation sollten folgende Fragen beachtet werden:

Kriterien der Bewertung

- Ist alles Wichtige gesagt worden?
- Sind die Fakten und Normen verständlich dargelegt worden?
- War der Vortrag spannend?
- Mit welchen Mitteln haben die Redner emotional bewegt?

Es ist sinnvoll, die Deklamation mehrfach zu üben – Cicero machte das sein Leben lang – um alle Feinheiten in Vortrag und Argumentation zu erkennen und zu erlernen. Diese Übung kann modifiziert werden, so dass sie neue Möglichkeiten, aber auch etwas größere Schwierigkeiten (Einschätzung des Falls, längere Redezeiten etc.) bietet. Hierzu ist es insbesondere für Fortgeschrittene äußerst empfehlenswert, sich Stück für Stück vollständig die ☞Regeln der Deklamation zu erarbeiten und die kompaktere Beschreibung in diesem Kapitel zu erweitern. Auf diese Weise sind dauerhafte, spannende und unterhaltsame Deklamationen auf lange Zeit zu erreichen.

Übung macht den Meister

II 4 Debatte

Die Königsdisziplin der Rhetorik

Kommen wir zur Königsdisziplin der rhetorischen Übungsformen, der Debatte. In ihr wird im besonderen Maße der ganze Redner gefordert, mit ihr können Sie sämtliche Fähigkeiten trainieren, die Sie brauchen, um ein guter Redner zu werden.

Parlamentsdebatten und sportliche Debatten

Im Kern ist eine Debatte ein regelgeleitetes Streitgespräch zweier Parteien (Pro und Contra) über eine kontroverse Frage mit dem Ziel, eine Entscheidung herbeizuführen. Eine sportliche Debatte funktioniert dabei im Grunde ganz ähnlich wie eine Parlamentsdebatte im Bundestag zwischen Regierung und Opposition: Die eine Seite schlägt eine Maßnahme vor und begründet, warum sie notwendig und nützlich ist. Die Gegenseite versucht darzulegen, warum genau dies nicht der Fall ist. Dabei wechseln sich die Redner der befürwortenden Fraktion und der ablehnenden Fraktion ab und vertreten ihren Standpunkt auch durch engagierte Zwischenfragen, Einwürfe und Anmerkungen. Das Publikum entscheidet darüber, wer letztendlich überzeugender seine Seite vertreten hat. Der große Unterschied zwischen den sportlichen Übungsdebatten und Parlamentsdebatten ist die Unverbindlichkeit der Entscheidungen in der sportlichen Debatte.

Der rhetorische Zehnkampf

Lernziel: Die Debatte ist gewissermaßen der rhetorische Zehnkampf. In der Debatte kann der Redner alle seine Fähigkeiten zur Geltung bringen und muss mit allen Überzeugungsmitteln arbeiten, um in der kontroversen Auseinandersetzung das Publikum auf seine Seite zu ziehen. Natürlich muss man kein perfekter Redner sein, um debattieren zu können. Die Debatte bietet durch ihre Flexibilität gerade für den Anfänger die Möglichkeit, sich die notwendigen rhetorischen Kompetenzen Schritt für Schritt anzueignen. So kann man in der Debatte immer wieder seine eigene Rednerpersönlichkeit, seinen individuellen Stil austesten, die argumentative Beschlagenheit und die geistige Flexibilität erhöhen und sich letztendlich in allen Bereichen der Beredsamkeit verbessern.

Ein weiteres Ziel der Debatte ist es, Entscheidungen rhetorisch vorzubereiten und sie danach zu treffen. Um rationale und schlüssige Entscheidungen treffen zu können, ist im wahrsten Sinne des Wortes Überzeugungsarbeit nötig. Eine prägnante Positionierung, die Entwicklung von Lösungsmöglichkeiten und ihre argumentative Begründung allein und im Team sowie auf der anderen Seite auch deren kritische Hinterfragung werden in der Debatte gefordert und trainiert. Neben der Urteilsbildung über politische und gesellschaftliche Fragen und der Gesprächs- und Teamfähigkeit können in der Debatte auch die bewusste Orientierung am Publikum und die Schlagfertigkeit im Umgang mit spontanen Einwänden gelernt werden.

Die folgenden Übungen erleichtern den Einstieg in die Debatte. Sie sind speziell für die Debatte als Übungsform entwickelt worden und ermöglichen die gezielte Verbesserung einzelner Fähigkeiten auch für fortgeschrittene Redner und Debattanten.

In der ersten Übung, der EVA-Übung, werden zunächst die wichtigsten Verteidigungs- und Angriffsebenen für Debatten vorgestellt. Diese Übung ist eine unverzichtbare Grundlage für jede gute Debatte.

Erste Vorübung: Die EVA-Übung

Das Ziel der Ratsrede ist die umfassende Vorbereitung eines Themas unter Berücksichtigung der Perspektive von Pro und Contra. Damit wird trainiert, eine Meinungsrede zu einer bestimmten Frage zu halten, allerdings nicht mit dem primären Ziel der direkten gegenseitigen Bezugnahme.

Zweite Vorübung: Die Ratsrede

Die Kartendebatte ist eine Übung, die die unmittelbare Interaktion zwischen den Rednern in den Mittelpunkt stellt und zudem die gegenseitige Bezugnahme, den Kern einer Debatte, einübt.

Dritte Vorübung: Die Kartendebatte

II 4.1 EVA-Übung

Lernziel: Mit dieser Übung gelingt es Ihnen, jede politisch-gesellschaftliche Frage und ihre Implikationen schnell zu erfassen, die wesentlichen Ebenen der Verteidigung und des Angriffs (kurz EVA) des Themas zu erkennen und daraus eigene Redestrategien zu entwickeln. Dies ist nicht nur für die Debatte, sondern auch für jedes andere Gespräch über handlungsorientierte Fragen eine sehr nützliche Fähigkeit.

Die Ebenen der Verteidigung und des Angriffs

Teilnehmer:	3 Personen
Übungsdauer:	☆☆☆
Schwierigkeitsgrad:	☆☆
Übungsart:	Vorübung

Anleitung: Fast jede politische Frage, egal ob sie im Bundestagsplenum, in der Stammtischdiskussion, in der Debatte, privat oder im Unterricht zur Sprache kommt, dreht sich um drei bzw. vier

Grundstruktur politischer und gesellschaftlicher Fragen

Fragen. Aus diesen Fragen ergeben sich automatisch die Gesprächs- oder Streitebenen, auf denen ein Thema überhaupt verteidigt oder angegriffen werden kann. Das Problem, das Ziel, die Maßnahme und die Folgen spielen in jeder politischen oder gesellschaftlichen Auseinandersetzung – und um solche Fragen geht es in Debatten – die zentrale Rolle. Am Beispiel der Frage „Soll ein Demonstrationsverbot am Berliner Holocaust-Mahnmal eingeführt werden?" stellen wir nun die vielleicht noch etwas abstrakten Kategorien vor und erläutern sie am konkreten Fall.

Pro-Redner	Contra-Redner
Wo ist das Problem? (Handlungsbedarf)	Gibt es das Problem? (Handlungsbedarf)
Was ist das Ziel? (Problemlösung)	Ist das richtige Ziel gewählt? (Zielsetzung)
Wie führt der Vorschlag zum Ziel? (Maßnahme)	Ist die Maßnahme geeignet? (Tauglichkeit)
	Welche Nebenfolgen hat der Vorschlag? (Verhältnismäßigkeit)

Tabelle 3: Die Streitebenen einer Debatte

Für den Pro-Redner gilt:

Was ist das Problem?

Wenn kein Handlungsbedarf besteht, ist eine Debatte über das Thema überflüssig. Der Pro-Redner muss klar zeigen, dass der aktuelle Zustand einer Änderung bedarf. Es kommt also für Redner, die an dem bestehenden Zustand etwas ändern wollen, darauf an, die vorherrschende Lage so darzustellen, dass jeder einsieht, dass gehandelt werden muss. So könnten beispielsweise folgende Felder in der Status quo-Analyse berücksichtigt werden:
- Eine bestehende Regelung ist wirkungslos.
- Eine bestehende Regelung hat negative Auswirkungen. Sie ist z. B. ungerecht oder unausgewogen.
- Es handelt sich um ein neuartiges Problem, für das bisher keine Regelung besteht.

BEISPIEL: „Die ‚Bannmeile' um den Bundestag erfasst das Holocaust-Mahnmal nicht, so dass vor dem Mahnmal auch Demonstrationen von rechtsradikalen Vereinigungen möglich wären."

Nach der Beschreibung des Problems muss der Pro-Redner klären, was erreicht werden soll. Das Grundziel ist dabei natürlich immer die Lösung des Problems. Es können, je nach Thema, mit einer Maßnahme daneben auch weitere Ziele anvisiert werden. Die Beschreibung des Ziels bringt Klarheit in die Debatte und ermöglicht den Befürwortern wie den Gegnern, sich begründet zu positionieren. Jede Reise, auch jede argumentative Reise, beginnt mit dem Bestimmen des Ankunftsortes, also des Ziels.

Was ist das Ziel?

BEISPIEL: „Wir brauchen einen effektiven Schutz vor Verunglimpfung von Opfern des Dritten Reiches."

Von der Definition des Ziels hängt die Frage nach dem geeigneten Weg zum Erreichen des Ziels ab. In der Debatte wird in einem ☞Antrag der Pro-Seite eine Maßnahme vorgestellt, wie das Ziel konkret erreicht werden soll.

Wie führt der Vorschlag zum Ziel?

BEISPIEL: „Wir fordern die Einführung eines Demonstrationsverbots im Umkreis von 500 Metern um das Holocaust-Mahnmal ab dem 01. Januar 2006. Ausgenommen sind Opfer-Organisationen."

Für den Contra-Redner gilt:

Für Contra-Redner kann es eine gute Strategie sein, darzulegen, warum in diesem Fall überhaupt kein Handlungsbedarf besteht. Wenn es ihm gelingt nachzuweisen, dass eine Problemlösung gar nicht notwendig ist, da das Problem nicht besteht, hat es die Gegenseite schwer, Lösungsvorschläge überzeugend zu präsentieren. Folgende Felder können dafür beispielsweise in Betracht kommen:

Gibt es das Problem?

* Das Problem existiert in dieser Form überhaupt nicht.
* Bestehende Regelungen lösen das Problem bereits sehr effizient.
* Die Auswirkungen einer Regelung sind gar nicht negativ, sondern gerechtfertigt.

BEISPIEL: „Aufmärsche rechtsradikaler Gruppen am Holocaust-Mahnmal können schon jetzt verboten werden."

Wenn Einigkeit über das zu verhandelnde Problem besteht, kann der Contra-Redner mit seinen kritischen Anmerkungen am vorgestellten Ziel ansetzen. Häufig existiert bei politischen Fragestellungen eine Vielzahl von möglichen und begründbaren Zielen. Wenn der Contra-Redner es schafft zu zeigen, dass andere Ziele innerhalb der Debattenfrage als die von der Pro-Seite vorgeschlagen angestrebt werden sollten, ist auch die Maßnahme, die auf das Pro-Ziel ausgerichtet war, in den meisten Fällen hinfällig.

Ist das richtige Ziel gewählt?

BEISPIEL: „Ein besserer Schutz wäre es, Städten die Entscheidung über Demonstrationsverbote generell zu überlassen."

Ist die Maßnahme geeignet?

Erreicht die vorgestellte Maßnahme überhaupt das anvisierte Ziel? Eine Maßnahme ist dann erst geeignet, das vorliegende Problem zu lösen, wenn sichergestellt ist, dass die beabsichtigten Effekte der Maßnahme auch wirklich eintreten. Dies gilt es für den Contra-Redner ebenso zu überprüfen wie die Möglichkeit, dass es für die Lösung des Problems andere Maßnahmen geben könnte, die bei gleicher Wirksamkeit milder gestaltet sind (z. B. durch weniger Kosten, weniger nötige Ausnahmeregelungen, weniger Regelungsumfang).

Verhältnismäßig ist eine Regelung dann, wenn der betriebene Aufwand und der erzielte Effekt in einer sinnvollen Relation stehen. Umgangssprachlich formuliert sollte nicht mit Kanonen auf Spatzen geschossen werden.

BEISPIEL: „Ein gesondertes Demonstrationsverbot um das Holocaust-Mahnmal ist nicht das ‚mildest mögliche Mittel', da die konsequente Anwendung des jetzigen Demonstrationsverbots schon ausreicht, um Demonstrationen von Rechtsradikalen zu verbieten."

Welche Nebenfolgen hat der Vorschlag?

Die meisten Maßnahmen haben nicht nur die eine beabsichtigte Folge, nämlich die Lösung des Problems, sondern entwickeln weitere Auswirkungen auf anderen Feldern. Der Contra-Redner sollte ein sehr genaues Augenmerk auf mögliche übersehene Folgen des Vorschlags haben und diese zur Sprache bringen. Dabei gilt es, den möglichen Nutzen der Maßnahme und die voraussichtlichen (negativen) Auswirkungen, seien sie sozialer, finanzieller oder anderer Natur, gegenüberzustellen und abzuwägen.

BEISPIEL: „Ein generelles Demonstrationsverbot am Holocaust-Mahnmal hat z. B. auch zur Folge, dass nicht nur Neonazi-Demonstrationen, sondern auch Kundgebungen von Opferverbänden nicht gestattet wären."

Aufgabe: Alle drei Teilnehmer überlegen sich eine Entscheidungsfrage, welche ihnen am Herzen liegt, schreiben diese auf einen Zettel und legen ihn in die Mitte (☞Debattenthemen). Nachdem alle ein Thema gezogen und es kurz genannt haben, bereitet jeder für sich in 15 Minuten Vorbereitungszeit eine Pro-Rede zu dem gezogenen Thema vor, in der alle drei Fragen für das Thema beantwortet werden. Dann wird entschieden, wer in der ersten Runde Pro-Redner, Contra-Redner und wer Beobachter ist. Die Übung eignet sich auch sehr gut dazu, den Auftritt mitzuüben: Die Reden werden dafür entweder frei stehend oder am Pult gehalten. Der Pro-Redner beginnt und hält eine kurze Rede von maximal drei Minuten Dauer, die alle drei oben genannten Fragen für diesen Fall beantwortet, ohne diese ausdrücklich zu erwähnen. Der Contra-Redner greift den Antrag auf einer Streitebene an und nennt dabei die Streitebene, die er gerade angreift.

Der dritte Teilnehmer wacht als Beobachter über die Zeit, macht sich Notizen über den Inhalt der Auseinandersetzung und gibt den beiden Rednern ein kurzes Feedback über seinen Eindruck von den Reden. Neben seinem Gesamteindruck sollte er folgende Fragen berücksichtigen:

Feedback zur EVA-Übung

- Welche wesentlichen Punkte sind vom Pro- bzw. Contra-Redner eingebracht worden?
- Waren die Behauptungen einsichtig und wurden sie belegt?
- Hat mich der Antrag vom Thema überzeugt (sehe ich den Handlungsbedarf)?
- Habe ich nach der Gegenrede meine Meinung gewechselt oder hinterfragt?
- Hat der Contra-Redner auf der/den sinnvollsten Streitebene(n) angegriffen?
- Hat die Argumentation in den jeweiligen Ebenen die richtige Frage (Problem, Ziel, Maßnahme, Folgen) beantwortet?

Nach dem ersten kleinen Rededuell werden die Rollen getauscht, so dass jeder einmal die Rolle des Pro-Redners, des Contra-Redners und des Beobachters innehatte. In der zweiten Runde greift der Contra-Redner den Antrag auf zwei Streitebenen an. Im dritten Durchgang darf der Contra-Redner den Antrag des Pro-Redners auf beliebig vielen Ebenen angreifen (Eins, Zwei oder Drei). Zum Abschluss tauschen sich alle drei Redner über ihre Eindrücke (Was hat funktioniert und warum? Was hat noch nicht so funktioniert, wieso?), die sie in der Übung gewonnen haben, kurz aus. Nach dieser Einheit können die drei Redner die Übung mit anderen Startpositionen wiederholen, damit jeder die verschiedenen Angriffsmöglichkeiten (eine, zwei oder beliebig viele Angriffsebenen) selbst ausprobieren und erfahren kann.

Vorlagenblatt: Die EVA-Übung

Thema:				
Fragen für Ihre Seite: **Pro-Seite**	**Contra-Seite**	Vorgehen:	Angriffspunkte:	
Problem?				
Warum besteht Handlungsbedarf? Welcher Missstand muss behoben werden? Status-quo-Analyse	Existiert das Problem? Besteht überhaupt Handlungsbedarf?	angreifen / nicht behandeln / zugestehen		
Ziel?				
Welches Ziel soll mit der Maßnahme erreicht werden?	Ist das Ziel erstrebenswert? Welche anderen Ziele sollten eigentlich anvisiert werden?	angreifen / nicht behandeln / zugestehen		
Maßnahme?				
Wie führt der Vorschlag zum Ziel? Welche Schritte beheben das Problem?	Erreicht die Maßnahme auch das Ziel? Gibt es bessere Maßnahmen?	angreifen / nicht behandeln / zugestehen		
Nebenfolgen?				
	Nur Contra: Welche weiteren (negativen) Folgen ergeben sich aus der Maßnahme?	angreifen / nicht behandeln / zugestehen		

Vorlage für die EVA-Übung

II 4.2 Ratsrede

Hintergrund: Suasorie

Die Suasorie, zu Deutsch Ratsrede, ist die kleinere der beiden Deklamationsformen. Wie die Controversie wurde auch sie bereits in der Antike als rhetorische Ausbildungs- und Wettkampfdisziplin genutzt. In der Suasorie wurde dem Deklamator ein historischer oder fiktiver Fall vorgelegt, der vor einem ebenso fiktiven Gremium entschieden werden sollte. Der Redner musste also beispielsweise auf der Pro-Seite für die Vernichtung der Karthager oder auf der Contra-Seite gegen eine Bestrafung der Rhodier sprechen. In ihrer Grundanlage ist die Suasorie der Urahn moderner Debattierclubs.

Die politische Beratung als klassischer Fall der Rhetorik

Lernziel: Im Vordergrund dieser Übung steht das Training des vorbereiteten und „parteiischen" Redens vor Publikum in einer

Wettbewerbssituation. Parteiisches Reden meint hier die durchaus alltägliche Situation, dass die vorliegenden Fakten vom Redner für sein eigenes Überzeugungsziel interpretiert und als unterstützend präsentiert werden müssen, um dieses Ziel auch erreichen zu können. Die Möglichkeit der umfassenden Vorbereitung der Rede in Bezug auf Inhalt und Form bietet dem Redner die Chance der zielgerichteten und vertieften Recherche. Zudem kann er der Gestaltung seines Textes eine besondere Aufmerksamkeit zukommen lassen und die Wirkung direkt an der Reaktion des Publikums abgleichen. Auch der geschickte Umgang mit dem Manuskript ist von enormer Bedeutung für einen Redner und kann in der Suasorie geübt werden.

Teilnehmer:	2 Redner
	min. 1 Juror
Übungsdauer:	☆☆☆
Schwierigkeitsgrad:	☆☆
Übungsart:	Vorübung

Beschreibung: An der Übung nehmen zwei Redner, ein Präsident und ein beliebig großes Publikum teil. Ausgangslage der Übung ist eine historische oder fiktive Situation, in der ein bestimmtes Gremium vor einer Entscheidung steht und von der Nützlichkeit oder Schädlichkeit einer Handlung überzeugt werden soll. Die Aufgabe der beiden Redner ist es also, das Gremium zu beraten und für eine der beiden möglichen Lösungen das Wort zu ergreifen. So kann in einem fiktiven Fall zum Beispiel die Frage vor der NASA erörtert werden, ob die höchst störanfällige Internationale Raumstation ISS aufgegeben oder weitergeführt werden sollte. Eine historische Situation, in der die deutsche Bundesregierung beraten werden könnte, ist die Frage, ob die entführte Lufthansa-Maschine „Landshut" 1977 in Mogadischu erstürmt werden sollte oder ob Verhandlungen die bessere Lösung wären.

Damit die bindenden Fakten der Situation für alle Redner präsent sind, werden die wesentlichen Fragen (Was? Wer? Wo? Unter welchen Umständen? Welches Gremium entscheidet? etc.) in einer kurzen Fallbeschreibung festgelegt. Beispiele dafür befinden sich im ☞Anhang. Der festgelegte Rahmen des Falls ist absolut bindend für die beiden Redner, d. h. die vorliegenden Fakten dürfen nicht falsch dargestellt werden. Da die vorgegebenen Daten nur das Grundgerüst des Falls festlegen, ist es erlaubt und gewünscht, in eigenen Recherchen Aspekte der Zeitgeschichte, wie zum Beispiel vorherrschende Stimmungen, zeitgenössische Argumentationen oder das größere Umfeld, in dem der Fall spielt, herauszufinden und in die eigene Rede zu integrieren. In diesem Zusammenhang können die Redner im deutlichen Gegensatz zur Debatte auch Bezug auf die realen bzw. fiktiven Rollenverteilungen nehmen oder in die Rolle von Beteiligten schlüpfen. In historischen Ratsreden ist es deshalb besonders zweckmäßig die Hintergründe in Erfahrung zu bringen und sich in den Fall ein wenig einzuarbeiten. Durch die Recherche können auch eventuelle Vorkenntnisse und dadurch entstehende Vorteile eines Redners zumindest verringert werden. Damit auch bei fiktiven Fällen für beide Redner annähernd gleiche Chancen bestehen, müssen sich beide Kontrahenten eng an den vorgegebenen Rahmen halten. Sobald ein Redner anfangen würde, sich neue Fakten auszudenken und wichtige Teile seiner Argumentation darauf aufbaut, wäre die Ratsrede nur noch ein Wettbewerb um die kreativste Erschaffung von Settings, die für die eigene Darstellung möglichst günstig ausfallen. Beide Redner sollen die gleichen Ausgangsbedingungen in der Auseinandersetzung haben und sind deshalb den Fallfakten verpflichtet.

Die Ratsredner **Anwendung:** Nachdem zwei Redner gefunden sind, entscheidet das Los oder die eigene Wahl über die Seite (Pro oder Contra). Damit die Redner sich entsprechend vorbereiten können, bekommen sie das Thema mindestens einen Tag im Voraus. Um die Übung in Richtung von mehr oder weniger intensiver Vorbereitung zu variieren, kann die Vorbereitungszeit auf eine Stunde oder eine Woche geändert werden. Die beiden Redner dürfen bei ihrem Auftritt ein Manuskript benutzen. Dies kann, muss aber keine ausformulierte Rede enthalten. Um den bewussten Umgang mit unterschiedlichen Aufschrieben zu üben, ist es ratsam, mit verschiedenen Arten von ☞Manuskripten zu experimentieren. Die Redner haben für ihre Pro bzw. Contra-Ausführungen jeweils fünf Minuten Zeit, wobei die Dauer für Fortgeschrittene gegebenenfalls auf zehn bis fünfzehn Minuten erweitert werden sollte. Um die Interaktion zwischen Redner und Publikum zu erhöhen und den Umgang damit zu üben, können ☞Zwischenrufe in einem engen Rahmen erlaubt werden. Die Redner können, wenn sich dies anbietet, aufeinander Bezug nehmen, sie müssen die Ausführungen des anderen aber nicht berücksichtigen. Der Pro-Redner beginnt die Aussprache mit seinem Plädoyer.

Der Präsident leitet die Aussprache und Abstimmungen, überwacht die Redezeiten, unterbindet intolerablen Sprachgebrauch und mahnt eine grob fehlerhafte Wiedergabe der Fallfakten ab. Nach Ablauf der Redezeiten gibt er den Rednern ein deutliches Signal, damit sie zum Ende kommen. Der Präsident verliest unmittelbar vor dem Beginn der ersten Rede dem Publikum den Fall im Wortlaut und gibt dann bekannt, welcher Redner welche Position übernimmt. Daraufhin stimmt das Publikum offen über die zugrunde liegende Frage des Falls ab, um den Rednern ein erstes Stimmungsbild zu vermitteln. Dabei muss sich jeder Zuhörer für eine der beiden Seiten entscheiden, Enthaltungen sind nicht möglich. Nachdem beide Redner ihre Lösung vorgestellt und verteidigt haben, stimmt das Publikum erneut ab: Der Redner, der in diesem Wahlgang mehr Stimmen auf sich vereinigen kann als bei der ersten Abstimmung, gewinnt.

Der Präsident des Rates

Diese Art der ☞Deklamation ist sehr gut als Vorübung für die Debatte geeignet, weil in ihr viele der wichtigen Elemente der Debatte, wie die klare und parteiische Perspektive auf ein kontroverses Thema und geschlossene Rede mit dem Schwerpunkt auf einen deutlichen Spannungsbogen trainiert werden können. Die Debatte ist im Prinzip die weiterentwickelte und ausgereifte Version der Ratsrede.

Man kann die Ratsrede genauso wie die Controversie auch mit stärker wettbewerbsorientiertem Charakter durchführen. Dazu können die umfassenderen Regeln und das Bewertungssystem der Deklamation mit ein paar Ergänzungen einfach übernommen werden. Statt der Kategorien „Schuldig" bzw. „Unschuldig" gibt es in der Ratsrede die Alternative zwischen den Polen „Handeln" und „nicht Handeln". Außerdem unterscheidet sich die Fallbeschreibung. So gibt es bei der Ratsrede natürlicher Weise keine Norm. Alle weiteren Regeln können weitestgehend analog verwandt werden.

Die Ratsrede als Wettbewerbsform

II 4.3 Kartendebatte

Lernziel: Das Ziel dieser Übung ist es, die direkte Interaktion mit anderen Debattenteilnehmern zu üben und ein Gefühl für strategisches Zeitmanagement zu entwickeln. Es ist gar nicht so einfach, den richtigen Zeitpunkt zu finden, wann man das Wort in einer Runde ergreifen soll. Die Kartendebatte konzentriert sich insbesondere darauf, Ihnen Erfahrungswerte zu vermitteln, die es Ihnen leichter machen, an der richtigen Stelle mit Ihrem Beitrag einzusetzen.

Zeitmanagement zählt

Eine Debatte ist nur dann eine Debatte, wenn sich die Redner aufeinander beziehen und gemeinsam den Debattenfortschritt, d. h. die gefallenen Argumente berücksichtigen. Besonders wichtig ist dabei, dass Sie die Position der Gegenseite nicht aus den Augen verlieren und versuchen, auf die vorgetragenen Argumente einzugehen. So kann die Debatte für alle gewinnbringend geführt werden.

Teilnehmer:	5 Personen
Übungsdauer:	☆☆
Schwierigkeitsgrad:	☆☆
Übungsart:	Vorübung

Beschreibung: Notwendig für diese Übung sind eine Stoppuhr und ein Kartenspiel (ein Hammer und eine Glocke sind zum Geben von Zeitzeichen und Verwarnungen sinnvoll). Die Gruppe wählt ein ☞Debattenthema aus und bestimmt die Redepositionen, wobei jeweils zwei Redner die Pro-Seite und zwei Redner die Contra-Seite vertreten und ein Teilnehmer die Position des Präsidenten der Debatte übernimmt. Der Präsident eröffnet die Kartendebatte und achtet darauf, dass die Redner die vorgegebenen Redezeiten einhalten. Nach Ablauf der Redezeit gibt er ein Zeitzeichen (Hammerschlag o. ä.). Bei Überschreitungen der Redezeit vom mehr als 15 Sekunden unterbindet er die Rede des Debattanten (z. B. mit Hilfe einer Glocke). Jeder Redner verfügt über drei mal eine Minute Redezeit, also insgesamt drei Minuten. Er bekommt für jede Minute Redezeit eine Spielkarte (einer Spielfarbe) ausgehändigt. Während der Debatte kann jeder Redner das Wort ergreifen, indem er eine seiner Karten in die Mitte wirft. Die Reihenfolge des Ablegens bestimmt also die Rednerreihenfolge. Wer zuerst legt, darf zuerst reden. Sollten mehrere Karten auf dem Tisch liegen, dürfen die Vorredner jeweils ihre Rederechte natürlich voll ausschöpfen, erst dann beginnt die Redezeit des Nachredners.

Während der Kartendebatte sollten Sie versuchen auf die Äußerungen der Vorredner einzugehen und sie an Ihren eigenen Beitrag anzubinden. Achten Sie auch darauf, wann man seine Rederechte strategisch am geschicktesten einsetzen sollte, um die Debatte in seinem Sinne zu prägen (eher am Anfang oder am Ende, nach Rednern der Gegenseite oder nach dem eigenen Mitredner, gesammelt an einem Stück oder besser über die Debatte verteilt?). Sind alle Karten ausgespielt und hat der letzte Redner seinen Beitrag beendet, schließt der Präsident die Debatte. Sollte, obwohl die Redner noch Karten auf der Hand haben, keine Karte in der Mitte liegen und hat derjenige, der die letzte Karte gelegt hat, ausgeredet, beendet der Präsident ebenfalls die Aussprache.

Anwendung: Nach einer kurzen Vorbereitungszeit (5-10 Minuten) bekommt jeder Redner drei Spielkarten einer unterschiedlichen Spielfarbe. Ein Redner der Seite, die den Status quo verändern will (Pro), fängt an und spielt seine erste Karte. Es schließt sich die Aussprache über das Debattenthema an, die solange dauert, bis alle Karten ausgespielt sind und der letzte Redner seinen Redebeitrag abgeschlossen hat oder bis keiner der Redner mehr eine Karte im Anschluss an einen Vorredner legt.

Der Präsident moderiert den anschließenden Austausch über die Erfahrungen in der Übung und gibt zu Beginn eine kurze Einschätzung über seinen Eindruck der Kurz-Debatte ab. Darüber hinaus sollten insbesondere folgende Fragen im Mittelpunkt stehen: Haben sich die Debattanten gut aufeinander bezogen? Sind die Rederechte strategisch geschickt eingesetzt worden?

VARIANTE: Die Debattanten bekommen ein As und zwei weitere Karten. Das As hat dabei den Wert von zwei (oder drei) Minuten Rederecht. Die anderen beiden Karten behalten den Wert von einer Minute Rederecht.

II 4.4 Debatte

Anfang des 19. Jahrhunderts entstanden zunächst in England und wenig später auch in Amerika an Universitäten Debattierclubs, die sich das britische Parlament und die dort vorherrschende Redekultur zum Vorbild nahmen. Aus sportlichen Vergleichen zwischen einzelnen Universitäten entstanden im 20. Jahrhundert nationale und internationale Debattierturniere mit Hunderten von Teilnehmern; zahlreiche berühmte Staatsmänner und Regierungschefs sammelten dort ihre ersten Erfahrungen als Redner. Erst lange Zeit später wurde 1991 in Tübingen der erste deutsche Debattierclub gegründet. Seit 2001 gibt es auch hierzulande eine rege nationale Turnierszene an Schulen und Hochschulen.

Hintergrund: Debatte

Die Debatte eignet sich für Einsteiger und Profis

Lernziel: Die moderne Form des Debattierens ist die Offene Parlamentarische Debatte, kurz: OPD. Sie ist hervorragend für Einsteiger geeignet und bietet gleichzeitig auch für Fortgeschrittene und Profis ein dauerhaftes Training ihrer Beredsamkeit. Damit die Debatte gelingen kann, müssen einige Grundregeln berücksichtigt werden. Die Wichtigsten werden hier kurz vorgestellt. Eine kommentierte Form der Regeln befindet sich im ☞Anhang. Dort werden die Kurzregeln konkretisiert und erläutert. Ergänzt werden die Regeln durch ein Ablaufschema und Präsidenten- bzw. Bewertungsbögen.

Teilnehmer:	9-12 Redner
	1 Präsident
Übungsdauer:	☆☆☆ (ca. 60 Minuten)
Schwierigkeitsgrad:	☆☆☆
Übungsart:	Trainingsformat

Die Regeln der Debatte

Der Dreh- und Angelpunkt einer Debatte: Das Thema

Das Thema: Man kann im Prinzip über fast jedes Thema debattieren. Damit die Debatte gelingt, muss das Thema jedoch in eine bestimmte Form gebracht werden: Das Thema, für das sich die Debattanten entscheiden, muss in eine praktische Entscheidungsfrage umgewandelt werden. Eine Entscheidungsfrage muss mit „Ja" oder „Nein" beantwortet werden können. Nur so kann es zu einer Debatte zwischen der Pro-Seite, den Unterstützern des Vorschlags und der Contra-Seite, die für die Ablehnung der Maßnahme das Wort ergreifen, kommen. Es hat sich dabei bewährt, Fragen mit „Sollen..." oder „Brauchen..." zu beginnen. Praktisch ist eine Frage dann, wenn sich aus der Fragestellung eine konkrete Maßnahme oder Regelung ergibt, die nach Meinung der Debattanten einer Regelung bedarf. Beispiel: „Soll es eine Geschwindigkeitsbegrenzung auf deutschen Autobahnen geben?" Solche Fragen sind wesentlich leichter zu debattieren und ergiebiger als technische („Sollen in moderne PKW bevorzugt Wankelmotoren eingebaut werden?") oder theoretische Fragen („Gibt es einen Gott?"). Im Anhang sind einige erprobte ☞Themen nach Schwierigkeitsgrad zur Orientierung aufgeführt.

Ohne Vorbereitung geht es nicht

Die Vorbereitungszeit, d. h. die Zeit zwischen der Verkündung des Themas und dem Start der Debatte, sollte bei mindestens 15 Minuten liegen. Um dem Ziel der Debatte gerecht zu werden, die Ausgangsfrage argumentativ so zu beleuchten, dass im Anschluss daran die Abstimmung auf einer besser begründeten Basis erfolgen kann, müssen die Debattanten auch entsprechend über das Thema informiert sein. Daher ist es sinnvoll, das Thema einige Tage im Voraus festzulegen und zu verkünden, damit die Debattanten sich angemessen vorbereiten können.

Die Redner: An einer Debatte nehmen zwei Teams (Pro-Fraktion und Contra-Fraktion) mit je drei festen Rednern (Eröffnungsredner, Ergänzungsredner und Schlussredner) und zusätzlich mindestens drei (Empfehlung: nicht mehr als sechs) so genannte Fraktionsfreie Redner teil. Diese Freien Redner bringen als Repräsentanten der kritischen Öffentlichkeit eigene Standpunkte in die Debatte ein und schließen sich einer der beiden Seiten argumentativ an. Ihnen gilt neben dem Publikum die volle Aufmerksamkeit der Fraktionsredner: Das Ziel der Debatte ist es, sie durch überzeugungskräftige Reden für die eigene Seite zu gewinnen!

Wer nimmt an einer Debatte teil?

Die Rednerreihenfolge wechselt stets zwischen Pro-Fraktion und Contra-Fraktion: Zunächst stellt der Eröffnungsredner der Pro-Seite deren Maßnahme vor und der Eröffnungsredner der Contra-Seite antwortet ihm kritisch. Darauf folgen die beiden Ergänzungsredner, die die Standpunkte und Argumentationen weiter untermauern und die Gegenseite widerlegen. Hiernach sind die Freien Redner am Zug. Sie entscheiden sich frei für eine der beiden Seiten und machen ihre Wahl innerhalb der ersten Redeminute deutlich, so dass die Gegenseite ihnen Zwischenfragen stellen kann. Der Eröffnungs- oder der Ergänzungsredner der Seite, der sich der Freie Redner nicht angeschlossen hat, versucht im Anschluss in einer einminütigen Zwischenrede (vom Platz aus gehalten) den Freien Redner doch noch einmal umzustimmen (☞Zwischenrede). Nach der letzten Zwischenrede haben die Schlussredner der beiden Fraktionen das Wort. Sie fassen die Debatte aus Sicht der jeweiligen Seite zusammen und versuchen die Zuschauer und Freien Redner auf ihrer Seite zu halten bzw. sie zu gewinnen. Dabei dürfen sie keine neuen Argumente mehr einbringen (zu den Aufgaben der einzelnen Rednerpositionen ☞Rednerrollen).

Der Ablauf einer Debatte

Die Fraktionsredner haben für ihre Ausführungen sieben Minuten Zeit. Die Fraktionsfreien Redner sprechen maximal dreieinhalb Minuten. In der ersten und letzten Minute der Redezeit (bei Freien Rednern in der ersten Minute und in den letzten dreißig Sekunden) dürfen an den jeweiligen Redner keine ☞Zwischenfragen gestellt werden (sog. „geschützte Zeit").

Die Redezeiten

Die Fraktionen sind, wie im Parlament auch, bei ihren Reden an eine Fraktionsdisziplin gebunden. Sie dürfen sich in ihren Aus-

Fraktionsdisziplin

sagen also nicht inhaltlich widersprechen, sondern müssen eine einheitliche Linie in Antrag und Argumentation präsentieren. Deshalb sollte die Vorbereitungszeit v. a. auch dazu genutzt werden, die Teamlinie genau abzusprechen (☞Vorbereitung). Auch die Freien Redner dürfen nicht in argumentativen Konflikt mit der Seite geraten, für die sie sich entschieden haben.

Zwischenreden sind obligatorisch, Zwischenfragen erwünscht, Zwischenrufe zugelassen.

Zwischenreden, Zwischenfragen, Zwischenrufe: Für den Debattanten sind die Zwischenreden, Zwischenfragen und Zwischenrufe eine echte Herausforderung. Mit ihnen hat er die Möglichkeit, kurz und präzise seine Meinung auch jenseits seiner eigenen Redezeit einzubringen und die Auseinandersetzung mit pointierten Beiträgen zu würzen. Zudem motivieren die kurzen Einwürfe dazu, während der gesamten Dauer der Debatte aufmerksam und aktiv zu folgen. Sie sorgen für Bezugnahme und direkten Austausch unter den Rednern und können so dabei helfen, die bestehenden Streitpunkte zu identifizieren und zur Sprache zu bringen. Zwischenfragen und Zwischenrufe sind ein geeignetes Mittel, um die Redner dazu zu bringen, beim Thema zu bleiben, Klartext zu reden und mögliche Implikationen konkret zu benennen.

Zwischenreden

Mit ☞Zwischenreden antworten die Fraktionen auf die Reden der „gegnerischen" Fraktionsfreien Redner. Sie werden entweder vom Eröffnungs- oder Ergänzungsredner der Fraktion gehalten und sind auf eine Minute begrenzt. Zu den vom Platz aus gehaltenen Zwischenreden sind Zwischenfragen unzulässig. Ziel der Zwischenreden ist die erneute Werbung für die eigene Seite, gegen die sich der Freie Redner ja gerade ausgesprochen hat.

Zwischenfragen

Mit ☞Zwischenfragen können die Debattanten die Redner dazu bewegen, ihre Position und Argumente genauer zu fassen. An die Fraktionsredner dürfen alle Freien Redner und die gegnerische Fraktion Fragen stellen (natürlich nur während der ungeschützten Redezeit). Die Freien Redner dürfen von allen ‚gegnerischen' Debattanten befragt werden. Damit die Fragen nicht in längere Referate der eigenen Meinung ausufern, dürfen Zwischenfragen nicht länger als fünfzehn Sekunden dauern und müssen in Form einer Frage gestellt werden. Damit eine Zwischenfrage vom Redner leicht erkannt werden kann, sollte der Fragende sich erheben und mit der Hand auf den Redner deuten. Um sich auch akustisch bemerkbar zu machen, kann man die Geste mit dem Ausruf „Zwischenfrage" oder „Zwischenfrage zu [Stichwort]" ergänzen. Der Redner kann sich entscheiden, ob er die Zwischenfrage annimmt oder sie ablehnt. Länger als eine halbe Minute darf er die wartenden Frager allerdings nicht im Raum stehen lassen, sondern innerhalb dieser Zeit deutlich zu verstehen geben, ob und – wenn mehrere vorhanden – von wem er eine Frage zulässt. Stehen mehrere Zwischenfragen an, gelten bei Annahme oder Ablehnung einer Frage alle übrigen als abgewiesen. Damit die Debatte lebhafter wird und jeder Redner lernt, mit spontanen kritischen Einwänden umzugehen, sollten die Fraktionsredner mindestens ein bis zwei Zwischenfragen während ihrer Rede annehmen. Fraktionsfreie Redner haben zwar erheblich weniger Zeit, ihre Position zu entfalten, doch sollten auch sie die Möglichkeiten von Zwischenfragen nutzen und zumindest eine Zwischenfrage in ihrer Redezeit zulassen.

Mit kurzen ☞Zwischenrufen (Daumenregel: sieben Worte) können die Debattanten und das Publikum treffende Kommentierungen oder weiterbringende Hinweise in die Debatte einwerfen. Vor allem bei Unklarheiten, Brüchen in der Argumentation und abwegigen Äußerungen sind die Zwischenrufe ein geeignetes Mittel, um den Redner zur Rede zu stellen. Damit sich keine Privatgespräche zwischen dem Redner und einzelnen Debattenteilnehmern entwickeln, sondern der Austausch mit dem Plenum erfolgt, sind Dialoge unzulässig. Natürlich darf und soll der Angesprochene bei einem Einwurf direkt antworten können. Ein Dialog ist erst dann gegeben, wenn auf die Antwort wiederum eine Replik vom ersten Redner erfolgt. Damit der Redner das Heft des Handelns in der Hand behalten kann, darf er sich Zwischenrufe notfalls verbitten. In diesem Fall sind sämtliche Zwischenrufe in der folgenden Minute seiner Rede strikt untersagt.

Zwischenrufe

Der Präsident: Der Präsident leitet die Debatte. Er wacht über die Einhaltung der Regeln, entscheidet über ihre Auslegung in Zweifelsfällen und ergreift alle erforderlichen Maßnahmen zu ihrer Durchsetzung. Der Präsident eröffnet und schließt die Debatte mit Glockenschlag und nennt zu Beginn ihr Thema. Dann stellt er das Thema zur geheimen Abstimmung. Stimmberechtigt sind die Fraktionsfreien Redner und das Publikum, die ihre Meinung (Pro oder Contra) zum Thema auf einen Zettel schreiben und ihn zur Auszählung an den Präsidenten geben. Verkündet wird das Ergebnis zusammen mit der offenen Abstimmung am Ende der Debatte.

Nach der Abstimmung folgt die Aussprache zum Thema. Der Präsident eröffnet die Aussprache und erteilt jedem Redner das

Die Leitung der Debatte übernimmt der Präsident

Wort. Während der Rede markiert er Anfang und Ende der Zeit für Zwischenfragen mit einem einfachen Hammerschlag. Das Ende der Redezeit wird mit einem doppelten Hammerschlag angezeigt. Überschreitet ein Redner die ihm zustehende Redezeit um mehr als fünfzehn Sekunden, unterbindet der Präsident die Überschreitung durch Glockenschläge.

Nach der Debatte

Nach Ende der Aussprache stellt der Präsident das Thema zur offenen Abstimmung. Stimmberechtigt ist dabei nur, wer zuvor schon geheim abgestimmt hat. Thema der offenen Abstimmung ist der Antrag, so wie ihn die Pro-Seite vorgestellt und vertreten hat. Bei beiden Abstimmungen sind Enthaltungen unzulässig. Abschließend wird das Ergebnis der geheimen Abstimmung bekannt gegeben. Ergänzen kann man diese Abstimmung durch die Wahl der drei besten Fraktionsredner der Debatte. Es stimmen alle Anwesenden außer den Fraktionsrednern darüber ab, wer ihrer Meinung nach seine Aufgabe in der Debatte am besten erfüllt hat. Dabei bekommt der beste Redner drei Stimmen, der zweitbeste zwei und der drittbeste eine Stimme. Der Präsident verkündet das Ergebnis nach der Auszählung der Stimmzettel vor der Feedback-Runde. Aus diesen Wertungen lässt sich leicht eine Debattanten-Rangliste erstellen, die schnell einen Überblick über Leistungsfähigkeit und Engagement der Redner gibt. In Verbindung mit der Rangliste kann man auch den besten Redner des Monats, des Schuljahrs, des Jahres etc. bestimmen und einen zusätzlichen Anreiz schaffen, oft zu debattieren und möglichst gut abzuschneiden.

Anwendung: Nach der Vorstellung des Themas werden die Positionen für die Debatte verteilt: Wer redet für die Pro-Seite und wer für die Contra-Seite? Wer ist Freier Redner und wer Präsident? Der Regelfall wird sein, dass die Positionen mit freiwilligen Rednern besetzt werden. Denkbar ist es auch, die Positionen zuzulosen oder durch Abzählen zu bestimmen.

Das Handwerks-zeug des Präsidenten

Neben der obligatorischen Stoppuhr sind für die Debatte ein Hammer (o. ä.) zum Geben der Zeitzeichen und eine Glocke zur Erteilung von Verwarnungen durch den Präsidenten sinnvoll. Die Nutzung eines ☞Präsidentenbogens erleichtert ihm das präsidiale Handwerk.

Zeit zu Debattieren!

Jetzt ist der Zeitpunkt gekommen, an dem Sie die Debatte einfach ausprobieren sollten! Nehmen Sie sich ein Thema, welches Ihnen am Herzen liegt oder wählen Sie ein ☞Debattenthema aus dem Anhang und legen Sie los. Die nachfolgenden Hinweise und

Tipps zur Debatte helfen Ihnen, nach den ersten eigenen Debattenerfahrungen gezielt mit den besonderen Herausforderungen dieser Übungsform zu arbeiten und ein versierter Debattant zu werden.

Der erste Abschnitt widmet sich den besonderen Rahmenbedingungen der Debatte, wie beispielsweise dem Verbot der Gremiensimulation oder dem Gebot der Fairness.

Ergänzt werden diese Ausführungen im Anschluss durch die genaue Beschreibung der jeweiligen Aufgaben der Redner in der Debatte, die Ihnen helfen, Ihre Position im Team und in der Auseinandersetzung zu erfüllen.

Ein besonderes Augenmerk wird dann auf den Antrag gelegt, der den Kern der Debatte darstellt. „Was genau ist ein Antrag?" und „Wie stelle ich einen vollständigen Antrag?" Diese Fragen werden anhand eines plastischen Beispiels beantwortet.

Die nächste wichtige Frage: „Wie gestalte ich die Vorbereitungszeit am sinnvollsten?" behandelt der dann folgende Abschnitt.

Der letzte Abschnitt des Debattenkapitels widmet sich ganz konkreten Tipps für alle Debattanten und nimmt beispielsweise Fragen des Auftritts, der Bewertung von Debatten oder auch praktische Hinweise zum Umgang mit Zwischenrufen oder Zwischenfragen auf.

Gelingensbedingungen: Damit eine Debatte gut gelingt und ihren Zweck als Trainingsform voll erfüllen kann, ist es notwendig, dass sich alle Beteiligten auf die Besonderheiten dieser Übung einlassen. Dazu gehören die Situationsbezogenheit der Debatte, das Verbot der Gremiensimulation und der historisierenden Zeitdefinition, der sportliche Umgang mit Debattenthemen, die notwendige Fraktionsdisziplin und die Fairness und der Mut, die in den Debatten zum Tragen kommen müssen.

Die Leitplanken der Debatte

Es ist das Wesen einer Debatte, dass alle Debattenreden Beiträge zur Begründung einer gemeinsamen Entscheidung (offene Abstimmung!) entwickeln. Damit die Freien Redner und das Publikum eine bessere Entscheidungsgrundlage durch die einzelnen Reden bekommen können, muss die Debatte konstruktiv geführt werden. Konstruktiv kann eine Debatte nur sein, wenn sich die Redner in ihren Beiträgen aufeinander beziehen und den Fortschritt der Debatte berücksichtigen.

Gegenseitiger Bezug

Deshalb können Reden für Debatten zwar vorbereitet, aber nicht vorab verfasst werden. Denn vorbereitete Reden, die in der Debatte vorgetragen oder gar verlesen werden, antworten auf die

Vorbereitung meint nicht vorbereitete Reden

Ausgangsfrage, sie berücksichtigen jedoch nicht ausreichend die unvorhersehbare Entwicklung der Debatte, die durch den konkreten Antrag, die Gewichtung, Auswahl und Präsentation der Argumente stark geprägt wird. Der Debattant muss flexibel auf diese Situation reagieren. Eine Debatte kann also nur dann gelingen, wenn sich alle Beteiligten auf das Thema und die Situation einlassen. Das bedeutet gleichzeitig für den Debattanten, genau zuzuhören, was die Gegenseite vorstellt und was nicht und auf Falschzitate, grobe Unterstellungen und dergleichen zu verzichten.

Die Debatte wird nicht im Bundestag, im NATO-Rat oder dem römischen Senat geführt!

Wichtig für das Gelingen einer Debatte ist zweitens der Grundsatz, dass die Beteiligten kein reales Gremium simulieren und entsprechende Rollenspiele möglichst vermieden werden sollten. Ort der Debatte ist weder ein Parlament noch ein anderes Gremium (wie der Aufsichtsrat eines Unternehmens oder der römische Senat). Entsprechende Szenarien führen in der Praxis immer wieder dazu, dass unsachliche Argumentationen vorgebracht werden, die die Debatte nicht weiterbringen („Sie sind in der Opposition, weil sie das Volk nicht gewählt hat und deshalb ist ihre Position abzulehnen."). Ein weiteres Problem, welches dabei auftreten kann, ist, dass die Debatte sich schnell nur noch um Formalia dreht und abseits der eigentlichen Streitfrage geführt wird. Durch eine ‚geschickte' Wahl des Gremiums kann sich die Pro-Seite einen Vorteil verschaffen, der die grundsätzliche Gleichberechtigung der beiden Seiten infrage gestellt. Deshalb sind die Redner in der Debatte in der alltäglichen Situation, eine Entscheidung inhaltlich vorzubereiten und fundiert zu treffen. Das bedeutet allerdings nicht, dass reale Gegebenheiten (wie z. B. die Zuständigkeit der Bundesländer für den Bildungsbereich) ausgeblendet werden dürfen. Auch die Festlegung einer bestimmten Rahmenzeit ist für die Debatte nicht erlaubt. Wir wollen nicht entscheiden, ob das Römische Reich die Todesstrafe abschafft.

„Hier stehe ich, ich kann nicht anders..."

Drittens ist für das Gelingen der Debatte ein sportlicher Umgang mit den Themen und der Redneraufgabe nötig. Besonders glaubwürdig sind Redner natürlich dann, wenn sie sich komplett mit dem identifizieren können, was sie sagen. Die Debatte hat das Ziel, den Redner für diesen ‚Ernstfall' vorzubereiten. Diese Trainingssituation bringt es allerdings mit sich, dass man sich mit Positionen anfreunden muss, die zunächst der eigenen nicht ganz oder vielleicht sogar gar nicht entsprechen. Die Gegenseite verstehen zu lernen und die Welt aus einem anderen Blickwinkel zu betrachten, erhöht dabei die Fähigkeit, einen Streit kultiviert zu führen. Denn in einer Debatte gibt es immer plausible Argumente auf beiden Seiten und die kritische Hinterfragung sollte nicht vor der eigenen Meinung halt machen. Um dabei Rollenkonflikte zu vermeiden und die eigene Glaubwürdigkeit zu erhöhen, kann man zumindest auf drei Möglichkeiten zurückgreifen, wenn man eine Position vertreten muss, die nicht die eigene ist:

Man kann auch im normalen Leben in die Situation geraten, dass man sich in einer Runde, in einem Entscheidungsgremium nach langer Diskussion für eine Alternative entscheidet, die nicht die eigene Position wiedergibt. Trotzdem muss man in der Regel die Entscheidung nach außen loyal vertreten, wenn sie einmal mehrheitlich getroffen wurde, obwohl man sich mit seiner eigenen Vorstellung vielleicht nicht durchgesetzt hat. Trotzdem kann man den Findungsprozess und sein Ergebnis glaubwürdig verteidigen und zeigen, warum diese Argumentation und dieser Standpunkt letztlich das Ergebnis des Abwägungsprozesses waren. Ein weiterer Fall, in dem man glaubwürdig argumentieren kann ohne zwingend auf die dahinterliegende Position festgeschrieben zu sein, ist die Verteidigungsrede eines Anwalts. Ein Verteidiger ist nicht der schlechtere oder gar unseriösere Anwalt, weil er die „böse" Seite vertritt, sondern es ist schlicht seine Aufgabe ein faires Verfahren zu garantieren, das jedem Menschen zusteht. Einerseits gilt es dabei, das Glaubwürdige und Positive an der Sache herauszustellen, aber auch die Versäumnisse und unzutreffenden Argumente der Gegenseite ans Tageslicht zu bringen. In der Debatte ist eine ähnliche Aufgabenauffassung denkbar. Sie können sich drittens auch einfach durch die wissenschaftliche und rein menschliche Neugier leiten lassen und sich fragen, was eigentlich hinter einer bestimmten Position steckt. Es gibt bei debattierfähigen Themen in der Realität auch immer Menschen, die eine Meinung überzeugt vertreten, die der eigenen widerspricht. Man kann sich dabei die Frage stellen: Was ist daran glaubwürdig oder nachvollziehbar? Natürlich können Sie die Situation auch genauso nehmen, wie sie ist: Als eine Trainingssituation, in der es darauf ankommt, in sportlichem Wettstreit seine geistigen und rednerischen Fähigkeiten für den schon genannten ‚Ernstfall' zu perfektionieren. Welches Gedankenkonstrukt Sie auch immer wählen, um in der Debatte Reden jenseits der eigentlichen Meinung zu halten, Sie sollten dies nicht zum Thema ihrer Rede machen. Metabemerkungen wie „Ich rede ja nur auf der Seite, weil das so gelost wurde...", bringen die De-

Sprecher, Anwalt oder Wissenschaftler

batte nicht voran, schwächen Ihre Glaubwürdigkeit in der Situation und kosten Zeit, kurz: helfen Ihnen auch nicht dabei, ein besserer Redner zu werden.

Die Teamlinie muss stehen Anders als im Alltagsgespräch wird eine Debatte nicht von Einzelpersonen geführt, sondern von Teams. Es kommt in der Debatte also darauf an, nicht nur als Einzelredner das Publikum zu überzeugen, sondern als Fraktion einen geschlossenen, stimmigen Gesamteindruck zu hinterlassen. Deshalb muss die Fraktion darauf achten, dass sie gemeinsam eine Position vertritt, also die Fraktionsdisziplin wahrt und sich inhaltlich nicht widerspricht. Die von den Vorrednern in die Debatte gebrachten Inhalte binden alle nachfolgenden Redner der Seite.

Sport und Debatte: Mut zum Risiko, Fairness und Respekt gehören dazu Der letzte Hinweis gilt dem sportlichen Charakter der Debatte: Die Debatte lebt von der kontroversen Auseinandersetzung und dem Aufeinandertreffen von deutlichen Alternativen. Damit diese Grundvoraussetzung überhaupt erst entsteht, braucht es Mut von Seiten der Debattanten, klare Positionen zu beziehen und sich nicht hinter windelweichen Formulierungen zu verstecken. Die Trainingssituation ist auch dafür da, auszuprobieren, inwieweit eine Position, die nicht zwingend die eigene sein muss, überhaupt getragen werden kann. Zuspitzung, klare Aussagen und der Wagemut, auch bei der Formulierung eines Antrags nicht schon alle möglichen Einwände und Kompromisse aufzunehmen, sondern konsequent eigene, stringente Positionen zu entwickeln, sind selbstverständliche Elemente der sportlichen Debatte. Selbstverständlich ist auch die Fairness in der Debatte, insbesondere im Umgang untereinander. Zum Fairplay gehört, dass nur das, was in der Debatte auch wirklich vorgetragen wurde, verwendet wird und mit allem, was vorgetragen wird, auch zu arbeiten ist. Falschzitate und das Ignorieren von ganzen Argumentationsfeldern und damit die Nicht-Beachtung des Debattenfortschritts schlagen sofort auf die eigene Glaubwürdigkeit zurück und sollten tunlichst vermieden werden.

Streitkultur! Der Wettbewerb gehört zum Spiel dazu. Entsprechend ist die Situation und alles, was in ihr geschieht, sportlich aufzufassen: Nichts übertreiben! Aber so heftig die Auseinandersetzung um die Sache auch sein mag, persönliche Angriffe auf die Mitstreiter bringen die Entscheidung nicht voran, sind kontraproduktiv und deshalb absolut untersagt. Der respektvolle Umgang miteinander, die Wahrung eines angemessenen Stils und die Akzeptanz der grundsätzlichen Berechtigung der anderen Meinung sind im

Kleinen, wie der Debatte, und im Großen, dem demokratischen Gemeinwesen unabdingbar und sollten im Sinne einer besseren Streitkultur von allen Rednern nicht nur gefordert, sondern auch gelebt werden.

Die Rollen der Debattenredner: In der Debatte haben die Redner auf den verschiedenen Positionen unterschiedliche Aufgaben zu erfüllen. Jeder Redner trägt auf seiner Position zum Gelingen der Debatte bei und spielt eine eigenständige und bedeutende Rolle für das Team. Auf jeder Position kann eine Debatte verloren oder gewonnen werden. Welche Aufgaben die einzelnen Redner haben und worauf man bei den einzelnen Rednerpositionen speziell achten sollte, wird im Folgenden das Thema sein. Unabhängig von der jeweiligen Position sollte sich jeder Redner darüber Gedanken machen, wie er den Einstieg und den Schluss seiner Rede treffend gestalten kann. Dabei und in der gesamten Rede gilt es, besonders die Freien Redner (als Repräsentanten der kritischen Öffentlichkeit) zu berücksichtigen und ihnen eine Entscheidung für die eigene Seite so leicht wie möglich zu machen.

Die Redner-positionen

Eröffnungsredner der Pro-Fraktion: Die Rede des ersten Redners der Debatte hat eine ganz besondere Bedeutung. Mit ihr entscheidet sich nicht nur inhaltlich die Debatte zu großen Teilen, sondern auch atmosphärisch. Der Auftritt des Eröffnungsredners der Pro-Seite setzt den Grundton der Debatte. Hier hat der Redner also besondere Gestaltungsmöglichkeiten. Diesen Rahmen zu nutzen und auszuprobieren, wie es gelingt, Stimmungen der Debatte zu setzen, ist ein besonderer Reiz dieser Position.

„Aus diesem Status quo entwickeln wir folgenden Antrag…"

An der ☞EVA-Übung orientiert, stellt der erste Redner den Handlungsbedarf, das Ziel des Antrags und den Antrag dar. Dabei sollte das Team darauf achten, dass nichts Wesentliches im Antrag vergessen wird. Der Antrag ist die Grundlage der Debatte, er wird von Pro verteidigt und von Contra angegriffen. Sollten wesentliche Elemente erst vom zweiten Redner eingebracht werden, nimmt es der Contra-Seite und auch der Pro-Seite die Möglichkeit, über den ganzen Antrag eine ganze Debatte zu führen, da die Zeit der ersten Redner dafür eben nicht genutzt werden konnte. Der Eröffnungsredner Pro sollte zur Begründung des Antrages auch erste Argumente nennen und entfalten. Mehr als zwei bis maximal drei Argumentationsfelder vorzustellen, ist in den sieben Minuten neben der Status-quo-Analyse und der Antragsvorstellung in der Regel kaum möglich. Sinnvoll kann dagegen

Antrag

ein Verweis auf die Hauptargumentationsfelder des nachfolgenden Redners der eigenen Seite sein. Dabei muss nicht die ganze Rede des Ergänzungsredners erläutert werden, sondern es reicht aus, nur kurz ein bis zwei Schwerpunkte anzudeuten.

Perspektiven
Es zeichnet fortgeschrittene Redner aus, dass sie Kriterien zur Bewertung der Streitfrage entwickeln und vorstellen. Dies erleichtert den Zuhörern eine fundierte Entscheidung, weil sie dann über einen begründeten Maßstab verfügen, der eine einfachere Orientierung ermöglicht. So kann beispielsweise die Nützlichkeit oder die Gerechtigkeit einer Maßnahme ins Feld geführt und durch Indikatoren gestützt werden: „Eine Maßnahme ist dann nützlich, wenn die Mehrzahl der Betroffenen davon profitiert und das bestehende Problem behoben wird.". Die Frage, welcher Redner der eigenen Seite die Entscheidungskriterien einführt, muss von Fall zu Fall neu entschieden werden.

„Was spricht technisch und inhaltlich gegen den Antrag der Pro-Seite?"
Eröffnungsredner Contra-Fraktion: Dem Eröffnungsredner der Contra-Seite, der direkt auf den Antrag der Pro-Seite antwortet, bleibt nicht viel Zeit, seine Rede während der Debatte zu erstellen, umso wichtiger ist die Vorbereitungszeit im Team. Er muss vielmehr während der Antragsrede blitzschnell die wesentlichen Punkte erfassen, Gegenargumente sammeln und in seine eigene Rede eingliedern. Dabei sollte er auf die ☞EVA-Übung zurückgreifen und die verschiedenen Argumentationsmöglichkeiten gegen den Antrag der Pro-Fraktion durchgehen. Zunächst ist fraglich, ob die Situations- und Problemanalyse der Pro-Seite tatsächlich mit der Realität übereinstimmt oder ob sich die Lage nicht ganz anders darstellt und ein Handlungsbedarf vielleicht gar nicht besteht. Danach sollte der Antrag auf fehlende Bestandteile, Unklarheiten und logische Brüche geprüft werden. Das Ziel des Antrags und seine unbeabsichtigten Folgen können weitere Punkte sein, die in die Rede einfließen. Dabei müssen und können in der Regel nicht sämtliche möglichen Angriffspunkte, die ein Antrag bietet in der ersten Rede abgehandelt werden. Es genügt, gegebenenfalls auf wesentliche Punkte einzugehen und bezüglich weiterer Argumentationsfelder auf den zweiten Redner der eigenen Seite zu verweisen. Der Eröffnungsredner der Contra-Fraktion sollte versuchen zunächst die Pro-Argumente zu widerlegen, bevor er eigene Argumente in die Debatte einbringt. Sollte die Pro-Seite Kriterien zur Entscheidung der Streitfrage anführen, so ist es sinnvoll, diese entweder für sich zu nutzen oder ganz infrage zu stellen und eigene Kriterien zu entwickeln.

Ergänzungsredner Pro-Fraktion: Die wesentliche Aufgabe des Ergänzungsredners der Pro-Fraktion ist es, den Antrag noch einmal klarzustellen und in seinen Folgen zu verdeutlichen. Warum ist der Antrag in der vorgestellten Weise erforderlich und warum muss man ihm einfach zustimmen? Diese Fragen hat der Ergänzer Pro so zu präsentieren, dass insbesondere die Freien Redner sich zur Seite der Pro-Fraktion bekennen. Sollten Missverständnisse, Unklarheiten, logische Ungereimtheiten oder Lücken in der Pro-Position entstanden sein, stellt der zweite Redner sie klar. Dabei muss er unbedingt die Fraktionsdisziplin wahren. Richtigstellungen, Verdeutlichungen oder Präzisierungen sind (in engem Rahmen) erlaubt. Neben der Verteidigung der eigenen Seite gegen die Angriffe der Contra-Seite (Status quo, Antrag, Ziel, Konsequenzen, Kriterien, Argumente) sollte der Ergänzungsredner auch die Contra-Argumente widerlegen. Auf jeden Fall sollte er die angekündigten Argumentationsfelder entfalten, die ihm der Eröffnungsredner zugewiesen hat. Zum Schluss der Rede ist es sinnvoll, noch einmal kurz zusammenzufassen, warum die Freien Redner der Pro-Seite zustimmen sollten.

„Warum unsere Position besonders überzeugend ist"

Ergänzungsredner Contra-Fraktion: Der Ergänzungsredner der Contra-Fraktion richtet sein Augenmerk insbesondere auf die Ausführungen seines direkten Vorredners und die Stringenz der Gegenseite. Er weist auf entstandene oder immer noch bestehende Widersprüche und Lücken der Argumentationen der Pro-Seite hin und achtet vor allem bei Ergänzungen darauf, dass sie nicht in Konflikt mit den bereits geäußerten Positionen seiner Seite treten. Genauso wie der Pro-Ergänzungsredner widerlegt er die Argumente der Gegenseite und führt die angekündigten Argumente der eigenen Seite aus und entfaltet weitere Argumente zur Unterstützung der Contra-Fraktion. Da der Contra-Ergänzungsredner der letzte Redner vor den Freien Rednern ist, sollte er diese Chance nutzen und deutlich um sie werben.

„Was besonders für die Contra- und gegen die Pro-Seite spricht…"

Fraktionsfreie Redner: Die Fraktionsfreien Redner sind mit dem Publikum zusammen die Adressaten der Überzeugung. Sie sind quasi Repräsentanten der kritischen Öffentlichkeit und sollen die Positionen der Fraktionen auf Herz und Nieren prüfen. Diese Position ist aufgrund der kürzeren Redezeit und der einfachen formalen Anforderungen in ganz besonderem Maße für Einsteiger geeignet. Die Freien Redner sollen sich eine eigene Meinung über die Streitfrage, wie sie in der Debatte von den beiden Fraktionen vorgestellt wurde, bilden und sich begründet für ei-

„Was hat mich überzeugt?"

ne der beiden Seiten entscheiden. Deshalb ist es erste Pflicht der Freien Redner, mit offenem Blick der Debatte zu folgen und nicht etwa mit einer ausformulierten Rede und einer abgeschlossenen Meinung in sie hineinzugehen. Dies gilt vor allem für die Berücksichtigung des Antrags. Nicht das allgemeine Thema, sondern der konkretisierte Antrag ist Ausgangspunkt für die Debatte.

Eigene Punkte, aber gemeinsame Linie

Damit klar ist, welche der beiden Seiten Zwischenfragen stellen darf und die Zwischenrede hält, muss der Freie Redner sich innerhalb der ersten Minute klar zu einer der beiden Seiten bekennen. Diese Positionierung muss nicht explizit erfolgen, muss aber den Beteiligten deutlich werden. In seiner Rede legt der Fraktionsfreie Redner dar, warum er die eine Seite für überzeugender hält oder die andere Seite ihn nicht überzeugen konnte. Dabei sollte er auch ein bis zwei eigene neue Aspekte in die Debatte einbringen. Dies können ein neuer Blickwinkel, neue Argumente oder Untermauerungen für bereits vorgebrachte Positionen oder eine neue eigene Position sein. Dabei sollten Sie aber deutlich aufpassen, dass Sie nicht in direkten Widerspruch mit den bereits genannten Hauptargumenten der von Ihnen unterstützten Seite geraten.

„Was überzeugt auf Pro-Seite?"

Schlussredner Pro-Fraktion: Es ist die Aufgabe des Schlussredners der Pro-Fraktion, ein flammendes Plädoyer für die eigene Seite zu halten. Warum sollten das Publikum und die Freien Redner in der Abstimmung nach der Debatte ihre Stimme für diese Position abgeben? Diese Frage steht quasi als Überschrift über der Rede des Schlussredners. Dazu sollte er noch einmal die Forderungen der eignen Fraktion (den Antrag) sowie die Notwendigkeit des Handelns und das angestrebte Ziel deutlich machen. Bevor er die eigenen Argumente beweiskräftig vorführt, sollten die Contra-Einwände entkräftet werden. Dabei müssen nicht sämtliche Wendungen und Ansätze der Debatte referiert werden, sondern sollten die Kernpunkte der Argumentationslinie im Mittelpunkt der Ausführungen stehen. In seiner Rede sollte der letzte Redner der Pro-Seite deutlich die Alternativen aufzeigen und dabei auch die Ausführungen der Freien Redner, Fürsprecher wie Zweifler, aufnehmen und besonders ihre Zustimmung einwerben. Ein wirksames Mittel, die Debatte zusammenzufassen kann es sein, die Grundkonflikte (engl. „clashes"), die es in der Debatte gab, herauszuarbeiten (Freiheit gegen Sicherheit, Menschenrechte gegen Marktwirtschaft o. ä.). Da die Abstimmung unmittelbar nach der Debatte erfolgt, ist es für den letzten Redner der Pro-Fraktion sinnvoll, entweder die vorher entfalteten Kriterien zur Entscheidung der Streitfrage ins Gedächtnis zu rufen oder aber solche Kriterien einzuführen. Aus Gründen der Gerechtigkeit ist es den beiden letzten Rednern der Debatte untersagt, neue Argumente in die Debatte einzuführen. Die wesentlichen Argumente der Debatte müssen vor den Ausführungen der Schlussredner eingebracht werden. Denn diesen kann niemand in geschlossener Rede entgegentreten. Das Verbot von neuen Argumenten für Schlussredner umfasst natürlich nicht das Anbringen von neuen Beispielen oder Analogien u. ä,. mit denen bereits eingebrachte Argumente verstärkt oder abgeschwächt werden können.

Schlussredner Contra-Fraktion: Das letzte Wort zu einem Thema zu haben, ist eine komfortable Ausgangsposition für das Werben um Zustimmung zum eigenen Standpunkt. Der Contra-Schlussredner hat das letzte Wort in der Debatte und sollte versuchen, dies für sich und seine Fraktion zu nutzen. Die Darlegung der Defizite der Pro-Seite in der Status quo Analyse, im Antrag, in den Zielen, die Skizzierung der unbeabsichtigten Folgen und der fehlenden Tragfähigkeit der Argumentationen der Gegenseite ist seine primäre Aufgabe. Bei der Zusammenfassung der Debatte aus seiner Sicht sollte er die Freien Redner fest im Blick haben und sie auch mit einem gewinnenden Schlussappell für seine Seite einnehmen. Genauso wie für den Pro-Schlussredner, ist es für den Schlussredner der Contra-Fraktion sehr hilfreich, die Grundkonfliktlinien der Auseinandersetzung herauszuarbeiten, die Hauptargumente darzustellen und zu gewichten und mit Kriterien für die Entscheidung der Streitfrage dem Publikum die Wahl seiner Seite möglichst zu erleichtern. In den weiterführenden Übungsregeln der Debatte und auf Turnieren werden die Redepositionen der Schlussredner getauscht (siehe Anhang).

Warum ist die Contra-Fraktion die überzeugende Seite?

Nachdem Sie die Besonderheiten der einzelnen Rednerpositionen der Debatte kennen gelernt haben, widmet sich der nächste Abschnitt einem Bereich, der vor allem für die beiden ersten Redner von herausragender Bedeutung ist, dem Antrag. Der Eröffnungsredner der Pro-Seite muss ihn in seiner Rede präsentieren, der Eröffnungsredner der Contra-Seite ihn attackieren.

Der Antrag: Der Antrag ist das Herzstück der Debatte. Um ihn und seine Umsetzung dreht sich die gesamte Auseinandersetzung. Damit ist die Qualität des Antrages auch ein entscheidender Faktor für die Qualität der Debatte. Deshalb ist es wichtig, dass die Pro-Seite bei der Erstellung des Grundgerüsts der Debatte einige Punkte berücksichtigt: Ausgangspunkt für den Antrag ist die ge-

Was ist ein Antrag?

stellte Streitfrage. Beispiel: „Brauchen wir die Videoüberwachung öffentlicher Plätze?" Die Pro-Fraktion bejaht diese Frage und stellt den Antrag: „Wir brauchen die Videoüberwachung öffentlicher Plätze und folgendermaßen wollen wir sie umsetzen..."

Bevor es in die Details der Umsetzung geht, müssen unklare und interpretationsbedürftige Bestandteile des Antrags definiert werden, um gleich zu Beginn Klarheit über die wesentlichen Begriffe und Gegenstände der Debatte zu schaffen. Hier: „Unter öffentlichen Plätzen verstehen wir alle frei zugänglichen Orte, die zur Aufrechterhaltung des öffentlichen Lebens notwendig sind und der Hoheit der Stadt obliegen."

Die Definition des Antrags

Ziel der Definition ist es, dem Publikum und den anderen Debattanten Klarheit über die eigene Vorstellung vom Antrag und den wichtigsten Bestandteilen der Debatte zu verschaffen und so die Grundlage dafür zu schaffen, dass die Redner nicht aneinander vorbeireden. Strittige Punkte und schwierige Bereiche können durch eindeutige Definitionen von vornherein aus der Debatte ausgeklammert werden. Mit einer solchen eingrenzenden Definition ist es für die Pro-Seite ein wenig leichter mit ihrem präzisierten Vorschlag das Publikum zu überzeugen. Man kann die Definition auch dazu nutzen, Bedeutungsfelder von Begriffen von Beginn an festzulegen und beispielsweise Selbstmord als ‚Suizid' oder ‚letzten Ausweg' deklarieren.

Mit der Definition der Begriffe sind zwar erste mögliche Unklarheiten beseitigt, doch fehlen der Debatte noch die Informationen zur Umsetzung des Antrags in eine konkrete Maßnahme. So müssen möglichst vom ersten Redner der Pro-Fraktion die Fragen Was?, Wer?, Wann?, Wo?, Wie?, Womit? und Wozu? geklärt werden. Natürlich müssen nicht für jeden Fall alle Fragen in der gleichen Tiefe geklärt werden. Selbstverständlichkeiten müssen nicht definiert werden. Es lohnt sich, sich zwischendurch in diesem Zusammenhang zu fragen, welche Elemente das Publikum wahrscheinlich als definitionswürdig empfinden wird.

Tabelle 4: Fragen des Antrags

FRAGE	GEGENSTAND	BEISPIEL
Wer?	Wer handelt? Wer ist betroffen? Wer gewinnt – verliert?	Bundesgesetz. Betroffen sind alle Passanten auf öffentlichen Plätzen. Gewinner: Ehrbare Bürger; Verlierer: Straftäter

Wann?	Inkrafttreten, Geltungszeitraum, Zieltermin	Pilotprojekt ab sofort in ausgewählten Städten. Vollständige Erfassung in 5 Jahren
Wo?	Geltungsbereich	Alle Städte (d. h. ab einer Größe von 100.000 Einwohnern)
Wie?	Definition, Ausnahmen, Sanktionen	Ausnahme: Bürgerbegehren gegen die Überwachung von einzelnen Bezirken möglich
Womit?	Technische Einzelheiten, Finanzierung u. ä.	Speicherungsdauer von Daten beschränkt auf eine Woche
Wozu?	Begründung (Motiv, Zweck) = Argumentation für den Antrag	Sicherheit, Aufklärung und Verhinderung von Straftaten

Der Antrag richtet sich dabei immer auf die Veränderung eines aktuellen Zustands. Ohne Problem im Status quo und damit ohne Handlungsdruck ist eine Veränderung unnötig und eine Debatte darüber schlechterdings nicht möglich. Die Pro-Seite muss dementsprechend deutlich auf ein Problem, d. h. eine Abweichung des Soll-Zustands vom Ist-Zustand, aufmerksam machen.

Worum geht es?

Dabei gibt es zwei Möglichkeiten: Entweder ist der aktuelle Zustand relativ mangelhaft, d. h. es ist nicht alles schlecht, aber es gibt einen deutlichen Optimierungsbedarf. Beispiel: „Die Universität muss nicht abgeschafft werden, sie muss nur an einigen Stellen verbessert werden."

Die zweite Möglichkeit ist die absolute Mangelhaftigkeit der aktuellen Lage und nur eine grundlegende Änderung bzw. Abschaffung verspricht Rettung. Beispiel: „Es reicht nicht, die Todesstrafe in ihrer Durchführung humaner zu gestalten, sie gehört vollständig abgeschafft."

In jedem Fall sollten für die Überlegungen im Vorfeld und während der Debatte die Streitebenen „Wo ist das Problem?", „Was ist das Ziel?", „Welche Maßnahme schlagen wir vor?" und „Welche Nebenfolgen sind zu erwarten?" aus der ☞EVA-Übung als Grundgerüst genutzt werden.

Vor dem Antrag liegt zeitlich die Vorbereitungszeit. In ihr muss sich das Team u.a. darüber Gedanken machen, wer welche Position übernimmt und welche Inhalte in welcher Reihenfolge vorgebracht werden sollen. Wie Sie Ihre Zeit in der Vorbereitung am geschicktesten nutzen und welche Aufgaben dabei anfallen, erklärt der folgende Abschnitt.

Welche Aufgaben gibt es für die Vorbereitungszeit?

Aufgaben in der Vorbereitungszeit: Zunächst sollte sich das Team an einen Ort zurückziehen, an dem es sich relativ ungestört und außer Hörweite der gegnerischen Partei vorbereiten kann. Nachdem der genaue Wortlaut der Frage für alle Teammitglieder geklärt wurde, ist es sinnvoll, die Rednerpositionen auf die Teammitglieder zu verteilen. Dabei kann man sich von Vorlieben für eine bestimmte Position, vom Thema oder von den Fähigkeiten der Redner auf einer bestimmten Position leiten lassen. Sinnvoll ist es, wenn bei der Zusammenstellung der Rednerreihenfolge die Rednertemperamente Berücksichtigung finden. Der erste Redner hat eher eine ruhige inhaltlich-argumentierende Aufgabe (Logos), während der zweite Redner vor allem den Zuhörern die glaubwürdigsten Folgen und Beispiele vor Augen führt (Ethos) und der letzte Redner sich in erster Linie darauf konzentriert, das Publikum zu bewegen (Pathos). Wenn man sich nach dem Thema ausrichtet, sollte derjenige die erste Position übernehmen, der sich mit dem Thema am besten auskennt. Abhängig von der Redeposition ergeben sich zugleich auch bestimmte Aufgaben für die Vorbereitungszeit:

Der Eröffnungsredner der Pro-Fraktion muss sich zum einen federführend um den Antrag der Pro-Fraktion kümmern und zum anderen seine eigene Rede vorbereiten, die er direkt im Anschluss an die Vorbereitungszeit halten muss. Um ihm genug Zeit für die Vorbereitung der eigenen Rede zu geben, sollte das Team gemeinsam in der ersten Phase nach der Bekanntgabe des Themas den Antrag entwickeln, die grobe Argumentationslinie bestimmen und anschließend erste Argumente für den Antrag formulieren. In der zweiten Hälfte sollte sich der Eröffnungsredner Zeit für die Gestaltung seiner eigenen Rede nehmen, während die anderen beiden Redner weitere Argumente suchen. Der Eröffnungsredner und der Ergänzungsredner müssen sich während der Vorbereitungszeit abstimmen, wer welche Argumentationsstränge in der Debatte übernimmt. Zwei bis drei Argumentationsfelder sollten dabei für den Eröffnungsredner genügen. Während der Ergänzungsredner auch an seiner Rede arbeiten kann, begnügt sich der Schlussredner mit der Rolle des Ideengebers und Argumentationsspürhunds. Aber auch er sollte sich die Grundzüge des Antrags notieren. Beachten Sie immer: Die ganze Vorbereitungszeit ist Teamwork.

In der Debatte: Ein gelungener Redeauftritt ist eine hochkomplexe Angelegenheit, bei der man auf eine Vielzahl von Dingen achten muss. Die Tipps helfen Ihnen, Ihre Rede in der Debatte und auch bei anderen Anlässen erfolgreich zu bestreiten.

Die erste Wirkung auf das Publikum erzielen Sie als Redner schon bevor sie das erste Wort gesprochen haben. Und zwar nicht nur Sie als einzelner Redner, sondern auch als Team wirken Sie von Beginn an und durch die gesamte Debatte hindurch auf das Publikum. Seien sich dessen bewusst und achten Sie darauf, dass Sie auch hier eine gute Figur machen. Auch der gekonnte Umgang mit dem Pult gehört zu den Dingen, die in der Debatte bewusst geübt werden können.

Auf jeden Fall sollten Sie den Beginn Ihres Auftritts sehr bewusst gestalten. Dazu gehört es, dass Sie die Rede nicht schon im Laufen beginnen, sondern erst einmal am Rednerpult ankommen und sich Ihren Redeplatz einrichten (Manuskript ordnen, zur Ruhe kommen, festen Stand suchen). Dann ist es enorm wichtig, dass Sie einen ersten Kontakt zum Publikum herstellen, in die Runde schauen, die Stimmung im Raum aufnehmen und ruhig abwarten, bis jeder im Publikum bereit für Ihre Rede ist. Kurz bevor Sie mit Ihrer Rede anheben: Ausatmen! Viele Redner machen den Fehler, vor der Rede tief einzuatmen und müssen dann mit viel zu viel Luft im Bauch reden. Eine Folge davon ist, dass sich ihre Stimme nicht frei entfalten kann. Deshalb: Atmen Sie vor dem ersten Wort aus. Die Lunge holt sich von selbst die Luft, die sie zum Reden braucht.

Die Debatte ist keine Theaterbühne, auf der man in verschiedene Rollen, z. B. die Rolle des Staatsmanns, schlüpft. Je natürlicher der eigene Auftritt, desto besser und desto glaubwürdiger ist er. Natürlich bietet die Debatte aber Raum, verschiedene Facetten Ihrer Persönlichkeit auszuprobieren und unterschiedliche Stile zu testen. Wichtig ist dabei immer, egal ob es um Sprache, Auftritt oder andere Aspekte des Stils geht, die Elemente an die eigene Persönlichkeit anzubinden. Wirkt diese Geste bei mir? Kann ich diese Haltung verkörpern? Treffe ich den Ton, wenn ich so spreche?

Marginalien:
Tipps für Debattanten

Der Auftritt

Glaubwürdigkeit

Kontakt zum
Publikum

Der Kontakt zum Publikum ist von enormer Bedeutung. Ohne die Rückkopplung und Aufnahme der unmittelbaren Wirkung der Rede und ohne die Berücksichtigung der Stimmungen der Zuhörer, ist es für den Redner schwierig, den richtigen Ton zu treffen. Deshalb sollten Sie versuchen, den Blickkontakt zum Publikum immer wieder zu erneuern und ein Gefühl für die Angemessenheit Ihrer Rede und Ihres Auftritts zu entwickeln. Es gibt für das Angemessene in einer Situation keine allgemein gültigen Regeln oder Checklisten. Nur durch eigene Erfahrung und genaue Beobachtung können Sie Ihr Gespür dafür, was zu Ihrer Person, zum Inhalt der Rede und zum jeweiligen Publikum passt, verbessern.

Kontakt aufnehmen
und Kontakt been-
den

Genauso wie Sie den Beginn Ihrer Rede angesichts ihrer besonderen Bedeutung sehr bewusst gestalten sollten, bietet Ihnen auch das Ende der Rede eine Chance zu wirken, die Sie nicht leichtfertig vergeben sollten. Die Rede am Rednerpult und nicht im Laufen zu beenden, ist dabei ebenso sinnvoll wie das bewusste Abtreten vom Rednerplatz. Den Kontakt, den Sie zum Publikum am Beginn der Rede aufgebaut und über die Debatte gehalten haben, müssen Sie am Ende genauso beenden. Im Alltag empfinden wir es als unhöflich, wenn ein Gespräch unvermittelt und ohne echtes Ende abgebrochen wird, also sollten wir dies in der Redesituation auch nicht tun. Dies gibt Ihnen zudem die Gelegenheit, die Reaktionen auf Ihre Rede wahrzunehmen.

Das gute
Redeende

Zur Gestaltung des Abgangs gehören auch die kurze Zusammenfassung der Rede und der letzte Satz, der Zielsatz. Die Zusammenfassung soll dem Publikum noch einmal die wichtigsten Schlagpunkte Ihrer Rede vor Augen führen, damit sie für die Entscheidung klar präsent sind. Dabei sollten Sie keine Vollständigkeit anstreben (es waren ja alle anwesend und haben die Rede gehört!), sondern nennen Sie die entscheidungsrelevanten Aspekte der Rede noch einmal prägnant insbesondere in Richtung der Freien Redner. Der letzte Satz ist der krönende Abschluss der Rede. Der Schluss bleibt allen Zuhörern am stärksten im Gedächtnis und je treffender und wirkungsvoller er ist, desto schwieriger wird es für die Gegenseite sein, ihn zu parieren. Durch intensiven Blickkontakt verstärkt sich die Wirkung des Schlusssatzes noch. Deshalb sollte der letzte Satz ohne Blick auf den Zettel ins Ziel gebracht werden.

Die verschiedenen
Gruppen im
Publikum

In der Debatte gibt es, ähnlich wie im politischen Leben, drei Adressatengruppen: Das eigene Team, das gegnerische Team und die Freien Redner, die mit dem Publikum zusammen eine Gruppe bilden. Hinzu kommen das Präsidium und gegebenenfalls die

Juroren, die aber als Adressaten in der Debatte keine Rolle spielen. Die Zustimmung der eigenen Fraktion ist einem im Prinzip immer sicher, die Überzeugung der Gegenseite wird man kaum erwarten können. Hauptadressaten der Rede sind deshalb die Freien Redner und das Publikum. Jeder Debattant sollte sich für seine Rede überlegen, welche Gruppe er in welcher Passage anspricht und sich dieser dann in der Rede direkt zuwenden. Die Botschaft muss an den Adressaten gerichtet sein, den sie betrifft. Es kann ein Zeichen von Dialogbereitschaft und Ernsthaftigkeit sein, auch die gegnerische Seite anzusprechen. Eine Rede jedoch, die sich nur an die Gegenseite richtet, verfehlt ihr Ziel, nämlich die Überzeugung des entscheidungsoffenen Publikums und insbesondere der Freien Redner.

Ein Ziel der Debatte als Übungsform ist es, durch Erfahrung und das richtige Know-how Redesituationen souverän meistern zu können. Der feine Unterschied zwischen Souveränität und Überheblichkeit besteht dabei im Wesentlichen in der Gesprächsbereitschaft dem anderen Teil gegenüber. Seien Sie souverän, lassen Sie sich auf die Argumente der Gegenseite ein und behandeln Sie sie nicht von oben herab.

Souveränität und Überheblichkeit

Auch allgemein ist die Überzeugungskraft von frei vorgetragenen Reden wesentlich höher, als von Reden, in denen der Redner seine Aufmerksamkeit mehr dem Manuskript als dem Publikum widmet. Und es funktioniert sogar sehr gut, Debattenreden ganz ohne Aufschriebe zu bestreiten! Für Übungszwecke kann man einzelne Debatten ansetzen, in denen alle Debattanten darauf verzichten, Notizen an das Rednerpult mit zu nehmen. Natürlich sind aber Notizen als Gedächtnisstütze und Redeleitfaden in den Debatten erlaubt, doch sollten die Reden nicht vom Manuskript abgelesen werden.

Der freie Vortrag

Es ist zudem sehr wichtig, dass Sie Ihre Argumente nicht nur nennen, sondern auch ‚entfalten'. Argumente sind nicht immer von sich aus überzeugend. Es ist die Aufgabe eines Redners, die Argumente so zu entwickeln, dass sie Überzeugungskraft gewinnen. Man kann zum Beispiel die Folgen, die eine Maßnahme wahrscheinlich mit sich bringt, anhand konkreter Fälle ausmalen oder mit Hilfe von Analogien zeigen, warum ein Argument eine besonders hohe Glaubwürdigkeit besitzt. Man kann die Relevanz eines Arguments belegen, indem man es in einen größeren Rahmen stellt und es mit anderen Argumenten verknüpft. An das letzte Argument der Rede kann sich das Publikum meist am besten erinnern. Um diesen Umstand zu nutzen, stellt der geübte Debattant sein stärkstes Argument an den Schluss.

Argumente entfalten

Widerlegungen und Zugeständnisse

Alle Redner außer dem Eröffnungsredner der Pro-Fraktion setzen sich auch mit den Argumenten der Gegenseite auseinander. Hierbei ist die kurze Widerlegung der wichtigsten Punkte vor der Entwicklung von eigenen Punkten am effektivsten. Dabei gilt es, genau darauf zu achten, auf welcher Ebene (Status quo, Ziel, Maßnahme, Nebenfolgen) der Gegner seine Einwände geäußert hat und welche Zugeständnisse er gegebenenfalls gemacht hat. Es ist selten, dass die Contra-Seite sämtliche Aspekte der Pro-Seite attackiert. Diese gemeinsamen Positionen sollten auch in der Debatte deutlich betont werden. So fokussiert man den Streit auf die Punkte, die wirklich umstritten sind, man zeigt, dass man sich ernsthaft um die Gegenseite und die Debatte bemüht.

Die Gliederung der Rede

Man sollte es seinen Zuhörern nicht unnötig schwer machen, den eigenen Gedanken zu folgen und die Argumentationsschritte nachzuvollziehen. Denn auch bei der Überzeugung geht der Mensch oft den Weg des geringsten Widerstandes. Deshalb sollte die eigene Rede einen roten Faden besitzen und die Gedankenführung des Redners sollte leicht nachvollziehbar sein. Hilfreich ist es hier, sich vor der Rede, nachdem die Argumente auf dem Tisch liegen, kurz Gedanken über die inneren Zusammenhänge der Argumente zu machen und sie nach sinnvollen Gesichtspunkten zu ordnen (☞Dispositio). Je klarer man die eigenen Gedanken fassen kann, desto leichter kann das Publikum ihnen folgen. Eine Möglichkeit ist, die Hauptpunkte der Rede zu Beginn zu nennen. Es ist aber keine Pflicht dies zu tun. Wenn man sich allerdings dafür entscheidet, müssen in jedem Fall die angekündigte Struktur auch in der Rede durchgehalten und alle Punkte behandelt werden.

Das Teamspiel

Das Debattieren ist eine Mannschaftssportart. Nur gemeinsam kann man über die Ziellinie laufen. Deshalb ist es wichtig, dass jede Fraktion auch nach außen als Einheit auftritt. Die gegenseitige Unterstützung durch Beifall, Zwischenrufe und kollegiales Verhalten vor, während und nach der Debatte zeigen dem Publikum, dass hier ein Team antritt und nicht ein zufälliger Zusammenschluss von Einzelrednern. Um diesen Eindruck noch zu vertiefen kann man gute Bilder, Formulierungen oder Zitate der eigenen Seite aufgreifen, weiterentwickeln und in die eigene Rede einbauen. Inhaltlich muss die Fraktion absolute Geschlossenheit wahren und darf sich nicht widersprechen. Die (inhaltlichen) Leistungen der Vorredner stecken den Rahmen für den eigenen Auftritt.

Im Umgang mit kritischen Zwischenfragen zeigt sich die geistige Beweglichkeit und Souveränität eines Redners. An ihnen kann man zeigen, wie durchdacht die eigene Position ist, Zwischenfragen beinhalten aber auch immer die Gefahr, von der eigenen Argumentationslinie abzukommen. So stellen die Zwischenfragen eine der interessantesten, aber auch eine der anspruchvollsten Herausforderungen der Debatte dar. Es sollten nicht zu viele Zwischenfragen angenommen werden (Faustregel für Fraktionsredner: zwei Zwischenfragen pro Rede), die Einwürfe von der Seite sind immer kurz und knapp zu beantworten und die eigene Redegliederung darf nie aus den Augen verloren werden. Sollte die Zwischenfrage sich auf einen Punkt beziehen, der später in der Rede ausführlicher behandelt wird, so reicht ein kurzer Verweis darauf. Der wichtigste Tipp für den Umgang mit Zwischenfragen lautet: Lassen Sie sich nicht aus der Ruhe bringen! Sprechen Sie zumindest den begonnen Satz zu Ende, überlegen Sie, ob die Zwischenfrage zu diesem Zeitpunkt in Ihr Redekonzept passt und nutzen Sie die 30 Sekunden, die Sie sich Zeit lassen können, bevor Sie über das Schicksal des Zwischenfragers entscheiden, insbesondere wenn Ihrer Meinung nach zu viele Zwischenfragen im Raum stehen.

Die Zwischenfragen als Herausforderung

Die Debattanten, die Zwischenfragen anbieten, zeigen, dass sie der Debatte und der aktuellen Rede aufmerksam folgen und sich aktiv für das Fortkommen der Debatte engagieren. Zwischenfragen bieten zudem die Möglichkeit, den Redner auf Inkonsistenzen und mögliche Probleme hinzuweisen, wichtige Informationen und fehlende Aspekte einzufordern oder die Reaktion auf bestimmte Stichworte zu prüfen.

Durch Zwischenrufe können Lebendigkeit, Witz und Schärfe in eine Debatte Einzug halten. Sie fordern vom Redner Souveränität, Durchsetzungsvermögen und Schlagfertigkeit. Auch hier gilt: Immer die eigene Rede im Blick behalten und sich nicht aus der Ruhe bringen lassen! Sie sollten nicht jede Äußerung von der Seite kommentieren, sondern allenfalls kurze, treffende Entgegnungen anbringen, wo Sie schnell die passende Antwort parat haben.

Die Zwischenrufe und der Umgang mit ihnen

Zwischenrufe sind ein wirkungsmächtiges Werkzeug und müssen entsprechend wohldosiert eingesetzt werden. Sie können von den Debattanten ebenso wie die Zwischenfragen dazu genutzt werden, sich auch jenseits der eigenen Redezeit in die Debatte einzubringen. Die Zwischenrufe können einerseits dazu genutzt werden, die eigene Seite zu unterstützen („Sehr richtig!") und durch Beispiele, Zitate oder andere Hinweise inhaltliche Stichpunkte für den eigenen Redner zu liefern. Anderseits bieten die Zwischenrufe ein probates Mittel, die Gegenseite anzugreifen. Aber man sollte Augenmaß bei den Angriffen walten lassen und nicht zu hart oder zu penetrant zwischenrufen. Das Publikum ist Richter über die Angemessenheit!

Wie halte ich eine überzeugende Zwischenrede?
Für den Fall, dass ein Freier Redner sich gegen die eigene Seite ausspricht, ist es oberstes Ziel, ihn umzustimmen und doch noch für die eigene Seite zu gewinnen. Der Ton der Zwischenrede sollte daher sehr werbend sein. Argumentativ gibt es vor allem zwei Möglichkeiten: Zum einen kann man versuchen, ein oder maximal zwei Argumente des Freien Redners kurz zu widerlegen und ihn so zum Überdenken seiner Position zu bewegen. Oder man versucht, von der Kritik des Freien Redners ausgehend, positiv für die eigene Seite zu argumentieren. Dabei kann man entweder bereits eingebrachte Argumentationen ins Feld führen und bekräftigen oder neue Argumente in die Debatte einbringen. In jedem Fall sollte sich die Zwischenrede auf wenige Punkte beschränken und prägnant die eigene Position auf den Punkt bringen. So kann man auch in einer Minute Freie Redner von der eigenen Seite überzeugen.

Nach der Debatte ist vor der Debatte! Ohne den Austausch über die Debatte, insbesondere über die eigenen rednerischen Leistungen, ist die Debatte nicht vollständig. Worauf Sie in der Debatte speziell achten können, wird im Folgenden ausgeführt.

Feedback in der Debatte
Feedback: Die Rückmeldung über Stärken und Schwächen des Debattanten ist eines der wichtigsten Elemente der Debatte. Nur durch konkretes, zielgenaues und produktives Feedback kann jeder Redner sich optimal weiterentwickeln. Jeder, der der Debatte gefolgt ist, kann dabei seinen Eindruck in das Feedback einbringen. Um die Bewertung durch ein Urteil von Nichtbeteiligten zu bereichern, können vor der Debatte Juroren bestimmt werden, die ausdrücklich die Aufgabe haben, anhand der ☞Bewertungskategorien der Debatte zu folgen und die Redner zu analysieren. Natürlich gelten auch in der Debatte die allgemeinen ☞Feedbackregeln. Es gibt dabei zwei grundsätzliche Herangehensweisen: Zum Ersten sollte man versuchen, einfach seinen unmittelbaren Eindruck, seine unvoreingenommene Meinung zur Wirkung des Redners in das Feedback einzubringen. Zum Zweiten sollten Sie sich in einem weiteren Schritt mit den möglichen Bewertungskriterien für Debattenreden vertraut machen, um dann spezifischeres Feedback geben zu können. Es erleichtert die Aufgabe Feedback zu geben, wenn man weiß, auf welche

Bereiche man achten kann. Beide Dimensionen des Feedbacks helfen dem Redner auf seinem Weg der Beredsamkeit. Im Folgenden sind dazu ein paar Leitfragen zusammengestellt, die sich an einem bewährten Bewertungsschema für Debatten auf Turnieren orientieren (☞Debattenregeln).

Es ist sehr sinnvoll, beim Feedback nicht alle Bewertungskriterien bei jedem Redner komplett abzuarbeiten, sondern speziell auf die Bereiche einzugehen, die besonders positiv auffielen oder das deutlichste Verbesserungspotential zeigten. Denn ein Redner sollte sich für die nächste Debatte nur ein oder zwei Bereiche vornehmen, die er verbessern oder ausbauen möchte, ansonsten ist die Gefahr des Verzettelns viel zu groß. Wenn es um den einzelnen Debattanten geht, so umfassen die Kategorien Auftritt, Sprachkraft, Kontaktfähigkeit, Urteilskraft und Sachverstand die elementaren Bereiche, in denen der Redner Leistung zeigen kann. Soll die Leistung des Teams bewertet werden, so stehen die Interaktion, die Strategie und die Überzeugungskraft im Mittelpunkt.

Unter *Auftritt* ist die Stimmigkeit und Glaubwürdigkeit der Haltung des Redners zu verstehen. Bewertet wird alles das, was zu sehen ist, wenn man wie beim Fernseher den Ton ausstellt.

Auftritt

- Haben Stand, Gestik und Mimik des Redners seinen Auftritt eher unterstützt oder geschwächt?
- Verkörperte der Redner seine Position oder wirkte der Auftritt unglaubwürdig?

Die *Sprachkraft* umfasst den Sprachgebrauch und die stimmliche Gestaltung des Vortrags. Die Bewertung in diesem Bereich konzentriert sich auf alles, was zu hören ist.

Sprachkraft

- Fiel der Vortrag durch treffende Formulierungen und Bilder positiv auf oder störte die sprachliche Gestaltung eher die Darstellung der Position?
- War der Vortrag flüssig und abwechslungsreich bezüglich der Tonlage, Geschwindigkeit und den Pausen?

Kontaktfähigkeit meint einerseits die Offenheit gegenüber und die Hinwendung zum Publikum, andererseits den angemessenen Umgang mit Einwürfen. Bewertet wird die Fähigkeit des Debattanten souverän und aufgeschlossen in der dialogischen Situation zu handeln.

Kontaktfähigkeit

- Hat der Redner Kontakt zum Publikum aufgenommen und gehalten?

- Ist der Redner schlagfertig mit Einwänden umgegangen?

Sachverstand Unter *Sachverstand* versteht man die Tiefe des Wissens und die Richtigkeit der Behauptungen des Redners in der Debatte. Bewertet wird das, was an richtigem Wissen vom Redner in die Debatte eingebracht wurde.
- Ist das Gesagte richtig?
- Hat der Redner viel oder wenig, auch Neues zum Thema gewusst?

Urteilskraft *Urteilskraft* beweist ein Redner, wenn er in der Rede die richtige zeitliche und inhaltliche Gewichtung seiner Argumente und auch die besten Streitebenen (Problem, Ziel, Maßnahme, Nebenfolgen) wählt. Bewertet wird, ob der Redner in der Debatte die wesentlichen Aspekte erkannt und genutzt hat.
- Ist das Richtige gesagt?
- Hat der Redner die richtige Gewichtung der Argumente gewählt (zeitlich, inhaltlich)?

Strategie Die Bewertung der *Strategie des Teams* misst sich an der Erfüllung der Aufgaben der jeweiligen Position (Eröffnungs-, Ergänzungs- und Schlussredner; siehe Rednerrollen) sowie dem Zusammenspiel des Teams. Bewertet werden die Rollenerfüllung der Debattanten für das Team und die Geschlossenheit des Gesamtauftritts.
- Haben die Debattanten die jeweiligen Rednerrollen erfüllt?
- Ist die Fraktion als ein Team aufgetreten oder sind eher Einzelredner in Aktion gewesen?

Interaktion Der Bereich *Interaktion* umfasst alle Beiträge der Debattanten, die sie ‚von der Seite' in die Debatte einbringen, also Zwischenreden, Zwischenfragen und Zwischenrufe. Bewertet werden die werbende Qualität der Zwischenreden (zu den Anforderungen siehe ☞Zwischenrede) und die Produktivität der Zwischenfragen und Zwischenrufe.
- Waren die Zwischenreden überzeugend?
- Waren die Zwischenfragen und Zwischenrufe treffend, haben sie die Debatte weitergebracht?

Überzeugungskraft In das Kriterium *Überzeugungskraft* fließt das Gesamtbild der Fraktion während der Debatte ein. Bewertet werden einerseits die Einsatzbereitschaft, der Kampfgeist und die Fairness des Teams und andererseits die besondere Leistung der Pro-Fraktion

in der Antragstellung und der Veränderung des Status quo (denn dies ist in der Regel die deutlich schwierigere Aufgabe).
• Wollen wir dieses Team wieder sehen?
• Ist die Pro-Fraktion der Frage gerecht geworden?

II 5 Disputation

Die Disputation ist die komplexeste und voraussetzungsreichste der vier Übungsformen. Sie verfügt gleichzeitig aber auch über einige besondere Reize, die sie zur idealen Ergänzung von Wortgefecht, Deklamation und Debatte machen. Mit ihr können argumentative Fähigkeiten trainiert werden, die in den anderen Formaten ebenfalls geübt und angewandt werden, jedoch außerhalb der Disputation nie in ähnlicher Konzentration auftreten.

Schwerpunkt: Argumentation

Die Disputation ist *ein streng regelgeleiteter Dialog* zwischen zwei Gesprächspartnern, die jeweils unterschiedliche Aufgaben übernehmen. Während ein Teilnehmer (der Defendent) eine Behauptung aufstellt und sie danach nur mit kurzen Antworten verteidigen darf, ist der andere Teilnehmer (der Opponent) nahezu ausschließlich auf das Stellen von Fragen beschränkt. Im Ergebnis ergibt sich daraus ein Dialog, der die Begriffe und Definitionen, gewissermaßen das argumentative Skelett einer Behauptung, sehr genau hinterfragt. Dies geschieht auf eine sportliche Art und Weise, in der beide Teilnehmer versuchen, ihre jeweilige Position zu verteidigen und die bei geübten Disputanten einem argumentativen Schachspiel gleichkommen. Um dieses Spiel erfolgreich zu spielen, müssen zunächst jedoch ein paar Grundzüge trainiert werden, die in den Vorübungen vorgestellt werden. Es ist daher in diesem Kapitel noch sinnvoller als in den vorangegangenen, keine der Vorübungen auszulassen, damit die Disputation zu einem vollen Erfolg wird.

Lernziel: Die wichtigsten Fähigkeiten, die mit Hilfe der Disputation trainiert werden, sind der Umgang mit komplexen und schlüssigen Argumentationen, die Analyse von Behauptungen und Definitionen und das strategische Nutzen von Fragen als Basis einer Widerlegung. Willkommene Nebenprodukte dieses Trainings sind eine erhöhte Dialogfähigkeit und eine intellektuelle Reagibilität, die durch die schnelle Interaktion der Disputanten gefördert wird.

Die Vorübungen zur Disputation beleuchten jeweils andere Aspekte der Disputation und ergeben zusammengenommen die Voraussetzungen für den Einstieg in das Disputieren.

Erste Vorübung:
Kontrollierter Dialog

Im Kontrollierten Dialog werden Sie zunächst mit der etwas ungewohnten Umgebung eines regelgeleiteten Gesprächs vertraut gemacht, das den formalen Hintergrund der Disputation bildet.

Zweite Vorübung:
Taktisches Fragen

Das Taktische Fragen führt Sie an den systematischen Umgang mit Fragen heran und trainiert das notwendige Eingrenzen von Begriffen an Hand ihrer Gattungen und Besonderheiten.

Dritte Vorübung:
Toulmin Arbeitblatt

Mit Hilfe des so genannten Toulmin Arbeitsblattes können Sie eine einfache Evaluation von Argumenten üben, die Sie als Disputanten später in die Lage versetzt, schlüssige von schwachen Argumenten zu unterscheiden und so treffend auf den Gesprächspartner einzugehen.

Vierte Vorübung:
Kreuzverhör

Im Kreuzverhör werden schließlich das Fragen und die Bewertung von Argumenten in Zusammenhang gebracht und an Hand einer Kurzdebatte zwischen zwei Personen geübt.

II 5.1 Kontrollierter Dialog

Verstehen, wiederholen, widerlegen

Lernziel: Sie erlernen die detaillierte und sachgerechte Wiedergabe einer gehörten Aussage. Das Erfassen, Erkennen und schließlich das Widerlegen von Argumenten steht im Fokus dieser Übung.

Teilnehmer:	2, 4 oder 6 Personen
Übungsdauer:	☆
Schwierigkeitsgrad:	☆
Übungsart:	Vorübung

Anwendung: Die Teilnehmer am Kontrollierten Dialog wählen sich eine einfache Entscheidungsfrage (☞Debatte) und teilen sich in zwei gleich große Gruppen, eine für Pro und eine für Contra.

Eigene Argumente
klar formulieren

Der erste Redner der Pro-Seite beginnt mit dem Dialog, indem er seine Meinung sagt und mit einem kurzen Argument belegt.

Aufmerksam zuhören, sachgerecht
wiederholen

Auf ihn antwortet der erste Redner der Contra-Seite. Bevor dieser jedoch seine eigene Meinung darstellt oder das Argument des ersten Redners widerlegt, muss er zunächst die Meinung seines Vorredners mit eigenen Worten kurz zusammenfassen. Er darf mit seiner eigenen Argumentation erst beginnen, wenn ihm sein Vorredner zu verstehen gibt, dass er sich ausreichend klar wiedergegeben fühlt. Ist dies nicht der Fall, so geht das Wort an diesen zurück, damit er seine Position erneut erklären kann. Erst dann wird mit dem Dialog fortgefahren. Hat der zweite Redner seine eigene Meinung dargelegt und mit einem Argument belegt, so geht das Wort wieder an die Pro-Seite und der nächste Redner hat analog die Aufgabe, zunächst die Meinung seines Vorredners zusammenzufassen und ihr, nach dessen Zustimmung, Eigenes entgegenzusetzen.

Der Dialog endet, wenn alle Teilnehmer einmal geredet haben. Mit Hilfe dieser Übung wird das genaue Zuhören geschult und der präzise Umgang mit eigener und fremder Argumentation geübt. Bei den ersten Versuchen gibt der jeweils gegnerische Redner vermutlich die Meinung seines Vorredners leicht verzerrt wieder, um darauf einfacher kontern zu können. Erst wenn die fremde Meinung und die eigene Argumentation sauber voneinander getrennt sind, ist die Voraussetzung für eine weitergehende argumentative Analyse geschaffen.

VARIANTE: Wahlweise ist auch ein zweiter und dritter Durchgang zum gleichen Thema möglich. Um die Rederechte der einzelnen Teilnehmer klarer anzuzeigen, kann auch ein Ball oder Vergleichbares im Zickzack weitergegeben werden, der jeweils von demjenigen gehalten wird, der an der Reihe ist und reden darf.

II 5.2 Taktisches Fragen

Lernziele: Mit dieser Übung machen Sie erste Erfahrungen mit Gesprächsformen, die rein auf Fragen basieren. Die wesentlichen Fragekategorien, die für derartige Situationen von Bedeutung sind, werden hier vorgestellt und anhand einer einfachen Übung in der Gruppe angewandt. Sie erproben zudem mit dem Taktischen Fragen das Formulieren von Entscheidungsfragen, mit denen Sie nicht nur in Disputationen, sondern auch in alltäglichen Situationen konfrontiert werden.

Gutes Fragen: zielgerichtet, präzise, sachgerecht

Teilnehmer:	3-6 Personen
Übungsdauer:	☆☆
Schwierigkeitsgrad:	☆
Übungsart:	Vorübung

Beschreibung: In der ☞Disputation ist es die Aufgabe des Fragenden (Opponenten) durch gezieltes Befragen der Thesen des Verteidigers (Defendenten) Klarheit über die Bestandteile und Definitionen der These zu erhalten und diese dann in einem zwei-

Erschließen von Definitionen durch Fragen

ten Schritt auf ihre Konsistenz zu prüfen. Dafür ist es sinnvoll, dass man sich vor der eigentlichen Disputation einige Gedanken über die Qualität von Fragen macht.

Geschlossene Fragen

Für die Disputation sind nur geschlossene Fragen, also solche, auf die nur mit ‚ja' bzw. ‚nein' geantwortet werden kann, zugelassen. Der Antwortende ist folglich nicht in der Lage, bestimmte Definitionen in einer geschlossenen Aussage zu liefern, sie müssen über Fragen abgesichert und konkretisiert werden. Dabei können vier Qualitäten unterschieden werden, die eine Sache genauer bestimmen:

Die Definition

DEFINITION: Die Definition bestimmt, was es heißt der jeweilige Gegenstand zu sein. Hierbei handelt es sich also um eine Erklärung, was eigentlich den Gegenstand ausmacht und ihn zu dem macht, als den wir ihn bezeichnen. Dies umfasst neben der Bezeichnung, seine Eigenschaften, Besonderheiten und seine Gattungszugehörigkeit.

„Grün ist eine Mischfarbe, die bei einem bestimmten Mischungsverhältnis aus Gelb und Blau entsteht."

Die Gattung

GATTUNG: Die Gattung ist die Oberkategorie, in welcher der Gegenstand ein Fall unter anderen ist. Gemeint ist hier der Überbegriff, die übergeordnete Gruppe bzw. Kategorie zu der ein Gegenstand gehört.

„Die Farbe Grün gehört zu den Mischfarben."

Das Alleinstellungsmerkmal

ALLEINSTELLUNGSMERKMALE: Eine Eigenschaft, die nur dem jeweiligen Gegenstand zukommt, ist ein Alleinstellungsmerkmal. Dies meint die Eigenschaft, die allein dieser Gegenstand und kein anderer besitzt, d. h. wodurch er sich von anderen unterscheidet.

„Die Farbe Grün besteht nur aus den Farben Gelb und Blau."

Das Akzidens

AKZIDENS: Das Akzidens ist eine Eigenschaft, die nicht nur dem Gegenstand zu Eigen ist, sondern auch anderen Gegenständen zu kommen kann. Oder es handelt sich um eine Eigenschaft, die dieser Gegenstand haben kann, aber nicht notwendiger Weise haben muss. Alles das, was den Gegenstand nicht zu dem macht, was er eigentlich ist, sondern nur ein Umstand, der zum Gegenstand hinzukommen kann oder nicht und der für die Begriffsbestimmung weniger Aussagekraft hat.

„Die Farbe Grün ist dunkler als die Farbe Gelb."

„Grün kann die Farbe von Pflanzen sein."

Wenn man weiß, auf welcher Qualitätsstufe die Frage liegt, dann erkennt man auch, wie ihre Aussagekraft zu bewerten ist. Eine akzidentielle Frage sagt relativ wenig über den Gegenstand aus (er kann diese Eigenschaft haben oder auch nicht bzw. er teilt sich diese Eigenschaft mit anderen Gegenständen). Eine Frage auf der Ebene des Alleinstellungsmerkmals bietet dagegen eine eindeutige Aussage über den Gegenstand (er und kein anderer Gegenstand hat diese Eigenschaft).

Die ersten drei Qualitätsstufen haben einschränkenden Charakter. Ihre Aussage bezieht sich folglich nur auf eine eng begrenzte Gruppe von Gegenständen. Diese Art von Fragen sind für das Taktische Fragen und die Disputation besonders gewinnbringend. Damit in diesem Rahmen die Definitionsmerkmale auch abgefragt werden können, müssen die Fragen sehr genau formuliert werden.

Eignung der Fragetypen für die Disputation

Hier ein paar Beispiele, die Ihnen einen Einblick in diese Frageform geben:

Beispiel

DEFINITION: Ist die Definition von X, dass X die Merkmale Y zukommen und zur Kategorie Z gehört? „Der Gegenstand ist also dadurch definiert, dass es eine bestimmte Mischung aus Gelb und Blau ist und zu den Mischfarben gehört?"

GATTUNG: Ist X ein Fall von Z? „Ist der Gegenstand eine Mischfarbe?"

ALLEINSTELLUNGSMERKMAL: Nur für die Fälle von X gilt Y. „Nur dieser Gegenstand ist diese Mischung aus Gelb und Blau."

Die Fragen nach den Akzidenzien sind deutlich weiter gestellt und die Antwort ist dementsprechend weniger verbindlich. AKZIDENS: Kann für X gelten, dass V? „Kann es die Farbe von Pflanzen sein?"

Die Ebene der Akzidenzien bietet nur unbestimmte Antworten. Wollte man einen Gegenstand allein über seine Akzidenzien bestimmen, müssten alle für ihn denkbaren Eigenschaften aufgezählt werden, ohne dadurch die spezifischen Unterschiede zu anderen Gegenständen zu gewinnen. Der Fragende sollte sich also nach Möglichkeit in den ersten drei Qualitätskategorien bewegen.

Nutzen von Akzidens-Fragen

Zielgerichtete taktische Fragen unterscheiden sich deutlich von den alltäglichen Fragen, wie sie in jedem Gespräch vorkommen. Die meisten Fragetypen (z. B. die rhetorische Frage) eignen sich nicht, um einen Gegenstand näher zu bestimmen. Aber auch Fragen, die eigentlich auf eine nähere Bestimmung zielen, sind für die Disputation ungeeignet. Alle Fragen, die mit den klassischen Fragewörtern (was, wo, wann, wer etc.) beginnen, sind in der Disputation ausgeschlossen. Eine Antwort auf eine Frage „Was ist ...?" besteht ja notwendigerweise aus mehr als nur „Ja" bzw. „Nein". Darum eignen sich ausschließlich Entscheidungsfragen für die Disputation.

Die Fragetypen

Eine Stärke der Entscheidungsfragen ist die Möglichkeit, sich bestimmte Aussagen bestätigen zu lassen. Wenn ich beispielsweise von einer Person wissen will, was ein Auto ist und einfach frage: „Was ist ein Auto?", dann ist es möglich, dass ich eine unklare, zu spezifische oder zu allgemeine Antwort bekomme. Wenn ich aber eine Vorstellung davon habe, was ein Auto ist, dann kann ich diese Vorstellung eindeutig bestätigen oder verneinen lassen: „Ist ein Gefährt mit vier Rädern und einem Motor ein Auto?"

Ebenso kann ich mich Schritt für Schritt der Definition nähern, indem ich erst das Allgemeinere kläre und dann immer spezifischer werde: „Ist ein Auto ein Fahrzeug?" und genauer „Ist ein Auto ein Fahrzeug mit einem Motor?". Diese Bewegung vom Allgemeineren zum Spezifischeren ist für jede Klärung sinnvoll. Habe ich geklärt, was für allgemeine Bedingungen ein Gegenstand erfüllt, dann weiß ich auch, welche der spezifischeren Bedingungen für ihn in Frage kommen und welche ausgeschlossen sind. Würde ich dagegen erst die spezifischen Eigenschaften erfragen, dann wüsste ich nur, dass eben dies eine der Eigenschaften des Gegenstandes ist. Am Beispiel eines Autos: „Man kann sich hineinsetzen?" im Gegensatz zu „Gehört der Gegenstand zu den Gebrauchsgegenständen?". Im ersteren Fall würden wir wahllos weiterfragen, im zweiten wüssten wir, in welchem Bereich wir weiter fragen können. Diese Grundschemata sind auch in der Übung zu beachten.

Anwendung: Eine gute Möglichkeit diese Fragekategorien zu erproben, ist eine Variante der bekannten Fernsehsendung „Was bin ich?". Sie denken sich einen Gegenstand aus und der Rest der Gruppe versucht, nur durch gezielte Fragen, die Sie mit „Ja" oder „Nein" beantworten dürfen, ihren Gegenstand zu erraten. Derjenige, der Sie befragt, darf solange Fragen stellen, bis Sie eine seiner Fragen mit ‚Nein' beantworten, dann ist der nächste in der Runde an der Reihe und immer so fort.

Wählen Sie bei den ersten Übungen konkrete Begriffe (z. B. Auto, Kaffeemaschine, Liegestuhl etc.). Erst nach einiger Erfahrung mit den Fragestrategien sollten Sie zu abstrakten Begriffen (z. B. Liebe, Gerechtigkeit, Tugend) wechseln. Die Befragung dauert solange, bis einer der Fragenden glaubt, den Begriff zu kennen. Wenn er dann an der Reihe ist, kann er fragen: „Ist dein Gegenstand X?" Hat er das Richtige getroffen, ist diese Runde zu Ende und die Fragenden haben gewonnen, ist er falsch, geht sie wie gehabt weiter. Sollte niemand den Gegenstand erraten, dann endet die Befragung nach spätestens 15 Minuten.

Am Anfang sollten Sie einen konkreten Begriff verwenden. Der Grund ist einfach: In der Regel verstehen wir unter konkreten Gegenständen nahezu dasselbe. Es ist uns allen klar, was den Gegenstand ausmacht und wie wir ihn in etwa definieren würden ("Ein Tisch ist etwa 120 m hoch, besitzt vier Beine, auf denen eine in der Regel waagerechte Fläche aufliegt. Er dient in erster Linie zum Ablegen von Gegenständen oder als Arbeitsunterlage."). Abstrakte Begriffe hingegen sind selten so klar definiert. Würden wir eine willkürliche Gruppe von Menschen befragen, was denn eigentlich ‚Schönheit' ist, bekämen wir völlig verschiedene Antworten auch wenn wir ein ähnliches Verständnis von Schönheit haben.

VARIANTEN: Die Befragenden sollen mit möglichst wenigen Fragen den gesuchten Gegenstand erkennen. Das bedeutet gleichzeitig, dass sie für ihre Fragen mehr Zeit brauchen. Alternativ zur zeitlichen kann man darum auch die Anzahl der gegebenen ‚Neins' als Begrenzung nehmen. Wenn der Befragte mehr als zwanzigmal auf eine Frage mit ‚Nein' geantwortet hat, endet die Runde. Bei konkreten Gegenständen empfiehlt es sich, nach zehn Verneinungen die Fragerunde zu beenden.

Konkrete und abstrakte Begriffe

II 5.3 Anwendung des Toulmin-Arbeitsblattes

Das Toulmin-Arbeitsblatt ist benannt nach dem britisch-amerikanischem Philosophen Stephen Toulmin (*1922). Toulmin verfasste sein bekanntestes Werk *Der Gebrauch von Argumenten* 1958 zeitgleich mit Perelman und Olbrechts-Tyteca *Die Neue Rhetorik* und leitete damit die Renaissance der modernen Rhetorik und Argumentationstheorie in Europa ein. Mit späteren Büchern nimmt er die Entwicklung der Argumentationstheorie der letzten 50 Jahre auf und bestimmt sie maßgeblich mit.

Hintergrund: Stephen Toulmin

Lernziele: Das Toulmin-Arbeitsblatt ist ein Hilfsmittel zur Analyse von Argumenten und Argumentationsqualitäten in vorliegenden Texten. Das Training dieser Textanalyse schärft damit den Blick für die Qualität und Schwächen von Argumenten auch im gesprochenen Wort. Auf dem Weg zur Disputation ist es so ein wichtiger Zwischenschritt.

Teilnehmer:	1 Person
Übungsdauer:	☆☆
Schwierigkeitsgrad:	☆☆
Übungsart:	Vorübung

Beschreibung: Bevor das Toulmin Arbeitsblatt tatsächlich angewandt werden kann, ist es zunächst notwendig, ein paar Grundbegriffe der Argumentation zu klären, die bei der späteren Analyse sehr wichtig sind.

Was ist ein Argument?

ARGUMENT: *Ein Argument ist der Versuch, die Zustimmung meiner Zuhörer zu bestimmten Prämissen auf eine vormals bezweifelte Behauptung zu übertragen.* Was bedeutet das? Wenn ich eine bestimmte Behauptung aufstelle, etwa „Die Todesstrafe ist ungerecht", gibt es dreierlei mögliche Reaktionen meiner Zuhörer. Entweder ist es ihnen direkt einsichtig und sie stimmen zu: „Da hast du recht!" oder sie äußern einen Zweifel „Wie kommst du denn darauf?" oder es kommt zu einem direkten Widerspruch „Nein, ist sie nicht. Für manche Verbrechen ist sie das einzig Gerechte!". Im zweiten und dritten Fall muss ich für meine Behauptung argumentieren, um meine Zuhörer für die Sache zu gewinnen. Ziel dieser Argumentation ist die Verbindung meiner Behauptung mit anderen Sätzen (den Begründungen), die von den Zuhörern eher akzeptiert werden.

Was ist eine Begründung?

BEGRÜNDUNG: Die Verbindung zwischen Behauptung und Begründung kann auf vielfältige Art und Weise hergestellt werden – etwa durch das Aufzeigen einer Ursache-Wirkung-Beziehung, einer Folgerung, eines Beispieles etc. Wichtig ist lediglich, dass die Zustimmung zu dieser Begründung bei den Zuhörern a) höher als zur Behauptung ist und b) die Zustimmung zur Behauptung positiv beeinflusst, d. h. die Begründung muss *glaubwürdig* und *relevant* sein. Ein Begründungsbeispiel für die vorliegende Behauptung zur Todesstrafe könnte etwa sein: „Wer hingerichtet wurde, dessen Verurteilung kann zu keinem späteren Zeitpunkt wieder aufgerollt werden." Dieses Beispiel ist sicher glaubwürdig – denn kaum jemand würde bezweifeln, dass Verstorbene durch ein verändertes Gerichtsurteil wieder zum Leben erweckt werden können. Vielleicht erscheint es aber nicht jedem Zuhörer unmittelbar relevant, d. h. er stimmt dieser Begründung zwar zu, auf die Zustimmung zur ursprünglichen Behauptung hat dies jedoch zunächst keinen Einfluss.

Was ist ein Beleg?

BELEG: Wird die Begründung weiter hinterfragt, so muss sie belegt werden. Dieser Beleg leistet für die Begründung, was die Begründung für die Behauptung, d. h. er stellt einen weiteren Schritt in der Verbindung zwischen Behauptung des Redners und Prämissen der Zuhörer dar. Auch an Belege werden folglich ähnliche Anforderungen gestellt, sie müssen ebenso glaubwürdig, relevant und idealerweise ausreichend sein. Sind sie dies nicht, dann müssen sie in einer vollständigen Argumentation ihrerseits belegt werden. Ein Beispiel für die Todesstrafe könnte hier sein: „Wenn einer zu Unrecht verurteilt wurde und später Indizien zu seinen Gunsten auftauchen, dann muss alles daran gesetzt werden, das Unrechtsurteil wieder aufzuheben." Spätestens in Verbindung mit diesem Belegt sollte die zuvor unterstützte Begründung auch Einfluss auf die Einstellung der Zuhörer zur Todesstrafe ausüben. Andere Möglichkeiten sind Verweise auf feststehende Daten, die für die Zuhörer glaubwürdig sind oder Autoritäten, die bestimmte Meinungen belegen. Ob dies freilich schon ausreicht, um die ursprüngliche Behauptung zu unterstützen, hängt natürlich am Ergebnis aller vorgebrachten Begründungen und deren Widersprüche.

ARGUMENTATIONSZIEL: Wenn es gelingt, mit Hilfe dieser schrittweisen Anbindung der Behauptung an die Meinungen der Zuhörer, etwas an Zustimmung zur Behauptung zu gewinnen, dann war die Argumentation erfolgreich. Im Idealfall gelingt es sogar, die ursprüngliche These vollständig an die Prämissen der Zuhörer anzubinden, d. h. alle letzten Belege entstehen direkt aus den Grundannahmen und Meinungen, die die Zuhörer bereits mitbringen. In diesem Fall hat der Redner wahrscheinlich dauerhafte Unterstützung gewonnen. *(Wann ist die Argumentation erfolgreich?)*

QUANTOREN UND AUSNAHMEN: Bevor wir das Toulmin Arbeitsblatt tatsächlich anwenden können, ist noch ein weiterer Schritt wichtig. Wenn die Wirksamkeit und Relevanz der Begründung für eine Behauptung untersucht werden soll, ist der wichtigste erste Schritt natürlich die Frage, wie weit die Behauptung eigentlich geht, d. h. mit welchen Quantoren sie bestimmt ist und ob Ausnahmen genannt sind. Erst dann kann festgestellt werden, ob die Begründung tatsächlich angemessen und vollständig ist. *(Wie weit geht die Behauptung?)*

Quantoren bestimmen den Umfang einer Behauptung. Typische Beispiele sind ‚immer‘, ‚alle‘, ‚einige‘, ‚manchmal‘, ‚niemand‘ etc. Sie verändern die jeweilige Behauptung ganz maßgeblich und bestimmen auch über eine wirksame Begründung. So reicht es etwa für die Behauptung „Manchmal ist die Todesstrafe das einzig Gerechte" ein einziger Fall, in dem dies als schlagkräftige Begründung zutrifft, während im Fall von „Für alle Mörder ist die Todesstrafe gerecht" ein einziger Fall (z. B. bei Minderjährigen), *(Quantoren)* in dem dies nicht zutrifft ausreicht, um die Behauptung zu widerlegen.

Ergänzt wird diese Bestimmung durch Quantoren noch von der Möglichkeit, bestimmte Fälle ausdrücklich auszunehmen. Damit wird die Behauptung insgesamt reduziert. Gleichzeitig ist sie damit aber gegen Beispiele aus dem jeweiligen Bereich gefeit. Wichtig ist dies besonders bei Allquantoren (‚immer‘, ‚jeder‘, ‚überall‘ etc.), die sonst kaum zu halten sind. Die vorliegende Behauptung könnte etwa modifiziert werden in „Die Todesstrafe ist immer ungerecht, es sein denn, eine dauerhafte Verwahrung von Straftätern kann nicht gewährleistet werden." Auf diese Weise wäre etwa ein Beispiel, was die Hinrichtung eines Diktators am Ende eines Bürgerkrieges nennt, keine wirksame Widerlegung mehr.

Anwendung: Mit diesem Hintergrund können Sie nun das Toulmin Arbeitsblatt zum Training von Argumentationsanalyse verwenden. Suchen Sie sich dazu einen kurzen argumentativen Text aus einer Zeitung oder einem Buch heraus. Sehr gut geeignet sind hierzu etwa eine Rezension oder ein kurzer politischer Kommentar.

Nehmen Sie sich dann etwas Papier und beschriften Sie es wie folgt:
- Behandelter Text:
- Behauptung / Beweisziel:
- Quantoren:
- Ausnahmen:
- Begründung 1:
- Begründung 2:
- Begründung 3:
- Gegebenenfalls Begründungen 4-6.
- Ergebnis – Einwände – Glaubwürdige Argumentation?:

Unter jede der Begründungen kommen zudem die Zeilen:
- Was macht diese Begründung relevant?
- Was macht diese Begründung glaubwürdig?
- Welche Belege unterstützen diese Begründung?
  Erster Beleg:
  Ist dieser Beleg relevant O? ... glaubwürdig O?
  Zweiter Beleg:
  Ist dieser Beleg relevant O? ... glaubwürdig O?
  – etc.
- Sind die Belege für die Begründung ausreichend?

Im Ergebnis kommt so ein Fragebogen mit etwa zwanzig bis vierzig Zeilen zu Stande. Versuchen Sie, die Argumentation des jeweiligen Autors den unterschiedlichen Kategorien zuzuordnen. Manche Zeile wird dabei auch übersprungen werden. Fassen Sie in der letzten Zeile dann kurz die offengebliebenen Fragen und Widersprüche zusammen und bewerten Sie die Gesamtargumentation. Sind Sie von der These des Autors nun überzeugter als beim ersten Lesen? Oder haben sich Lücken aufgetan? Was hätte er besser machen können?

Versuchen Sie diese Übung zwei oder drei Mal, um so die Augen für die Bestandteile einer Argumentation zu schärfen.

II 5.4 Kreuzverhör

Lernziel: Mit dem Kreuzverhör schaffen Sie den Übergang von der geschlossenen Darstellung zu dem schnellen Wechsel von Fragen und Antworten. Das Hauptaugenmerk des Kreuzverhörs liegt darauf, wie sich aus der Darstellung einer Sachlage die Hauptargumente und deren Prämissen erkennen und durch gezielte Hinterfragung erschüttern lassen.

Teilnehmer:	2-10 Personen
Übungsdauer:	☆☆
Schwierigkeitsgrad:	☆☆
Übungsart:	Vorübung

Beschreibung: Das Kreuzverhör ist eine Mischform aus ☞Debatte und ☞Disputation. Zwei Redner stehen dabei einander gegenüber und bewerten eine Fragestellung positiv bzw. negativ. Zunächst plädieren sie in einer kurzen Rede für oder gegen die Sachlage. Daran schließt sich jeweils eine Befragung durch die Gegenseite an, in der die argumentative Stringenz der Ausführungen untersucht wird.

Thema des Kreuzverhörs sind Bewertungsfragen, die häufig eine moralische Implikation haben, z. B. „Ist Unrecht leiden besser als Unrecht tun?". In der Regel können aber auch alle für die Disputation geeigneten ☞Thesen im Kreuzverhör verwendet werden. *Geschlossene Bewertungsfragen*

Der Pro-Sprecher beginnt mit seiner fünfminütigen Erläuterung, die die vorgegebene These bejahen muss. Aufgabe dieser Erläuterung ist die Definition aller relevanten Bestandteile der *Definition – Argumentation – Befragung*

These und eine Argumentation, warum diese These richtig ist. Darauf folgt die Befragung des Pro-Sprechers durch die Contra-Seite. Ihre Aufgabe ist es, die Definitionen auf ihre Schlüssigkeit und die Argumentation auf ihre Stringenz hin zu untersuchen. Die Fragen dafür sollen möglichst kurz und präzise gestellt werden, der Antwortende darf mit maximal drei Sätzen auf die Frage antworten.

Widerlegung

Nach der Befragung erläutert der Contra-Sprecher seine Position und wird im Anschluss analog zur vorherigen Sequenz durch die Pro-Seite befragt. Die Aufgabe der Resümees ist es, die durch die Befragungen gezeigten Widersprüche und Ungenauigkeiten der Gegenseite noch einmal pointiert aufzuweisen und somit den Beweis anzutreten, dass die Gegenposition inkonsistent vorgetragen wurde. In den Resümees dürfen weder neue Argumente gegeben werden, noch darf positiv für die eigene Position geworben werden. Sie haben nur die Aufgabe Inkonsistenzen der Gegenseite zu zeigen. Die Einhaltung der Redezeiten wird von einem Zeitnehmer überwacht.

Ablauf des Kreuzverhörs

Anwendung: Die zwei Redner des Kreuzverhörs befragen sich nach den jeweiligen Plädoyers für bzw. gegen eine gewählte These gegenseitig mit dem Ziel, die Stringenz zu überprüfen. Im Anschluss daran setzen Sie sich in einem knappen Resümee mit der argumentativen Schlüssigkeit der Gegenseite auseinander.

Ablauf des Kreuzverhörs

1. Erläuterung: Pro	5 min.
2. Kreuzverhör durch die Contra-Seite	5 min.
3. Erläuterung: Contra	5 min.
4. Kreuzverhör durch die Pro-Seite	5 min.
5. Resümee der Contra-Seite	3 min.
6. Resümee der Pro-Seite	3 min.

Bewertung des Kreuzverhörs

Nach dem Kreuzverhör stimmen die Zuhörer offen darüber ab, welche der Positionen ihnen besser vertreten scheint. Die eigene Meinung zu der jeweiligen These sollte dabei keine wesentliche Rolle spielen, sondern nur die definitorische Genauigkeit und die argumentative Schlüssigkeit der Positionen soll bewertet werden.

II 5.5 Disputation

Die Disputation ist eine der ältesten Formen rhetorischen bzw. dialektischen Trainings. Eine detaillierte Beschreibung der Disputation findet sich bereits in Aristoteles' *Topik*. Im Mittelalter wurde die Disputation, allerdings mit gegenüber der Antike deutlich flexibilisierten Regeln, zu einer der wichtigsten wissenschaftlichen Methoden und Prüfungsformen. Eine der bekanntesten Disputationen nach diesem Vorbild ist das Streitgespräch zwischen Martin Luther und Johannes Eck von 1519. In der Moderne ist die Disputation als sportliche Disziplin zu Unrecht weitgehend in Vergessenheit geraten, bietet sie doch viele Qualitäten, die sie zu einer idealen Übung für Fortgeschrittene machen.

Hintergrund:
Die Disputation

Lernziel: Die Disputation verfolgt zwei einander nachgeordnete Ziele, die beide im Zwiegespräch der Disputanten verwirklicht werden können. In erster Linie überprüfen sie, ob eine bestimmte Behauptung, die *These* des Defendenten, in sich schlüssig ist. Eine solche Behauptung kann etwa sein „Unrecht zu erleiden ist immer besser als Unrecht zu tun" oder „Das Wichtigste im Leben ist eine glückliche Ehe'. Schlüssig bedeutet, dass keine der für die Begründung dieser These notwendigen Prämissen (☞Toulmin Arbeitsblatt) im direkten Widerspruch zu einer anderen oder zur Behauptung steht. Gesteht im ersten Fall etwa der Defendent dem Fragenden im Verlauf der Disputation zu, dass das höchste Ziel des Menschen ein glückliches Leben ist und, dass man manchmal sein Glück auch durch Unrechttun erreichen kann, so dürfte dies wohl als Widerspruch mit der anfangs behaupteten These gewertet werden. Gelingt dem Defendenten die Verteidigung der These ohne Widersprüche, so kommt das zweite Ziel der Disputation ins Spiel. Hier wird überprüft, wie endox (der allgemeinen Meinung entsprechend) oder paradox (der allgemeinen Meinung widersprechend) die für die These notwendigen Prämissen sind. Aufgabe des Defendenten ist es dabei, nach Möglichkeit das Zugestehen von paradoxen Prämissen zu vermeiden, wiederum aber dabei natürlich Widersprüche zu vermeiden. Während also primär überprüft wird, ob die These und die notwendigen Prämissen miteinander im Einklang stehen, so wird sekundär geprüft, inwiefern die notwendigen Prämissen mit der allgemeinen Meinung im Einklang stehen. Entsteht kein Widerspruch und werden keine stark paradoxen Thesen (etwa „Leiden ist die höchste Form des Glücks") benötigt, dann ist die Verteidigung der These vollständig geglückt. In der Terminologie der mittelalterlichen Disputationen wäre die These damit ‚wahrheitsfähig'.

Teilnehmer:	4-6 Personen
Übungsdauer:	☆☆☆
Schwierigkeitsgrad:	☆☆☆(☆)
Übungsart:	Trainingsformat

Grundlagen: Um dies beurteilen zu können, müssen vorab einige Begriffe geklärt werden.

Widerspruch

WIDERSPRUCH: Ein Widerspruch tritt grundsätzlich dann auf, wenn eine Person, im Falle der Disputation der Defendent, gleichzeitig zwei Aussagen behauptet oder zugesteht, die miteinander unvereinbar sind. In diesem Fall muss er eine der Aussagen zurückziehen oder einschränken (ein Teilerfolg für den Opponenten) oder die These aufgeben (der Sieg des Opponenten). Die klarste Form des Widerspruchs ist die gleichzeitige Behauptung von etwas und seines Gegenteils (Bsp.: Alle Menschen sprechen mindestens eine Sprache – Neugeborene können nicht sprechen – Neugeborene sind Menschen – Also (Widerspruch!): Einige Menschen sprechen mindestens eine Sprache und können nicht sprechen), häufig reicht jedoch auch das Zugeständnis einiger Aussagen, die zum Gegenteil führen (vgl. Bsp. oben).

Kreisschluss

KREISSCHLUSS: Ein Kreisschluss kommt zu Stande, wenn die Begründungen und Belege, anstatt weiter belegt zu werden, sich mittelbar oder unmittelbar gegenseitig bekräftigen sollen. Die deutlichste Form eines Kreisschlusses ist die sogenannte petitio pricipii, d. h. einer der notwendigen Belege in einer argumentativen Kette ist die Behauptung selbst. In einer Disputation kommt ein Kreisschluss immer nur indirekt durch die Fragen des Opponenten zustande und ist damit unwahrscheinlicher als in einer direkten Argumentation. Einem Kreisschluss kommt ein dogmatischer Abbruch gleich, in dem für eine bestimmte Aussage weitere Begründungen oder Belege verwehrt werden. („Das steht in der Bibel, also stimmt es.") Auch dieser kann aber natürlich nur durch die Fragen des Opponenten zustande kommen. Ein Kreisschluss bedeutet eine maßgebliche Schwächung der Argumentation, die auf ihm aufbaut.

ENDOX: Die meisten Menschen verfügen über einen ähnlichen Satz von Prämissen, die sie, implizit oder ausdrücklich, für wahr halten. Etwa „Schuld setzt ein bewusstes Handeln voraus", „Mit einer guten Bildung kommt man besser durchs Leben", „Freunde zu haben ist gut" etc. Je näher eine bestimmte Aussage an diesen Prämissen steht, desto endoxer ist sie. (Bsp: „Es lohnt sich für Freundschaft zu kämpfen." oder „Kinder sollten in die Schule gehen.") Diese Prämissen können sich verändern und von Mensch zu Mensch differieren, ohne ein Mindestmaß an (vorübergehend) feststehenden Prämissen ist eine Argumentation jedoch nicht möglich.

Endox

PARADOX: Das Gegenteil von endox ist paradox. Paradox *in diesem Sinn* ist nicht gleichbedeutend mit ‚selbstwidersprüchlich', sondern bedeutet einen Widerspruch zur Meinung der Meisten (oder der Fachleute). Dies bedeutet nicht, dass manche Menschen nicht auch paradoxe Prämissen unterstützen, durchaus hingegen, dass eine Argumentation, die sich auf paradoxe Prämissen stützt nur für diese kleine Gruppe überzeugend ist. Wenn z. B. eine These über den Wert des Menschen unter anderem auf der Prämisse fußt, dass der Affe und der Mensch keine gemeinsame Evolutionsgeschichte haben, so dürfte dies für die meisten Menschen paradox sein, bestimmte religiöse Gruppen kann dies aber trotzdem überzeugen. Selbstverständlich gibt es kaum vollständig endoxe oder vollständig paradoxe Aussagen, die meisten stehen irgendwo zwischen diesen Extremen.

Paradox

Anwendung: Die Sportliche Disputation besteht aus drei Phasen: Einer kurzen Eröffnungsrede des Defendenten, in der er seine These vorstellt (die Exposition), eine Befragung des Defendenten durch den Opponenten (die Examination) und einer kurzen Darstellung der Schwächen der These durch den Opponenten (der Evaluation). Das Herzstück dieser drei Teile ist die Examination.

Teile der Disputation

An der Disputation nehmen zwei Disputanten und mindestens zwei Juroren teil. Die Aufgabe der Juroren ist es, zu bewerten, wer seine Seite erfolgreicher vertritt und über einen Abbruch der Examination zu entscheiden, falls ein Widerspruch in der Argumentation des Defendenten aufgedeckt wird.

Teilnehmer

In der ersten Phase der Disputation wählt der Defendent eine bestimmte These und bekommt ein paar Minuten Zeit, um sie vorzustellen, mögliche Einschränkungen zu benennen und einige erste Begründungen anzureißen. Als Thesen geeignet

Exposition

sind dabei vor allem Behauptungen, die eher auf konsistente Meinungen aufbauen (politische, moralische, weltanschauliche Fragen etc.), weniger solche, die einfach nur ein bestimmtes Fachwissen voraussetzen, denn schließlich geht es primär um die Beschaffenheit der These und nicht um die Überprüfung von Wissen zu einem Thema. Daher kann auch jeder, der eine bestimmte Meinung zu einem solchen Thema hat, sich ohne Scheu einer Disputation stellen. Die Expositionsphase bildet den Grundstock für die weitere Disputation, sie ist vergleichbar mit dem ☞Antrag beim Sportlichen Debattieren (☞Debatte).

Examination Die Examinationsphase ist die Besonderheit der Disputation. Hier sind die Rollen der beiden Disputanten genau verteilt. Während der Opponent dem Defendenten ausschließlich geschlossene Entscheidungsfragen stellen darf, ist dieser auf die Antworten „Ja", „Nein" und „Ich verstehe nicht / Bitte reformuliere deine Frage" beschränkt. Die Disputanten stehen sich also gewissermaßen wie zwei Gladiatoren gegenüber, von denen einer übungsweise nur ein Schwert (die Fragen des Opponenten), der andere nur einen Schild (die Antworten des Defendenten) trägt. Auf diese Weise lernen beide die Stärken und Schwächen des jeweiligen Instruments genauer kennen, als wenn sie jederzeit beides (wechselseitige Fragen und Antworten in der Alltagsdiskussion) verwenden würden.

Von dieser genauen Rollenverteilung gibt es freilich ein paar Ausnahmen. Wenn der Opponent einen Widerspruch in den Aussagen des Defendenten aufdeckt, dann darf er ihn nennen. Der Defendent darf darauf kurz antworten. Ist der Widerspruch danach auch den Juroren einleuchtend, dann muss er den widersprüchlichen Teil der Argumentation zurückziehen oder seine These fallen lassen. In letzterem Fall ist die Examinationsphase beendet. Andernfalls ist es sinnvoll eine zeitliche Obergrenze für die Befragung (z. B. 10 min) zu setzen, nach der zur Evaluation übergegangen wird.

Evaluation In der letzten Phase der Disputation legt der Opponent den Juroren die drei vom Defendenten zugestandenen Fragen vor, die ihm am paradoxesten erscheinen. Hierzu ist es sehr sinnvoll für den Opponenten, während der Examinationsphase die Fragen und Antworten weitgehend mitzuschreiben. Zu jeder dieser Prämissen erhält er die Möglichkeit zu einem Satz der Begründung (warum er die jeweilige Prämisse für paradox hält), bei Bedarf gefolgt von einem Satz der Verteidigung durch den Defendenten.

Bewertung: Vor Beginn der Disputation schreibt jeder Juror eine Zahl verdeckt auf einen Zettel, die angibt, für wie endox oder paradox (selbstverständlich oder mutig) er die These des Defendenten hält. Hierbei steht „1" für endox (Bsp.: „Es lohnt sich, die Gesetze zu achten") und „10" für paradox (Bsp. „Mord ist gut") mit den anderen Zahlen entsprechend dazwischen. Nach der Disputation wird dieser Vorgang wiederholt. Erhöht sich die Gesamtsumme, der auf allen Zetteln vermerkten Bewertungen im Verlauf der Disputation, so hat der Opponent gewonnen, bleibt sie gleich oder verringert sie sich, so hat der Defendent seine These erfolgreich verteidigt. Ein alternatives, genaueres Bewertungssystem, das allerdings auch um einiges komplexer und damit für die Juroren anspruchsvoller ist, findet sich in den ☞Regeln der Disputation.

Bewertung der Disputation

Ausblick: Von ihrem Grundaufbau her ist die Disputation in mancherlei Hinsicht eine genaues Spiegelbild des Prinzips der ☞Argumentation. Während der Redner in der Argumentation versucht, seine Behauptung aus den Prämissen der Zuhörer (gewissermaßen seiner Gegenspieler) zu schließen, ist es das Primärziel des Opponenten in der Disputation, aus den zugestandenen Prämissen des Defendenten die Negation von dessen These abzuleiten. Bei dieser Betrachtungsweise erkennt man auch sogleich, dass in der Disputation nur scheinbar die argumentative Hauptlast beim Defendenten liegt. In Wahrheit ist es der Opponent, der die These und Exposition des Defendenten dazu nutzt, eine möglichst vollständige Argumentation aufzubauen oder aber zumindest, die Prämissen seines Gegners kritisch zu hinterfragen und wenn möglich ihre Schwächen deutlich zu machen.

Vergleich Disputation – Argumentation

Auf Grund des deutlich asymmetrischen Aufbaus der Disputation ist es – für die rednerische Übung, wie für den sportlichen Vergleich – sehr sinnvoll, jeweils zwei Disputationen mit den gleichen Gesprächspartnern durchzuführen. So ist, gleichsam wie in einem Hin- und Rückspiel im Sport, ein besserer Vergleich der Fertigkeiten beider Disputanten möglich und beide profitieren vom Umgang mit den Reizen und Schwierigkeiten der jeweiligen Position.

Asymmetrie der Disputation

Wie eingangs bereits erwähnt, ist die Disputation sicherlich eine der schwierigsten Übungsformen und es bedarf einiger

Weiterführende Übung

Probeläufe, bis sie ihre vollen Möglichkeiten entfaltet. Aus diesem Grund ist hier zunächst eine einfache Form der Disputation vorgestellt worden, bei der fortgeschrittene Disputanten aber nach einiger Zeit auf Ungenauigkeiten im Detail stoßen werden. Daher sei Ihnen empfohlen, sich nach einigen erfolgreichen Disputationen schrittweise auch den ausführlichen Regeln im Anhang dieses Buches zu widmen. Diese Regeln klären viele Detailfragen und bieten die Basis für dauerhaftes Disputieren – den Einstieg in das argumentative Schachspiel!

II 6 Weiterführende Übungsregeln

Die vorangegangenen Kapitel haben Ihnen einen ersten Eindruck von drei der beliebtesten und erfolgreichsten rhetorischen Trainingsformate gegeben und diese an Hand zahlreicher Vorübungen illustriert. Diese Einführungen sollten es Ihnen ermöglichen die Besonderheiten und Reize der Deklamation, Debatte und Disputation kennen zu lernen und erste Erfahrungen mit diesen Formaten zu sammeln. Dabei war es natürlich notwendig, die Übungen auf ihr Grundgerüst zu reduzieren und einige Details zu vereinfachen, die für das grundlegende Verständnis der jeweiligen Form nicht zwingend erforderlich sind. Im nun folgenden Kapitel werden die Deklamation, die Debatte und die Disputation umfangreicher dargestellt. Dazu dienen die Auszüge aus den betreffenden Regelwerken, die mit Hilfe von Schaubildern erläutert werden. Die drei vorgestellten Regelwerke bieten die Grundlage für dauerhafte Übungen mit den drei Trainingsformaten und werden international mit großem Erfolg an zahlreichen Universitäten und auf Turnieren praktiziert. Sie regeln eine große Menge an Zweifelsfällen und Fragen, die nach einiger Übung meist auftreten. Wenn Sie also die ein oder andere Debatte oder Deklamation bereits hinter sich haben, nehmen Sie sich durchaus einmal die Zeit, um die Regeln des entsprechenden Formats in Ruhe durchzusehen. Der Zugewinn an Genauigkeit im Detail wird es Ihnen ermöglichen über lange Zeit hin beste Ergebnisse in Ihrem individuellen rhetorischen Training zu erzielen!

II 6.1 Deklamation: Regelwerk
In der Fassung vom 14. Mai 2005

A ZIELSETZUNG

Die Deklamation ist eine rednerische Übungsform, die einen strittigen Rechtsfall zum Thema hat. Ziel der Deklamation ist die Entscheidung über einen fiktiven Fall mit Hilfe gegebener Rechtsnormen und rechtlichen Grundprinzipien. Vorbild dafür ist nicht das moderne Gerichtswesen. Oberstes Prinzip der Entscheidung über Schuld und Unschuld ist ein rationales Gerechtigkeitsverständnis. Die Regeln der Deklamation sind autonome Satzung und in ihrer kommentierten Fassung materiell erschöpfend. Sie gelten unabhängig von den Regeln anderer Formate.

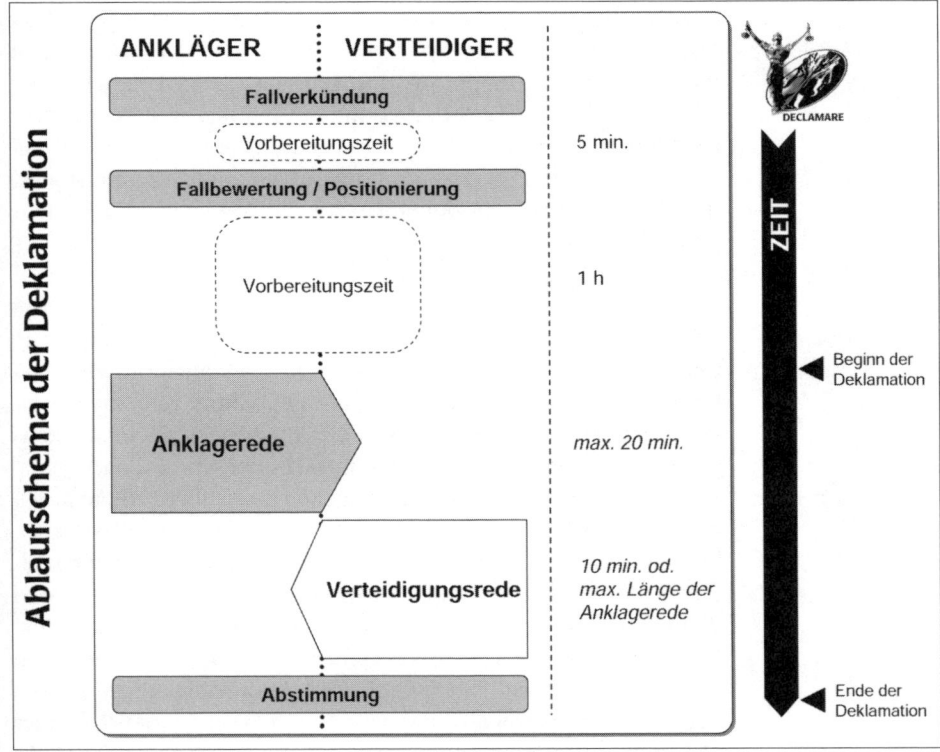

Ablauf der Deklamation

B Regeln

1 Hintergrund

Verhandlungsort der Deklamation ist keine reales Gremium, sondern eine Versammlung von ausgewählten Bürgern eines fiktiven Staates. Der Fall und die Verhandlung sind in dem idealisierten Staat Sophistopolis angesiedelt. Sophistopolis ist ein wirtschaftlich und politisch unabhängiger, demokratischer Inselstaat in der westlichen Hemisphäre. Über die Rechtsordnung ist außer den jeweils angegebenen Normen nichts bekannt, Sophistopolis erkennt jedoch die Europäische Menschenrechtskonvention und grundlegende Rechtsprinzipien an. Oberstes Ziel der Rechtsprechung in Sophistopolis ist die Gerechtigkeit, notfalls stehen hinter diesem Ziel andere Maximen zurück. In Sophistopolis entscheidet über Rechtsstreitigkeiten eine Gruppe von Geschworen, ein Vorsitzender überwacht lediglich die Verfahrensregeln.

2 Teilnehmer

Die Deklamation wird von zwei Teilnehmern bestritten, dem Ankläger und dem Verteidiger. Der Ankläger stellt den Fall vor, legt die gegebenen Normen aus und betreibt die Verurteilung, der Verteidiger legt eine alternative Interpretation von Fall und Normen vor und betreibt so den Freispruch. Über die Regeln wacht ein Vorsitzender. Bewertet wird die Deklamation von mindestens drei Laienjuroren, von denen keiner die Aufgabe des Vorsitzes innehaben darf.

3 Fall

Die Redner und der Vorsitzende erhalten die Fallbeschreibung mindestens eine Stunde vor Beginn der Deklamation. Die Fallbeschreibung ist den Juroren und dem Publikum zu keinem Zeitpunkt zugänglich. Eine Fallbeschreibung besteht aus mindestens einer gegebenen Norm und der Tatsachenbeschreibung.

3.1 Normen: Im jeweiligen Fall gelten ausschließlich die angegebenen Normen, zusätzlich die Europäische Menschenrechtskonvention und die üblichen Rechtsprinzipien. Die formale Gültigkeit der Normen ist gegeben und nicht bezweifelbar, es sei denn, die Aufgabenstellung suggeriert deutlich das Gegenteil. Insbesondere Normen aus vorhergegangenen Deklamationen haben in dem aktuellen Fall keine Gültigkeit. Andere als die angegebenen positiven Normen dürfen nur zum analogen Vergleich oder historischer Argumentation herangezogen werden und sind sehr zurückhaltend zu gebrauchen. Die Anwendbarkeit der Normen kann hinterfragt werden, wenn diese zu einer Kollisionen mit Rechtsstaats-, Gerechtigkeitsprinzipien, ethischen Grundsätzen oder vergleichbaren Werten führen könnten.

3.2 Tatsachenbeschreibung: Die in der Fallbeschreibung gegebenen Fakten sind die einzig gültigen Informationen die zur Verfügung stehen. Wenn die gegebenen Fakten keine Einschränkung beinhalten, dann stehen sie außer Zweifel; sind sie als Mutmaßungen formuliert, gelten sie als wahrscheinlich; beruhen die Fakten auf Aussagen Dritter, dann ist ihr Wahrheitsgehalt von der Glaubwürdigkeit der jeweiligen Quelle abhängig. Alles, was über die angegebenen Tatsachen hinausgeht, ist reine Mutmaßung des jeweiligen Redners und darf nicht als Basis für tragende Argumentation herangezogen werden. Zudem stehen den Akteuren des Falls nur diejenigen Ergebnisse moderner Technologie zur Verfügung, die im Fall angegeben sind. Zeit des Falls ist die Gegenwart, es sei denn die Fallbeschreibung gibt Abweichendes an.

Falltatsachen

4 Ablauf

4.1 Rednerpositionierung: Die Verteilung der Rednerpositionen erfolgt aufgrund der Einschätzung des Falles durch die Redner. Vor der Vorbereitungszeit bekommen beide Redner den Fall vorgelegt und bewerten nach kurzer Durchsicht (max. 5 Min.) seinen Vertretbarkeitsgrad. Dabei bedeutet ein Punkt die höchste Vertretbarkeit der Anklage (eine Verurteilung ist sehr wahrscheinlich), drei Punkte eine mittlere Vertretbarkeit (der Fall ist ausgeglichen) und fünf Punkte die geringste Vertretbarkeit (ein Freispruch ist sehr wahrscheinlich). Bei der Einschätzung ist eine Nachkommastelle zulässig. Die Einschätzungen werden verschlossen dem Vorsitzenden übergeben. Dieser teilt dem Redner mit der höheren Einschätzung die Position des Anklägers zu, dem anderen die Verteidigung. Bei gleicher Einschätzung entscheidet das Los.

Ablauf einer Deklamation
Positionierung der Redner

4.2 Redezeiten des Anklägers: Die Redezeit des Anklägers ist auf zwanzig Minuten begrenzt. Er kann jedoch jederzeit, wenn er der Meinung ist, seinen Fall ausreichend dargestellt zu haben, seine Rede beenden. Während seiner Rede, darf er nicht unterbrochen werden. Die Nutzung eines Manuskriptes während des Vortrages ist untersagt. *Redezeiten des Verteidigers:* Die Maximalredezeit des Verteidigers entspricht der Realredezeit des Anklägers, mindestens jedoch zehn Minuten. Ebenso wie der Ankläger, darf auch er während seiner Rede nicht unterbrochen werden und kein Manuskript zu Hilfe nehmen.

Redezeiten

Vorsitz in der
Deklamation

5 Vorsitz

Die Deklamation leitet der Vorsitzende. Er wacht über die Einhaltung der Regeln, entscheidet über ihre Auslegung in Zweifelsfällen und ergreift alle erforderlichen Maßnahmen zu ihrer Durchsetzung. Er gibt ein Zeitzeichen zwei Minuten vor Ablauf der jeweiligen Maximalredezeit und unterbindet eine deutle Überschreitung der Redezeiten.

C. [...]

D Wertung

Die Juroren der
Deklamation

1 Juroren

Die Deklamation wird von mindestens drei Juroren bewertet. Die Juroren übernehmen die Funktion der Geschworenen, sie entscheiden über den Ausgang des Prozesses aufgrund des vorgetragenen Falles und der Auslegung der Normen. Zudem bewerten sie die rednerische Qualität der Deklamatoren. Sie benötigen keinerlei juristische Vorkenntnis und keine detaillierte Kenntnis der Deklamationsregeln. Die Juroren sollten den Deklamatoren möglichst unparteiisch gegenüberstehen. Jeder Juror gibt seine Bewertung auf dem dafür vorgesehenen Bewertungsbogen geheim und ohne Aussprache ab und händigt ihn dem Vorsitzenden aus.

Bewertungskriterien der Deklamation

2 Bewertungskriterien

In der Bewertung werden die wichtigsten rhetorischen Qualitäten der Deklamatoren positiv sanktioniert. Dies ist an erster Stelle die Fähigkeit, die Zuhörer von der eigenen Position zu überzeugen und zur Veränderung ihrer Meinung zu Gunsten der vertretenen Partei zu bewegen. Neben dieses reine Wirkungskriterium treten als nachgeordnete Qualitäten die Fähigkeit den Sachverhalt und die eigene Argumentation klar verständlich zu machen und den Vortrag für die Zuhörer angenehm und unterhaltsam zu gestalten.

Darlegung

2.1 Darlegung: Darlegung meint die Klarheit, Verständlichkeit und Ausführlichkeit des vorgelegten Falles und der dazugehörigen Argumentation.

Unterhaltsamkeit

2.2 Unterhaltsamkeit: Unterhaltsamkeit meint die Fähigkeit, die Zuhörer durch einen eloquenten und spannenden Vortrag zu gewinnen, die Aufmerksamkeit zu bewahren und in angemessener Weise Emotionen zu wecken.

Überzeugungskraft

2.3 Überzeugungskraft: In dieser Kategorie wird über den Fall im Lichte des Vortrags der Deklamatoren entschieden. Bewertet wird dabei die Gerechtfertigkeit von Freispruch oder Verurteilung. Die Bewertung gilt damit nicht mehr den rednerischen Fähigkeiten der Deklamatoren, sondern der Sache.

3 Abzüge

Abzüge für Regelverstöße

Gravierende Verstöße gegen die Regeln der Deklamation kann der Vorsitzende ohne Rücksprache mit drei Punkten pro Abzugskategorie negativ sanktionieren. Abzugskriterien sind:

3.1 Fehldarstellung der Tatsachenbeschreibung: Fehldarstellung der Tatsachenbeschreibung meint das willentliche und wesentliche Verändern der Tatsachen mit der Absicht, die Geschworenen über den vorliegenden Fall oder einen seiner wesentlichen Aspekte zu täuschen und damit ein günstiges Urteil zu erhalten. Dies meint nicht die Selektion der gegebenen Fakten oder ihre zulässige Interpretation.

Fehldarstellung der Tatsachenbeschreibung

3.2 Fehldarstellung der Normen: Fehldarstellung der Normen meint die Veränderung des Inhaltes der gegebenen Normen, so dass sie in der Konsequenz etwas anderes aussagen als ihrer Intention entspricht. Dies meint nicht die Selektion der gegebenen Normen oder ihre zulässige Interpretation.

Fehldarstellung der Normen

3.3 Angriff auf die Würde der Versammlung: Angriff auf die Würde der Versammlung meint die grobe Beleidigung eines Anwesenden oder der Deklamation deutlich unangemessenes Verhalten beziehungsweise inakzeptablen Sprachgebrauch.

Angriff auf die Würde der Versammlung

3.4 Überschreiten der Redezeit: Überschreiten der Redezeit meint das willentliche und andauernde Verlängern des eigenen Vortrages gegen die Intervention des Vorsitzenden.

Überschreiten der Redezeit

4 Ergebnis

Ergebnis der Deklamation

Der Vorsitzende errechnet die Ergebnisse der Deklamatoren aus der Summe der drei Bewertungskategorien abzüglich möglicher Verstoßsanktionen. Dabei zählen: (1) Der arithmetische Mittelwert aller Juroren zur „Darlegung" einfach. (Insgesamt minimal 1,0 maximal 5,0 Punkte) (2) Der arithmetische Mittelwert aller Juroren zur „Unterhaltsamkeit" einfach. (Insgesamt minimal 1,0 maximal 5,0 Punkte) (3) Das Ergebnis der Überzeugungskraft dreifach. (Insgesamt minimal -12,0 – maximal +12,0)

Das Ergebnis der Überzeugungskraft errechnet sich: Für den *Ankläger* aus der Differenz von anfänglicher Einschätzung des Deklamationswertes (Mittelwert aus Ankläger und Verteidiger) minus dem Mittelwert der Juroreneinschätzung. Für den *Verteidiger* aus der Differenz vom Mittelwert der Juroreneinschätzung minus der anfänglichen Einschätzung des Deklamationswertes (Mittelwert aus Ankläger und Verteidiger).

Bei negativen Gesamtergebnissen wird das Rundenergebnis des betreffenden Deklamators auf null gesetzt.

II 6.2 Debatte: Kommentiertes Regelwerk der Offenen Parlamentarischen Debatte

In der Fassung vom 04. Juni 2005

A ZIELSETZUNG

Die Offene Parlamentarische Debatte versteht sich als turniertaug-liches akademisches Debattierformat, das die Sportlichkeit der Parlamentarischen Debatte und den Realismus der Publikums-debatte miteinander vereint. Sie gibt Raum zur Entwicklung und Verbesserung wohlverstandener Rhetorik unter den Bedingungen produktiver Agonalität.

Die nachfolgenden Regeln sind autonome Satzung und in ih-rer kommentierten Fassung materiell erschöpfend. Sie gelten un-abhängig von den Regeln anderer parlamentarischer Formate.

Die OPD als akade-misches Debattier-format

Die Offene Parlamentarische Debatte schafft eine Synthese der beiden Hauptrichtungen akademischer Debattierformate, der Par-lamentarischen Debatte und der Publikumsdebatte. Von ersterer übernimmt sie die Organisation der Redner in zwei Fraktionen, die einander ausschließende Positionen vertreten und einander Fraktionsdisziplin schulden, sowie die Berücksichtigung gegne-rischer Zwischenfragen während der Reden.

Von letzterer übernimmt sie die aktive Integration des Publi-kums mit eigenständigen Redebeiträgen im Herzen der Debatte, eine Ausrichtung der Debattanten auf die Zuhörer und die Be-rücksichtigung von Zwischenrufen aller Teilnehmer, die zusam-mengenommen zu einer realistischeren Redesituation führen als in den teilweise von den ursprünglichen Persuasionszielen los-gelösten Parlamentarischen Formaten mit unproduktiver Eristik.

Die Kombination dieser Elemente führt in der Offenen Parla-mentarischen Debatte zu einem Format, das sowohl im Clubbe-trieb als auch im Turnierbetrieb mit einigen schlagenden Vortei-len aufwartet.

Vorteile für den Clubbetrieb

Im Clubbetrieb profitieren die Debattanten von der Möglich-keit, überzeugende Reden zu üben, die über bloße argumentati-ve Schlüssigkeit hinaus, das Publikum vollständig erreichen und bewegen. Reine Scheingefechte werden von der aufmerksamen

Hörerschaft umgehend durch Zwischenrufe und von den Fraktionsfreien Rednern durch Positionierung auf der Gegenseite abgestraft.

Anfängern im Verein bieten die unterschiedlichen Redezeiten von Fraktionsrednern und Fraktionsfreien die Möglichkeit eines leichteren Einstiegs und stufenweise Verlängerung der Redezeiten. Gleichzeitig werden durch diese Varianz unterschiedliche Spannungsbögen und Redegliederungen trainiert.

Anfängertauglichkeit

Die Flexibilität des Formats ermöglicht im Clubbetrieb zudem eine Integration von neun bis zwölf Teilnehmern und damit eine Anpassung an den jeweiligen Andrang von Rednern in der Debatte und einen nahezu fließenden Übergang von einer Debatte zu mehreren parallel geführten gleichzeitig.

Flexible Teilnehmerzahlen

Durch die geheime Abstimmung am Beginn jeder Debatte und das offene Votum an ihrem Ende bekommen die Redner zudem einen guten Eindruck von der Effektivität ihrer Reden. Das Publikum erhält ein weiteres Beeinflussungsmoment, dass die Debatte bis zum Schluss hin spannend hält.

Überzeugung bis zum Schluss

Schließlich bietet die OPD im Clubbetrieb die Möglichkeit, bei Interesse die debattierten Themen im Vorfeld der Debatte überblicksartig zu recherchieren und damit den Auseinandersetzungen mehr Tiefgang zu verleihen. Diesem Zweck dient die Festlegung der Fragestellung einige Tage vor der jeweiligen Debatte.

Recherche ermöglicht Tiefe

Im Turnierbetrieb bietet das Regelwerk der Offenen Parlamentarischen Debatte ebenfalls einige Vorteile, die Wettkämpfe in diesem Format besonders fair und spannend gestalten.

Vorteile für Turniere

Die Integration der Fraktionsfreien Redner im Turnier, die sich in den Finalrunden aus den besten Rednern der bereits ausgeschiedenen Teams rekrutieren, bietet Teams und Rednern unabhängig voneinander die Möglichkeit, sich für das Finale zu qualifizieren. Dadurch werden verstärkt auch heterogene Teams möglich und Spannungen innerhalb der Fraktionen reduziert, denn: Kein guter Redner bleibt auf der Strecke.

Gute Redner kommen immer weiter

Die Bereitstellung von geschlossenen Entscheidungsfragen (im Gegensatz zu offenen Themen bei anderen Formaten) ermöglicht es beiden Fraktionen die kurze Vorbereitungszeit vor der Turnierdebatte optimal zu nutzen und sich gleichermaßen zu präparieren.

Gleichberechtigte Vorbereitungszeit

Die symmetrische Aufteilung der teilnehmenden Teams an einem Turnier auf die Positionen in der Debatte sorgt für einen vollständigen Ausgleich möglicher Vorteile, Schwierigkeiten oder Herausforderungen in Regierung, Opposition oder als Fraktionsfreie Redner. Jedes Team tritt an jeder Position in den Vorrunden

Ausgeglichene Turniersetzung

gleich oft an. Der Einfluss der Setzungen oder des Loses auf das Turnierergebnis wird damit minimiert.

Juroren und Präsidenten einerseits wird gleichermaßen wie andererseits den Debattanten die Erfüllung ihrer jeweiligen Rolle im Turnier erleichtert, da sich erstgenannte nicht mehr in der Doppelaufgabe von angesprochener Zuhörerschaft und bewertenden Dritten befinden. Die Fraktionsfreien Redner und das Publikum sind die Adressaten der Überzeugung in der Debatte, die Jury bewahrt ihre Neutralität außerhalb der eigentlichen Debatte.

Schließlich sorgt das absolute Bewertungssystem im Turnierbetrieb für den Verzicht auf selektive Paarungen und Gruppierungen der Teilnehmer. In einem OPD-Turnier kann jedes Team auf jedes andere treffen und punktet ausschließlich in Abhängigkeit von seinen eigenen Leistungen. So finden Debatten mit unterschiedlichsten Paarungen statt, die Debattanten lernen verschiedenste Debattierstile der stärkeren und schwächeren Gegner kennen und treffen in jeder Debatte auf Vertreter von vier weiteren Teams. Dies hilft den Geist der Debattierturniere als Ort des Wettkampfs, des Austauschs und der persönlichen Weiterentwicklung zu bewahren.

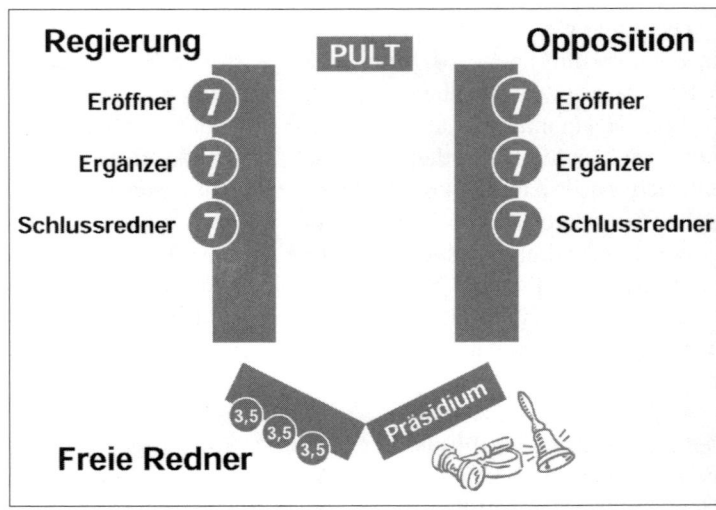

Aufstellung der Debatte

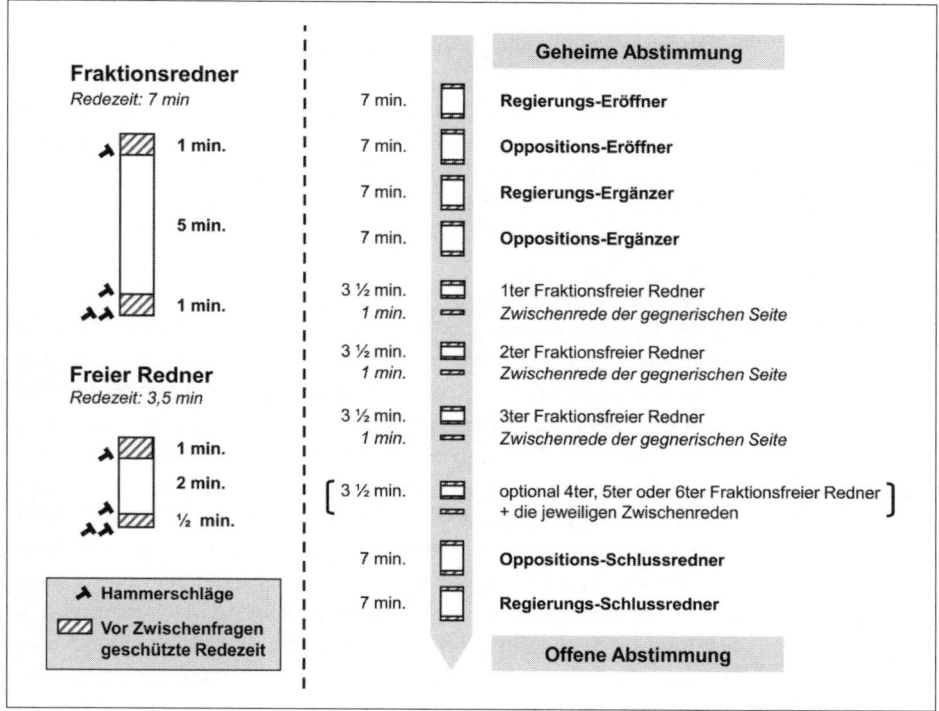

Ablauf der Debatte

B Regeln

1 Das Thema

Thema der Debatte ist eine praktische Entscheidungsfrage. Sie wird mindestens drei Tage im Voraus festgelegt und verkündet. Die Redner der Regierung unterstützen mit ihrem Antrag die Bejahung der vorgelegten Frage, die Opposition betreibt ihre Verneinung. Die Fraktionen simulieren kein reales Gremium.

(1) Eine Debatte lebt davon, dass ihr Thema beide Seiten angeht. Eine Frage, die sich beiden Seiten gleichermaßen stellt, berücksichtigt den praktischen Aspekt besser als eine These oder Aussage. Thema ist dann allein das, was gefragt ist, nicht mehr und nicht weniger.

(2) Praktische Fragen sind Fragen nach einem Tun oder Unterlassen. Sie machen das Thema anschaulich, konkret und griffig – zur Debatte stehen Konsequenzen im politischen oder gesellschaftlichen Handeln. Technische, empirische oder theore-

Das Thema der Debatte

Anforderungen an die Fragestellung

tische Fragen lassen dagegen völlig offen, was aus der Antwort folgt. Sie sind daher als Themen einer parlamentarischen Debatte weniger geeignet.

(3) Weil Debatte (im Unterschied zu Diskussion) nicht nur auf Klärung, sondern auf Entscheidung zielt, muss die Frage eine klare Stellungnahme fordern, „ja" oder „nein", tertium non datur. (Beispiel: „Soll die Polizei innerstädtische Brennpunkte per Video überwachen?"). Erst dann ist die Frage unkompliziert abstimmungsfähig.

(4) Schließlich sollten die Themen Fragen sein, die eine generelle Regelung benötigen, weil die fragliche Maßnahme oder ihr Unterlassen grundsätzlich jeden betreffen kann. Nur solche Fragen verlangen nach Debatten. Es geht um öffentliche Angelegenheiten, nicht um Privatsachen. Es geht um die Bildung eines mehrheitlichen Willens, der politisch verwirklicht werden kann.

Vorbereitungszeit | Die ersten drei Kriterien gelten für jedes Debatten-Thema. Hinzunehmen kann man als weitere Kriterien noch: (5) die Aktualität bzw. Dringlichkeit der Frage, und (6) den Bezug des Publikums zur Frage. Es lässt sich immer besser debattieren, wenn jeder in etwa weiß, worum es geht, und wenn die Meinungen im Publikum bezüglich der Antwort ungefähr hälftig auseinander gehen. – Damit die Debatte nicht aus dem hohlen Bauch geführt wird, ist das Thema im Voraus festzulegen und zu verkünden. Eine Frist von drei Tagen erlaubt eine gewisse Recherche und Organisation, ohne gleich wissenschaftlichen Ehrgeiz anzustacheln. Werden die Positionen der Redner erst kurz vor Beginn der Debatte besetzt, erhalten die Fraktionsredner fünfzehn Minuten Beratungszeit.

Klarheit der Frage | Die Frage soll unzweideutig formuliert sein. Der Wortlaut der Frage bindet beide Fraktionen, er muss jedoch in der Debatte noch ausgelegt werden. – Der Antrag der Regierung darf über den Wortlaut der Frage (Beispiel „Soll die NPD verboten werden?") nicht hinausgehen (etwa: „Rechte Parteien sollen verboten werden"), darf ihn aber auch nicht erheblich einschränken („Die NPD-Jugendorganisationen sollen verboten werden"). Das heißt, er hat in seiner Formulierung der gestellten Frage genau zu entsprechen („Die NPD soll verboten werden"). Ebenso ist die Opposition gebunden. Die Auslegung des Wortlauts in der Debatte ist die Konkretisierung der beantragten Maßnahme (hier: Beschreibung, was unter dem Verbot im Einzelnen zu verstehen ist.)

Der Redner als Anwalt | Die Redner der Fraktionen sprechen in erster Linie als Anwälte ihrer Positionen. Eine Übereinstimmung der persönlichen Meinung mit der Antwort auf die Frage ist im Format OPD willkommen, aber nicht notwendig. Die Opposition soll sich mit einer bloß technischen Kritik des Antrags der Regierung nicht begnügen.

Die Redner argumentieren für die Schlüssigkeit ihrer Position, nicht aufgrund einer simulierten Rolle. Beispiel: RICHTIG: „Eine bemannte Marsmission ist für die ESA wichtig, weil…" FALSCH: „Wir sind die ESA. Wir halten eine bemannte Marsmission für wichtig."

Verbot der Gremiensimulation

Regierung und Opposition sind alternative Ausdrücke für Pro- und Contraseite. Keine von beiden ist für die Leistungen oder Verfehlungen einer realen Regierung bzw. Opposition verantwortlich. „Der Redner ist kein Schauspieler!" Quintilian

Bezeichnung der Fraktionen

2 Die Redner

Die Debattenredner

2.1 Teilnehmer der Debatte sind jeweils drei feste Redner (Eröffnung, Ergänzung und Schluss) auf Seiten von Regierung und Opposition, außerdem mindestens drei Fraktionsfreie Redner. Letztere fungieren gleichsam als Repräsentanten der Öffentlichkeit und sind neben dem Publikum die Adressaten der Überzeugung.

Fraktionsredner und Fraktionsfreie Redner

Die Fraktionen von Regierung und Opposition agieren als Team und sind strikter Fraktionsdisziplin unterworfen. Die Fraktionsfreien Redner dagegen agieren als Einzelpersonen und kritische Bürger.

Fraktionsdisziplin oder kritischer Bürger

Mindestens drei, aber nicht mehr als sechs Personen treten als Fraktionsfreie Redner an. Sind es mehr als sechs, zieht sich die Debatte zu lange hin und leidet unter Wiederholungen. Bei mehr als dreizehn Anwesenden (d.h. 3 Pro, 3 Kontra, 6 Frei, 1 Präsident) bildet die Überzahl das Publikum. Ab zwanzig Redewilligen ist eine Aufteilung in zwei oder mehr Debatten anzuraten.

Publikum

Adressat der Überzeugung ist neben den Fraktionsfreien Rednern das Publikum, nicht hingegen der Präsident oder die Juroren. Die Ansprache der Redner untereinander sollte auch bei persönlichen Bezugnahmen nicht ins Private gleiten. Der Charakter der Aussprache ist öffentlich.

Adressat der Überzeugung

2.2 Der Eröffnungsredner der Regierung konkretisiert den Wortlaut der vorliegenden Frage durch einen genau bestimmten Antrag. In Eröffnungsplädoyer und in Zwischenreden bemüht er sich, die Fraktionsfreien Redner für diesen Antrag zu gewinnen.

Der Eröffnungsredner der Regierung

Der Eröffnungsredner der Regierung hat in das Thema inhaltlich einzuführen und muss entsprechend gut informiert sein. Er wirbt in seinem Eröffnungsplädoyer und in den Zwischenreden um die Zustimmung der Fraktionsfreien Redner zu seiner Vorlage. Er spricht zu den Fraktionsfreien Rednern als Repräsentanten der Öffentlichkeit. Lehnen sie seinen Antrag ab, fordert er sie in Zwischenreden zum Überdenken ihrer Meinung auf.

Die Begründung des Antrages sollte nicht dazu tendieren, eine eigene Debatte auszulösen. Das heißt: die Regierung darf keine Prämissen heranziehen, die genauso strittig oder strittiger sind als der zur Debatte stehende Antrag selbst. Beispiel: In einer Debatte über die Einrichtung staatlich finanzierter Elitehochschulen, darf die Regierung zur Finanzierung nicht die vollständige Abschaffung der Arbeitslosenhilfe oder der Bundeswehr vorschlagen, da diese Vorschläge offenkundig kontroverser sind als das gestellte Thema und sich die Debatte damit von ihrer Frage unangemessen entfernen könnte. – Hingegen wäre es bei der Frage „Wollen wir islamischen Religionsunterricht an öffentlichen Schulen?" durchaus noch legitim, als Opposition den Sinn jeglichen öffentlichen Religionsunterrichts anzuzweifeln, vorausgesetzt, die Ablehnung der Verbindung von Kirche und Staat in der Schule erscheint nicht kontroverser als die Ablehnung des Gleichheitsgrundsatzes im Verhältnis von Staat und Religionen.

2.3 Der Eröffnungsredner der Opposition erwidert dem Eröffnungsredner der Regierung. Er nennt die Gegenargumente der Opposition und versucht hier und durch Zwischenreden, die Fraktionsfreien Redner für eine Ablehnung des Antrags der Regierung einzunehmen.

Der Eröffnungsredner der Opposition

Die Fraktion der Opposition kritisiert den Vorschlag der Regierung, ist aber nicht verpflichtet, ein eigenes Konzept zu präsentieren. Es kann jedoch der Überzeugung dienlich sein, Alternativen zum Regierungsplan zu nennen oder anzudeuten. Die Stellung eines Antrags alternativ zum Antrag der Regierung ist im Format OPD unzulässig.

2.4 Die Ergänzungsredner von Regierung und Opposition fügen den Argumenten ihrer Eröffnungsredner weitere hinzu oder vertiefen die bereits vorgetragenen Gesichtspunkte. Sie richten Zwischenfragen an die Gegenseite, halten gegebenenfalls Zwischenreden und widerlegen deren Argumente.

Die Ergänzungsredner

Der Ergänzungsredner der Regierung entfaltet, ergänzend oder vertiefend, den Antrag seiner Fraktion und korrigiert eventuelle Missdeutungen von Seiten des Eröffnungsredners der Opposition. Der Ergänzungsredner der Opposition erwidert hierauf und stellt fest, welche Streitpunkte zwischen den Fraktionen fortbestehen, um den Fraktionsfreien Rednern die Alternative zu verdeutlichen.

2.5 Die Fraktionsfreien Redner prüfen die Argumente und Widerlegungen der Fraktionsredner und können Zwischenfragen stellen. Im Anschluss an die Eröffnungsplädoyers äußern sie sich in vorherbestimmter Reihenfolge zum Antrag der Regierung. Dabei geben sie innerhalb der ersten Minute klar zu erkennen, ob sie die Regierung oder die Opposition unterstützen und widersprechen der jeweiligen Gegenseite. Sie sollen neue Argumente bringen, dürfen dadurch aber nicht in direkten Widerspruch zu bereits genannten Argumenten der von ihnen unterstützten Seite geraten (Dolchstoßverbot). Ist ein Fraktionsfreier Redner der festen Überzeugung, dass er in der Ablehnung des Antrages der Argumentation der Opposition dennoch deutlich widersprechen muss, so darf er hiervon abweichend eine Generaloppositionsrede halten. Er ist dann keiner der Fraktionen verpflichtet.

Die Fraktionsfreien Redner sollen den Argumenten beider Fraktionen gegenüber aufgeschlossen sein und sich in ihrer Meinung nicht von vornherein fixieren. Die Seitenwahl der Fraktionsfreien Redner soll ihrer persönlichen Meinung entsprechen, darf aber zum Zwecke argumentativer Prüfung dieser auch zuwiderlaufen (advocatus diaboli), insbesondere dann, wenn die Gegenseite bereits über eine deutliche Mehrheit an Rednern verfügt oder wesentliche Argumente für die Gegenseite bis dahin ungenannt geblieben sind.

Die Fraktionsfreien Redner

Jeder Fraktionsfreie Redner erklärt, welche Argumente der Fraktionen für seine Wahl den Ausschlag geben und widerspricht gegebenenfalls den Gegenargumenten. Darüber hinaus gibt er weitere Gründe an oder führt bereits genannte Argumente näher aus.

Die Offenlegung der Seitenwahl innerhalb der ersten Redeminute ist notwendig, um den gegnerischen Fraktionsrednern Zwischenfragen zu ermöglichen. Ist die Position des Fraktionsfreien Redners nach Ablauf der ersten Minute noch nicht offensichtlich, mahnt ihn der Präsident zur Stellungnahme.

Die Fraktionsfreien Redner sollen durch ihre Rede und gezielte Zwischenfragen zum Fortgang der Auseinandersetzung, insbesondere zur Präzisierung der Streitpunkte beitragen. Sie können in ihrer Rede auch aufzählen, was sie bei den Ausführungen der Fraktionen noch vermissen.

Im äußerst selten Fall einer Generaloppositionsrede, muss der Fraktionsfreie Redner sich in der ersten Minute seiner Rede klar als Generaloppositionsredner positionieren und während seiner Rede unmissverständlich deutlich machen, warum er den Antrag ablehnt und dennoch im Widerspruch zur Opposition steht. In diesem Fall erhalten beide Fraktionen das Recht zu Zwischenfragen und zur Zwischenrede. Es beginnt die Regierung mit der Zwischenrede. Gelingt es dem Fraktionsfreien Redner nicht, überzeugend darzulegen, dass eine grundlegende Opposition außerhalb und in Widerspruch zur bisherigen Opposition notwendig ist, so ist davon auszugehen, dass er mit seiner Generaloppositionsrede das Thema verfehlt hat und entsprechend mit einem Abzug von zwanzig Punkten zu sanktionieren ist. Gelingt eine Generalopposition, so kann dies ein Indiz für eine Schlechtleistung der Opposition sein.

Die Schlussredner

2.6 Der Schlussredner der Opposition prüft die argumentative Konsistenz der Regierung einschließlich ihrer Freien Redner durch Zwischenfragen. Er fasst die Argumente der Regierung einschließlich ihrer Freien Redner zusammen und plädiert abschließend gegen die Zustimmung zur Frage. Er darf keine neuen Argumente einführen.

Am Ende der Debatte verkehrt sich die Reihenfolge von Regierung und Opposition. Damit die Regierung die Möglichkeit bekommt, ihre Position und ihrem Antrag, der der Kern der darauffolgenden Abstimmung ist, abschließend zusammenzufassen, erhält sie das letzte Wort.

Aus sportlicher Sicht wird damit gleichzeitig der Tatsache Rechnung getragen, dass die Regierungsseite durch die Ausarbeitung des Antrags graduell stärker gefordert wird und ihr daher als Gegengewicht das Recht zur letzten Zusammenfassung zusteht.

2.7 Die Aufgaben des Schlussredners der Regierung bestimmen sich analog zu denen des Schlussredners der Opposition. Er hat das letzte Wort zum Thema.

Bei der Zusammenfassung der Debatte durch die Schlussredner kommt es nicht auf Vollständigkeit an, sondern darauf, herauszustellen, welche der aufgetretenen Meinungsverschiedenheiten tatsächlich unvereinbar sind und folglich eine förmliche Abstimmung der Streitfrage erfordern.

Bei ihrer Bemühung um finale Zuspitzung des Streitpunkts wenden sich die Schlussredner vor allem den Fraktionsfreien Rednern zu, sei es, um sie ‚im Boot‘ zu halten oder sie noch hineinzuziehen. Dazu verdeutlichen sie noch einmal, was bei der Entscheidung auf dem Spiele steht und welche Gründe die Entscheidung leiten sollten.

Da die Fraktionsfreien Redner die Möglichkeit haben müssen, auf alle wichtigen Argumente von Regierung und Opposition einzugehen, dürfen die Schlussredner beider Seiten keine neuen Argumente mehr einführen.

3 Vorsitz und Verfahren

Vorsitz und Verfahren der Debatte

3.1 Die Debatte leitet der Präsident. Er wacht über die Einhaltung der Regeln, entscheidet über ihre Auslegung in Zweifelsfällen und ergreift alle erforderlichen Maßnahmen zu ihrer Durchsetzung. Anträge zur Geschäftsordnung und Anträge auf Ordnungsrufe sind unzulässig.

Der Präsident verhält sich neutral und ist nicht Ziel der Überzeugung. Er muss vom Rednerpult aus gut sichtbar sein, damit die Redner seine Signale unmissverständlich wahrnehmen können. Zur Standardausstattung des Präsidiums gehören: Regeln in kurzer und kommentierter Fassung, Uhr mit Sekundenzeiger, Hammer und Glocke, Urne und Stimmzettel, Präsidentenbogen und Schreibzeug.

Der Präsident unterbindet alle Regelverstöße mit Glockenschlag. Er läutet vor jeder Mahnung und rügt, wenn Redner die ihnen in der Debatte zukommende Rolle verlassen.

Während der fünfzehnminütigen Beratungszeit der Fraktionsredner erklärt der Präsident den übrigen Anwesenden (Fraktionsfreie, Publikum) die Regeln. Er sichert auf diese Weise eine einheitliche Regelkenntnis und verhindert Vorabstimmungen unter den Fraktionsfreien Rednern. Außerdem stellt er vor Beginn der Debatte die Reihenfolge der Freien Redner fest, um deren reibungslosen Auftritt während der Debatte zu gewährleisten und Mitläufereffekten vorzubeugen.

Wie überall, wo sportlich debattiert wird, gilt auch im Format OPD eine Vereinfachungsmaxime: die parlamentarische Verhandlung wird nicht in allen Einzelheiten simuliert. Daher wird pro Debatte nur ein einziger Antrag beraten, Anträge zur Geschäftsordnung sind ausgeschlossen. Zweck der Debatte ist geistige Übung, ,parlamentarisch' daran sind nur Fraktionsbildung und Verfahren. – Logisch notwendig eröffnet die Regierung, nur wo sie auftritt (zumal mit Antrag auf Änderung des Status quo), ist Opposition möglich.

3.2 Verlässt der Präsident während der Debatte den Präsidentenstuhl, so ist die Debatte unterbrochen. Zur Fortsetzung der Debatte beruft der Präsident ein.

Ohne Präsident keine Debatte. Das Verlassen des Präsidenstuhles ist das äußerste Ordnungsmittel des Präsidenten. Falls er aus anderen Gründen zum Verlassen seines Stuhles gezwungen ist, bestimmt er einen Vertreter, der nach seinem Verlassen unverzüglich den Präsidentenstuhl und das Amt besetzt.

3.3 Der Präsident eröffnet und schließt die Debatte mit Glockenschlag und nennt zu Beginn ihr Thema. Dann stellt er das Thema zur geheimen Abstimmung. Stimmberechtigt sind die Fraktionsfreien Redner und das Publikum. Nach der Abstimmung folgt die Aussprache zum Thema.

Die erste, geheime Abstimmung dient der Bestandsaufnahme vor der Debatte, in Kenntnis der Streitfrage, aber noch ohne Kenntnis des Antrags der Regierung. Die zweite, offene Abstimmung erfolgt nach der Debatte. Sie erlaubt den Fraktionsfreien Rednern, ihre Meinung trotz zwischenzeitlicher Seitenwahl noch-

---

Marginalien (rechte Spalte):

Der Präsident

Nur ein Antrag pro Debatte und keine Anträge zur Geschäftsordnung

Unterbrechung der Debatte

Abstimmung vor und nach der Debatte

mals zu revidieren und ermöglicht, gelegentlich die Rolle eines advocatus diaboli zu übernehmen.

Weitere Aufgaben des Präsidenten

3.4 Der Präsident eröffnet die Aussprache und erteilt jedem Redner das Wort. Die Redezeit beginnt mit dem ersten Wort des Redners. Während der Rede markiert er Anfang und Ende der Zeit für Zwischenfragen mit einfachem Hammerschlag. Das Ende der Redezeit wird mit doppeltem Hammerschlag angezeigt. Überschreitet ein Redner die ihm zustehende Redezeit um mehr als fünfzehn Sekunden, unterbindet der Präsident die Überschreitung durch Glockenschläge. Bei Überschreitung der Zeitgrenzen für Zwischenfragen läutet der Präsident sofort.

Worterteilung

Der Präsident erteilt das Wort, doch über den Beginn der Rede entscheidet stets der Redner, damit er die Ansprache an die Hörer nach eigenem Gespür gestalten kann.

Durchsetzung der Redezeiten

Bei der Durchsetzung der Redezeiten tut eiserne Strenge Not. Der Präsident sollte daher bei jedem Redner den Hammer bereits fünfzehn Sekunden vor Ende der regulären Redezeit deutlich heben, um das Ende unmissverständlich anzukündigen. Die fünfzehn Sekunden nach Ende der regulären Redezeit sind eine Reserve für Ausnahmefälle (gleichsam Ersatzkanister, nicht Rest im Tank).

Ist einer der Redner durch äußere Einflüsse (Hausmeister, Stromausfall, Sirene etc.) unzumutbar in seinen Ausführungen behindert worden, darf der Präsident seine Redezeit angemessen verlängern.

3.5 Die Fraktionsredner erhalten jeweils sieben Minuten Redezeit. Die erste und letzte Minute dieser Zeit ist gegen Zwischenfragen geschützt. Die Fraktionsfreien Redner erhalten jeweils dreieinhalb Minuten Redezeit. Die erste Minute und die letzten dreißig Sekunden ihrer Redezeit sind gegen Zwischenfragen geschützt. Während der übrigen Redezeit haben alle gegnerischen Fraktionsredner das Recht zu Zwischenfragen.

Redezeiten

Für alle Fraktionsredner gilt dieselbe Redezeit. Die „geschützte" Redezeit soll allen Rednern einen geordneten Aufbau und Abschluss ihrer Reden ermöglichen.

Der erstarrende Präsident

Innerhalb der Sieben-Minuten-Frist gilt während der ersten sechs Minuten Redepflicht, die siebte Minute ist freie, aber empfohlene Restredezeit zur bündigen Zusammenfassung der eigenen Position. Die sechs Pflichtminuten dagegen dienen der Gewährleistung gleicher Interaktionsmöglichkeit für alle Gegenredner. Werden sie unterschritten, kann der Präsident für den Rest der fünfminütigen Kernzeit erstarren.

Wird eine Zwischenfrage in den letzten Sekunden der ungeschützten Redezeit gestellt, verwandelt sie sich mit dem Hammerschlag in einen Zwischenruf. Dem Redner verbleiben damit noch sieben Worte um die Frage zu beenden.

3.6 Auf die Rede jedes Fraktionsfreien Redners folgt eine Zwischenrede des gegnerischen Eröffnungs- oder Ergänzungsredners von maximal einer Minute durchweg geschützter Redezeit. Darauf folgt die Rede des nächsten Fraktionsfreien Redners. Auf die Zwischenrede zur Stellungnahme des letzten Fraktionsfreien Redners folgen die Plädoyers der Schlussredner von Regierung und Opposition. Zu den Schlussplädoyers sind Zwischenfragen der gegnerischen Fraktionsredner und aller Fraktionsfreien Redner zugelassen.

Zwischenreden und Rederechte

3.7 Nach Ende der Aussprache stellt der Präsident das Thema zur offenen Abstimmung. Stimmberechtigt ist nur, wer zuvor schon geheim abgestimmt hat. Die offene Abstimmung gilt dem Antrag der Regierung. Bei beiden Abstimmungen sind Enthaltungen unzulässig. Abschließend wird das Ergebnis der geheimen Abstimmung bekannt gegeben.

Auch die Schlussabstimmung gilt der Frage in ihrem Wortlaut, allerdings jetzt in Gestalt des Antrags der Regierung. Bsp.: Soll die NPD wie beantragt verboten werden?

Offene Abstimmung am Ende der Debatte

4 Zwischenreden, Zwischenfragen, Zwischenrufe

Zwischenreden, Zwischenfragen, Zwischenrufe sind besondere Mittel der Interaktion und sichern als solche die Lebendigkeit der Debatte. Sie motivieren die Redner, während der gesamten Dauer der Debatte aufmerksam und aktiv zu bleiben. Sie sorgen für Bezugnahme und direkten Austausch unter den Rednern und unterstützen die Fraktionen bei der Klärung ihrer Streitpunkte. Sie fordern die Redner auf, beim Thema zu bleiben, Klartext zu reden und mögliche Implikationen zu explizieren.

Zwischenreden, Zwischenfragen, Zwischenrufe

4.1 Zwischenreden sind obligatorisch, Zwischenfragen erwünscht, Zwischenrufe zugelassen.

Zwischenreden sind „obligatorisch", damit die Stellungnahmen der Fraktionsfreien nicht übergangen werden können und die Debatte stets auf der Höhe ihrer Problementfaltung bleibt. Zwischenfragen sind „erwünscht", weil sie die Debatte beleben, ohne jedoch für ihren Fortgang zwingend notwendig zu sein. Nicht immer dienen sie der Sachklärung, es kann sich auch um taktische Manöver handeln. Das gilt erst recht für Zwischenrufe, weshalb sie nur „zugelassen" sind. Sie sind fein zu dosieren.

Einsatz der Interaktion

4.2 Zwischenreden sind das Mittel der Fraktionen zur Stellungnahme zu den Reden der gegnerischen Fraktionsfreien Redner. Zwischenreden sind auf eine Minute begrenzt und werden vom Platz aus gehalten. Zu Zwischenreden sind Zwischenfragen unzulässig.

Zwischenreden Die Zwischenrede ist reine Erwiderung mit dem Zweck nochmaliger Werbung oder Klärung. Sie hat auf die Rede des Fraktionsfreien genau einzugehen und darf nicht unverbunden zu allgemeinen Ausführungen genutzt werden. Die Redezeit ist hier Grenze ohne Pflicht.

Zwischenreden sind ein hervorragendes Mittel, Boden gut zu machen, verlangen allerdings hohe Disziplin vom Redner. Zu detaillierter Widerlegung fehlt nämlich die Zeit. Darum: Konzentration auf das Wesentliche, den entscheidenden Punkt.

Die Hauptaufgabe der Zwischenreden ist also die Sicherung der Debattenrichtung. Die beiden Fraktionen haben in ihnen die Möglichkeit gegen unangemessene Verschiebungen des Streitpunktes vorzugehen und die Fraktionsfreien Redner davon abzuhalten, übermäßig auf Nebenschauplätze einzugehen.

Die Zwischenreden werden vom Eröffnungs- oder Ergänzungsredner der entgegengesetzten Fraktionen gehalten.

4.3 Zwischenfragen sind das Mittel der Gegenseite, um einen Redner zur genaueren Bestimmung seiner Position und seiner Argumente zu bewegen. Zu Zwischenfragen sind berechtigt: (1) Alle Fraktionsfreien, sowie die gegnerische Fraktion während der ungeschützten Redezeit (Kernzeit) der Fraktionsreden. (2) Die gegnerischen Fraktionsredner während der Kernzeit der Fraktionsfreien Redner.

Zwischenfragen Die Zwischenfragen sollen unmittelbar inhaltlich Bezug nehmen, nicht aber das Verfahren kommentieren. Zwischenfragen sind Zwischenfragen, d.h. in der grammatischen Form der Frage vorzutragen. Eine Umwidmung in Kurzreden ist unzulässig.

Die Regelung der Fragerechte folgt zwei Grundsätzen: (1) Es dürfen grundsätzlich alle Fraktionsfreien Redner fragen. (2) Die Fraktionsfreien Redner werden vor Zwischenfragen verhältnismäßig geschont. Ihre Redezeit ist kürzer, sie müssen das Thema nicht in allen Einzelheiten kennen, ihre Rolle soll auch Anfängern eine Chance bieten. Daher dürfen sie von den anderen Fraktionsfreien Rednern nicht befragt werden. Sie selbst hingegen können die Fraktionsredner beider Seiten befragen.

4.3.1 Zwischenfragen dauern maximal fünfzehn Sekunden und werden vom Frager stehend vom Platz und auf den Redner deutend angezeigt. Diese Geste darf durch den Ausruf „Zwischenfrage" oder „Zwischenfrage zu [Stichwort]" ergänzt werden.

Das Stellen von Zwischenfragen Hat der Frager angemessene Gelegenheit gehabt, gehört und verstanden zu werden, darf ihn der Redner bitten, wieder Platz zu nehmen. In diesem Fall muss sich der Frager unverzüglich schweigend setzen.

4.3.2 Die Zwischenfragen müssen vom Redner binnen 30 Sekunden ausdrücklich angenommen oder abgewiesen werden. Steben mehrere Zwischenfragen an, gelten bei Annahme oder Ablehnung einer Frage alle übrigen anstehenden als abgewiesen.

Annahme von Zwischenfragen

Ein abgewiesener Frager hat unverzüglich wieder Platz zu nehmen. Die ausdrückliche Entscheidung über die Annahme der Zwischenfrage ist ein Gebot der Höflichkeit (man lässt den Frager nicht im Regen stehen) und dient der Klärung der Situation. Deshalb soll, wenn über Zwischenfragen nicht entschieden wird (über 30"), der Präsident den Redner zur Entscheidung mahnen.

4.3.3 Die Eröffnungs-, Ergänzungs- und Schlussredner sollen während ihrer Reden mindestens zwei Zwischenfragen beantworten. Fraktionsfreie Redner sind gehalten, während ihrer Rede ebenfalls Zwischenfragen zu beantworten.

Daraus ergibt sich umgekehrt: Die frageberechtigten Debattanten sollen während der Reden eine angemessene Zahl von Zwischenfragen anzeigen.

Anbieten von Zwischenfragen

4.4 Zwischenrufe sind ein Mittel aller Debattanten und des Publikums um den Redner auf Inkonsistenzen, argumentative Lücken, Abwegigkeiten und dergleichen hinzuweisen und zur Klarstellung anzuhalten. Zwischenrufe dürfen in der Länge sieben Wörter nicht überschreiten. Dialoge sind unzulässig.

Die Qualität einer Debatte bemisst sich nicht an der Zahl der Zwischenrufe, aber gut gesetzte, regelkonforme Zwischenrufe bereichern die Debatte.

Zwischenrufe

„Sieben Wörter" sind als Faustregel zu verstehen. Zwischenrufe dürfen nicht zu Kurzreden werden oder in Dialoge münden. Ein Rufer darf mehr als zwei Zwischenrufe zum gleichen Punkt nicht unmittelbar aufeinander folgen lassen und auch gemeinsam mit anderen Debattanten nicht gezielt in einen Dialog mit dem Redner eintreten. Erst recht dürfen Zwischenrufe nicht als rein akustische Störmanöver verwendet werden.

Faustregel: Sieben Worte

4.4.1 Ein Redner kann sich Zwischenrufe verbitten. In diesem Fall sind sämtliche Zwischenrufe in der folgenden Minute seiner Rede untersagt. Der Präsident hat das Recht, die Anzahl der Zwischenrufe zu beschränken, wenn diese den Redner unzumutbar behindern.

Zwischenrufe darf man sich verbitten, Zwischenfragen nicht. Damit für alle Beteiligten unmissverständlich klar ist, wann Zwischenrufe untersagt sind, zeigt der Präsident die Frist durch Niederlegen der Glocke an. Das „Verbitten" muss sich explizit auf Zwischenrufe oder die Minutenfrist beziehen, ein bloßes ‚Ruhe bitte' genügt nicht.

Verbitten von Zwischenrufen

C […]

D WERTUNG

1 Maßstab und Gegenstand der Wertung

1.1 Insbesondere auf Turnieren sollen Fraktionen und Redner nach ihren Leistungen bewertet werden. Maßstab der Wertung ist allein das hier vorliegende Regelwerk.

Die ausdrückliche Wertung erlaubt den ausdrücklichen Vergleich. Die Beachtung des Regelwerks sichert die Vergleichbarkeit und zwingt die Punktrichter zur Objektivierung ihrer Wertung.

1.2 Bewertet werden Team- und Einzelleistungen. Fraktionen erhalten Punkte gemäß ihrer Teamleistung. Redner erhalten Punkte gemäß ihrer Einzelleistung.

Damit jede Leistung im Turnier differenziert gewürdigt werden kann, werden sowohl Team- als auch Einzelleistungen bewertet. Faustregel zur Unterscheidung: „Einzelleistung" ist alles ‚von vorn', also vom Rednerpult aus Vorgetragene, außer dem Aspekt Funktionalität im bzw. für das Team. „Teamleistung" ist alles ‚von der Seite' Vorgetragene sowie der Aspekt Funktionalität im bzw. für das Team. So zählt jede initiative Interaktion (einschließlich Zwischenreden) als Teamleistung, die Reaktion des Redners hingegen als Einzelleistung.

Für eine reine Punktwertung (statt einer Wertung nach Rängen) auch bei der Teamleistung spricht erstens bessere Differenzierung und Vergleichsmöglichkeit, zweitens die Möglichkeit zur Berücksichtigung jeder Leistung, denn jedes Team punktet gegen jedes Team und jede Begegnung hat ihren Reiz. Eine Teamwertung nach Rängen hat zwar den Vorzug schnellerer Ermittlung, doch hängt das Ergebnis für das einzelne Team mehr von der ausgelosten Paarung als von der eigenen Leistung ab; ein Vergleich aller Teams innerhalb derselben Runde hat wenig Aussagekraft.

Zu Fragen der Wertung allgemein: auch wenn die Qualität von Redeleistungen nicht mathematisch exakt erfasst werden kann, ist ihre Bewertung deshalb nicht etwa rein subjektiv. Vielmehr ist „Objektivität" stets gegenstandsbezogen zu bestimmen und daher immer relativ. Nicht bewertet wird die politische Meinung der Redner, jeder darf sagen was er will (mag es auch „politisch inkorrekt" sein) solange er sich an die Regeln hält. Die politische Überzeugung der Punktrichter darf ebenso wenig entscheidungserheblich sein wie eventuell bei ihnen vorhandenes Expertenwissen.

Die Auslegung der im Folgenden ausgeführten Kriterien der Bewertung (D 1.3 ff.) hat in funktionaler Betrachtungsweise zu erfolgen („systemischer" Maßstab: entscheidend ist die Funktionalität im Ganzen bzw. für das Ganze). Debatte in diesem Sinne ist die Darstellung einer entscheidungsbedürftigen Differenz, die nicht weiter verhandelt und eben deshalb nur dargestellt werden kann. Kernfrage der Bewertung ist daher: Kommt das Problem, das durch die Streitfrage aufgeworfen wird, zu angemessener, sichtbar machender Darstellung?

Bei der Punktvergabe selbst gilt ein „absoluter" Maßstab. Die höchste Punktzahl bleibt der besten möglichen Leistung vorbehalten. Richtgrößen für die Punktvergabe: 0 Punkte = nicht vorhanden; 5 Punkte = schwache Leistung ; ab 10 Punkte = gute Leistung; 15 Punkte = sehr gute Leistung. Wer mehr als 15 Punkte vergibt, muss dies im Einzelnen rechtfertigen können! Dieser Bereich dient vor allem zur Profilierung der Spitzenleistungen auf Turnieren. Für den Clubgebrauch kann die Punkteskala der Gymnasialen Oberstufe als Orientierung dienen (strenge Benotung vorausgesetzt). Jeder tüchtige Redner sollte mit einem Schnitt in den 50ern zufrieden sein können (~ voll befriedigend).

Punkteskala

1.3 Die Einzelleistung des Redners wird in fünf Kategorien bewertet: Sprachkraft, Auftreten, Kontaktfähigkeit, Sachverstand, und Urteilskraft. In jeder Kategorie werden maximal zwanzig Punkte vergeben.

Die aufgeführten Kategorien erschließen fünf Aspekte, die zusammen ein funktionales Gefüge bilden: die rednerische Leistung. Keiner dieser Aspekte ist von den anderen völlig isolierbar, in jeder Rede sind daher alle fünf Aspekte präsent – im Idealfall in klassisch-harmonischer Ausgewogenheit.

Bewertungskategorien Einzelleistung

„Sachverstand" und „Sprachkraft" zeigen an, welche Fülle an Gedanken und Worten dem Redner zur Verfügung steht. Sie bilden gleichsam das Kapital des Redners. Von „Kontaktfähigkeit" und „Urteilskraft" hängt ab, ob und wie ein Redner mit seinem Kapital zu wirtschaften versteht. Im „Auftreten" nimmt das rhetorische Vermögen buchstäblich Gestalt an; es entscheidet über den ersten und den letzten Eindruck, den ein Redner hinterlässt.

Angemessenheit als Kernkompetenz

Im ausgewogenen Zusammenspiel dieser Aspekte bzw. Kompetenzen liegt die Kunst der Rede. Zeigen sich also zwischen ihnen extreme Unterschiede (was oft genug vorkommt), ist die Rede nicht ‚schön', sondern ‚schief'.

1.3.1 Sprachkraft meint Verständlichkeit und Klarheit, Plausibilität und Schlüssigkeit in Vortrag und Darstellung. Ausgezeichnet werden Prägnanz in der Beschreibung, Eindringlichkeit der Beweisführung sowie passende sprachliche Bilder und Vergleiche, Wortspiele und rhetorische Figuren.

Sprachkraft

Vereinfacht gesagt: „Sprachkraft" meint alles, was sich primär akustisch, über die Stimme vermittelt (‚Tonspur' des Redners), die sprecherisch-sprachliche Dimension plastischer Kraft. Dazu gehören auch: Stilhöhe, Satzbau, Wortschatz, Wortwahl, kurz: Eloquenz.

1.3.2 Auftreten meint die Stimmigkeit und Glaubwürdigkeit der inneren und äußeren Haltung.

Auftritt

Vereinfacht gesagt: „Auftreten" meint alles, was sich primär optisch vermittelt (‚Bildeindruck' der Rede): Haltung, Stand, Gestik, Mimik. Das Vermögen des Redners nimmt so, wie es jeweils ist, Gestalt an. Dabei interessiert nicht das Vorkommen von Gebärden, sondern was sich jeweils durch sie hindurch vermittelt. Ob die vorgetragene Gebärde oder Haltung überzeugt, hängt nämlich davon ab, ob Innen und Außen zusammenstimmen, sowohl bezogen auf den Redner wie auf die Situation, in der er sich befindet – eine ‚Souveränität an sich' gibt es nicht.

1.3.3 Kontaktfähigkeit meint die Fähigkeit, sich auf die jeweiligen Umstände der Debatte einzustellen, d. h., Gespür für die Situation, Bezogenheit auf die Hörer, Aufgeschlossenheit für neue Argumente und insbesondere der Umgang mit Zwischenfragen und Zwischenrufen.

Kontaktfähigkeit

„Kontaktfähigkeit" bezeichnet die Reagibilität des Redners – vor allem in der Ansprache der Hörer: darin, dass er sie jeweils da abholt, wo sie stehen (also ihren Horizont trifft), in der flexiblen Reaktion auf Zwischenfragen und Zwischenrufe, in Schlagfertigkeit, passender Sprechgeschwindigkeit und angemessenen Pausen.

1.3.4 Sachverstand meint die Fähigkeit, Sach- und Fachfragen zutreffend, gehaltvoll und stringent zu beantworten, insbesondere in Darlegung oder Kritik der thematisch umstrittenen Maßnahme.

Sachverstand

Kernfrage: „Ist das Gesagte richtig?". „Sachverstand" verlangt Kenntnis des Streitfalles, genaue Angaben (Daten, Fakten, Definitionen), Richtigkeit von Tatsachen (soweit allgemein bekannt, von Expertenwissen ist dabei abzusehen, Maßstab ist Allgemeinbildung), Gedankenfülle, immanente Schlüssigkeit der Argumentation, ‚Logik'.

1.3.5 Urteilskraft meint den Blick für das Wesentliche, insbesondere das Vermögen, Umstände und Gesichtspunkte in ihrer Entscheidungserheblichkeit zu erfassen und entsprechend auf der Höhe des Geschehens zu plädieren. Ausgezeichnet werden Wichtigkeit und Gewichtung der Sachargumente, ihre Einordnung in größere Zusammenhänge sowie die Intensität in der Auseinandersetzung mit dem gegnerischen Standpunkt.

Kernfrage: „Ist das Richtige gesagt?" Von seiner „Urteilskraft" Urteilskraft
hängt ab, inwieweit ein Redner die Fülle seiner Eindrücke (vgl.
Kontaktfähigkeit) auch verarbeiten kann. Im Urteilsvermögen
spiegelt sich die Fähigkeit zur Nuancierung und, nicht zuletzt, die
menschliche Reife und Erfahrung eines Redners. Hier werden
auch implizite oder explizite Gliederungselemente bewertet.

1.3.6 Bei Systemverstößen ist Punktabzug möglich. Solche Män-
gel sind: Verfehlen der Zeitvorgabe, Verfehlen des Themas, Ver-
fehlen der Zuhörer, Verfehlen der Rolle. Für jeden dieser Mängel
werden dem Redner zehn Punkte, in schweren Fällen zwanzig
Punkte abgezogen. Abzüge können nur einstimmig von allen Ju-
roren gemeinsam gegeben werden.

Abzüge sanktionieren nicht Schlechtleistung (dazu ist die Abzüge
Punktwertung da), sondern Gefährdung der Form ‚Debatte' (Sys-
temverstöße). Sie beziehen sich nur auf Rednerverhalten, das die
Debatte als Debatte vereitelt.

Abzüge können nur in Zehnerschritten vorgenommen werden Abzugsarten
(Verstoß ggf. entschuldbar: Kleiner Abzug, 10 Punkte, Verstoß un-
entschuldbar: Großer Abzug, 20 Punkte). Jede Mangelkategorie
wird gesondert abgezogen (z. B. 2 x 10, 1 x 20). Die Art des Ab-
zugs (a, b, c, d) ist daher auf dem Wertungsbogen anzugeben:

„Zeitvorgabe verfehlt": Kleiner Abzug: Glockenschlag des Prä- Zeitvorgabe ver-
sidenten ignoriert und weitergeredet oder 6:00' (Fraktionsredner) fehlt
bzw. 3:00' (Fraktionsfreie) unterschritten. Großer Abzug: 7:30'
(Fraktionsredner) bzw. 4:00' (Fraktionsfreie) überschritten oder
5:00' (Fraktion) bzw. 2:00' (FFR) unterschritten.

„Thema verfehlt". Kleiner Abzug: dauernder Verbleib auf Ne- Thema verfehlt
benschauplätzen oder Strittigkeitsgefälle nicht beachtet (Begründung strittiger Ansicht durch noch stärker strittige). Großer Abzug: Falsches Argumentationsziel, d. h. Antwort auf eine andere
als die gestellte Streitfrage.

„Zuhörer verfehlt". Kleiner Abzug: entstellende Falschzitate Zuhörer verfehlt
oder Insiderreferenzen im argumentativen Bereich der Rede –
Großer Abzug: vorgebrachte Gegenargumente und Debattenfortschritt ignoriert.

„Rolle verfehlt" (= Rolle als Debattenredner überhaupt, nicht Rolle verfehlt
Funktion im Team!) Kleiner Abzug: Einnahme einer simulierten
Rolle oder unangemessene Reflexion der Rolle als Debattant in
der Rede (Metabemerkungen). Großer Abzug: dauerhaft fehlende Positionierung, grobe Beleidigungen oder nachhaltige Miss-
achtung von (1:00') Zwischenrufverboten.

1.3.7 Redner, die mit mehr als fünfminütiger Verspätung Verspätungen
zur Debatte erscheinen, erhalten für diese Debatte keinen Punkt.

<table>
<tr><td>

Beleidigende
Angriffe

</td><td>

1.3.8 Redner, die andere Redner oder ganze Teams beleidigen oder persönlich diskriminierend angreifen, bleiben in der betreffenden Debatte ohne Punkt, wenn die Jury einstimmig erkennt, dass eine Verfehlung vorliegt, die nicht schon durch Punktabzug gerügt werden kann.

</td></tr>
</table>

Beleidigende Angriffe

1.3.8 Redner, die andere Redner oder ganze Teams beleidigen oder persönlich diskriminierend angreifen, bleiben in der betreffenden Debatte ohne Punkt, wenn die Jury einstimmig erkennt, dass eine Verfehlung vorliegt, die nicht schon durch Punktabzug gerügt werden kann.

Teamleistungen

1.4 Die Teamleistung der Fraktionen wird in drei Kategorien bewertet: Strategie, Interaktion und Überzeugungskraft. In den beiden erstgenannten Kategorien werden jeweils maximal fünfundsiebzig, in der letztgenannten maximal fünfzig Punkte vergeben.

1.4.1 Strategie umfasst Besetzung der Rollen, Arbeitsteilung und Zusammenspiel der Funktionen. Jeder Funktion (Eröffnung, Ergänzung, Schluss) können maximal fünfundzwanzig Punkte zugewiesen werden.

Strategie

Bei „Strategie" geht es um Besetzung und Erfüllung der jeweiligen Funktion im Team, wiewohl die Leistung ‚von vorn' erbracht wird (siehe oben Kommentierung zu D 1.2). Eröffner: Definition / Kritik des Antrags und erste Argumente. Ergänzer: Aufnahme und Kritik der Argumente, sinnvolle Ergänzung und überzeugende Darstellung der Teamposition für die nachfolgenden Fraktionsfreien Redner. Schlussredner: Zusammenfassung und Präzisierung, keine neuen Argumente.

1.4.2 Interaktion meint die Nutzung von Zwischenreden, Zwischenfragen und Zwischenrufen. Ausgezeichnet wird Effektivität in der Klärung, Präzision in der Prüfung, Witz (Scharfsinn, Humor, Schlagfertigkeit) in der Gestaltung. Für Zwischenreden und Zwischenfragen können jeweils maximal dreißig Punkte, für Zwischenrufe maximal fünfzehn Punkte vergeben werden.

Interaktion

„Interaktion" erfasst also die Teamleistung ‚von der Seite', insbesondere: treffende und produktive Zwischenreden, Zwischenfragen, die den Redner sinnvoll auf Lücken oder Inkonsistenzen hinweisen und zur Stellungnahme bewegen, ferner produktive und originelle Zwischenrufe.

Zwischenfragen eines Redners, die keinen Fragecharakter haben, gehen vollständig zu Lasten des jeweiligen Teams (die Teamkollegen können ja eingreifen).

Sollten keine Zwischenreden gehalten werden können (weil alle Fraktionsfreien sich der eigenen Fraktion anschließen), ist im Wertungsbogen die gleiche Punktzahl wie bei „Zwischenfragen" einzutragen.

1.4.3 Überzeugungskraft meint die Gesamterscheinung der Fraktion, insbesondere ihre Geschlossenheit als Team und ihre sportliche Einstellung (Einsatzbereitschaft, Kampfgeist, Fairness).

Bei der Regierungsfraktion wird außerdem die Qualität und Ausgestaltung des Antrags in Angesicht der Fragestellung bewertet.

Leitfragen zur Bewertung können sein: ‚Hat das Team als Team überzeugt?' und: ‚Wollen wir dieses Team wieder sehen?'

Überzeugungskraft

Die Regierungsfraktion hat die Fragestellung der jeweiligen Debatte durch den Turnierveranstalter nicht zu verantworten. Deshalb ist ein guter Antrag bei einer schweren / paradoxen Fragestellung hier zusätzlich positiv zu bewerten, ein durchschnittlicher oder schwacher bei einer leichten / endoxen Fragestellung hingegen negativ.

Das Abstimmungsverhalten der Fraktionsfreien Redner kann zwar als Indikator für die Überzeugungskraft der Teams herangezogen werden, es wird jedoch nicht eigens gewertet. Für Stimmengewinne gibt es also keinen Extrapunkt (die Gefahr von Manipulationen, Stimmenkauf o.ä. wäre zu groß).

2 Die Juroren

Juroren

2.1 Die Wertung wird von ehrenamtlichen Juroren vorgenommen, die über ihre Aufgaben vor Beginn des Turniers sorgfältig unterrichtet worden sind.

Die Einweisung der Juroren ist eine der wichtigsten Aufgaben des Turnierveranstalters! In Finalrunden eines OPD-Turniers sollten nur erfahrene Juroren zum Einsatz kommen.

Jurorenschulung

2.2 Die Juroren arbeiten in Jurys zu mindestens zwei Personen. Jede Jury hat einen Vorsitzenden Hauptjuror, der zugleich ihr Sprecher ist.

„Mindestens": um das Urteil auf eine breitere Basis zu stellen; zwei Juroren sind dabei das Minimum, dass jedem Veranstalter zugemutet werden kann. Es entsteht bereits dadurch, dass jedes Team einen Juror oder Präsidenten stellt und damit für jede Debatte mindestens drei Personen zu Verfügung stehen.

Mindestens zwei Juroren pro Debatte

Insgesamt gilt jedoch deutlich: Qualität vor Quantität! Eine Debatte wird wesentlich trefflicher bewertet, wenn zwei qualifizierte Juroren sie bewerten, als wenn drei oder mehr Anfänger mitwirken. Jeder Chefjuror ist gehalten, Personen die nicht ausreichend qualifiziert sind aus der Jurorenschaft auszuschließen, auch wenn er damit eine bestimmte angestrebte Anzahl von Juroren pro Debatte unterschreitet. Eine ungerade Anzahl von Juroren in der Debatte oder eine gleiche Anzahl von Juroren in jedem Raum ist im System der Offenen Parlamentarischen Debatte nicht notwendig.

2.3 Die Mitglieder einer Jury sollten nicht demselben Debattierclub angehören. Nach Möglichkeit soll kein Redner in den Vorrunden zweimal vom gleichen Juror bewertet werden.

Vermeidung von
Befangenheit

Beide Vorgaben sind Vorkehrungen gegen nie völlig vermeidbare Befangenheit.

2.4 Die Mitglieder einer Jury sind nicht zur Einstimmigkeit verpflichtet. Wenn ein Juror Präsident ist, übernimmt er alle Zeitnahmen sowie die Zählung der Zwischenreden, Zwischenfragen, Zwischenrufe.

Arbeitsweise der
Juroren

Die Juroren sollten schon während der Debatte Punktzahlen auf den Bewertungsbögen eintragen, ggf. zunächst mit Bleistift. Aber: relative Korrekturen zwischen den Einzelwertungen der Redner und der Ergebnisspalte sind unerwünscht! (es gilt ein absoluter Maßstab, siehe oben Kommentar zu D 1.2). Zur Addition der Punktzahlen sollen Taschenrechner verwendet werden.

Zwecks Zeitgabe zur Bewertung soll der Präsident die Redner ruhig aufrufen und kein vorzeitiges Erheben vom Platz gestatten – niemand darf reden, bevor ihm das Wort erteilt ist (siehe auch B.3.3)

Das Bewertungs-
verfahren

3 Verfahren

3.1 Die Wertung erfolgt fair, konstruktiv, kollegial und respektvoll.

3.2 Nach Schluss der Debatte zieht sich die Jury zur Beratung zurück oder Fraktionen und Redner verlassen vorübergehend den Saal. Die Zeit der Beratung soll eine Dauer von 10 Minuten nicht überschreiten. Sie dient zur gegenseitigen Information und individuellen Punktvergabe, ferner der Absprache darüber, was bei der Wertung in Worten vorgetragen werden soll.

Jurorenberatung

Das arithmetische Mittel aller Wertungen ist das Ergebnis, das an die Turnierleitung weitergeleitet wird. Wenn ausreichend Zeit vorhanden ist, können die Juroren einzelnen Leistungen und Punktzahlen von Rednern ansprechen und bei Bedarf Korrekturen an ihrer eigenen Bewertung vornehmen. Deutlichen Vorrang bei der Jurorenbesprechung hat jedoch die Aussprache über die Teamleistung und mögliche Abzugskriterien.

3.3 Nach dem Finale erfolgt keine Aussprache der Juroren über Einzelrednerpunkte. Die Jurorenberatung ist hier ausschließlich der Vergabe von Teampunkten und der Feststellung möglicher Abzüge vorbehalten.

Das Finale unterscheidet sich durch zwei Eigenschaften von den restlichen Runden. Erstens finden sich hier nicht nur die besten Redner, sondern auch die besten Juroren wieder. Dies bedeutet, dass jedem Juror eine hochqualifizierte eigenständige Bewertung der Rednerleistung zugetraut werden kann und eine Aussprache über die einzelnen Redner unnötig ist.

Zweitens stehen die Juroren im Finale regelmäßig unter höherem Zeitdruck als in den vorangegangenen Runden, unter dem die Qualität ihrer Entscheidung dennoch nicht leiden darf. Daher ist es sinnvoll, sich auf die notwendigen Elemente der Beratung zu beschränken und die Einzelrednerpunktvergabe von der Diskussion von vorn herein vollständig auszuschließen.

3.4 Zunächst spricht der Hauptjuror die Wertung in Worten aus, und zwar so, dass auf jede Fraktion und jeden Fraktionsfreien Redner kurz eingegangen wird. Danach kann jeder Juror anzeigen, welche Punktzahlen er im Einzelnen vergeben hat.

Bei der Wertung in Worten können zunächst die Teamleistungen angesprochen, dann die Einzelleistungen, Kriterium für Kriterium reihum. Aus Zeitgründen kann pro Redner auch nur die Gesamtzahl genannt werden. In jedem Falle sollte jeder Redner einen konkreten Verbesserungsvorschlag erhalten.

Rückmeldung an die Redner

3.5 Die Wertung in Worten darf eine Dauer von 15 Minuten nicht überschreiten. Die Redner nehmen die Wertung schweigend entgegen. Sie sind jedoch zu Nachfragen und einer kurzen abschließenden Stellungnahme berechtigt. Nachfragen und Stellungnahme haben in angemessenem Ton zu erfolgen.

Wichtig für die Turnierorganisation: Nach jeder Debatte ist Zeit für Rückmeldung an die Teilnehmer einzuplanen, das Feedback der Juroren ist ein wichtiges Element des Turniers. Die „abschließende Stellungnahme" gibt wiederum den Juroren Rückmeldung; sie ist ggf. auch Ventil, Kompensation für das vorausgehende Schweigegebot, in dieser Funktion praktisch so wichtig wie (hoffentlich) selten.

Feedbackphasen

3.6 Im Finale kann sich die Wertung in Worten auf die Würdigung des besten Teams und des punktbesten Redners beschränken.

4 Ermittlung der Turniersieger

Die Ermittlung der Turniersieger

4.1 Die vergebenen Punktzahlen werden in einer Tabelle vermerkt. In der Tabelle werden Redner und Teams in getrennten Spalten aufgeführt. Wer jeweils die meisten Punkte erzielt hat, führt die Spalte an.

4.1.1 Die Punktzahl eines Redners sagt nur, wie viele Punkte der Redner für seine Einzelleistungen erreicht hat. Die Punktzahl eines Teams zeigt an, wie viele Punkte die Mitglieder des Teams insgesamt, als Redner und als Fraktion erhalten haben.

4.1.2 Jeder Redner erhält pro Debatte 0-100 Punkte. Außerdem erhält jede Fraktion für ihre Teamleistung pro Debatte 0-200 Punkte. In drei Vorrunden kann ein Redner maximal 300, ein Team maximal 1300 Punkte erreichen (1300 = 400 (2 x 200 als Fraktion) + 900 (3 x 300 für Redner)).

Teams können nur da Fraktionspunkte sammeln, wo sie als Fraktionen agieren. Als Fraktionsfreie erhalten sie nur Rednerpunkte. Daraus erklärt sich der vergleichsweise höhere Anteil der

Rednerpunkte innerhalb der Teampunktzahl (Maximum 900 von maximal 1300 nach drei Vorrunden).

4.2 Diejenigen Teams, die nach Abschluss der Vorrunden die meisten Punkte auf sich vereinigt haben, sind für die erste Finalrunde als Fraktionen qualifiziert. Die punktbesten Redner der übrigen Teams sind als Fraktionsfreie Redner qualifiziert.

4.3 In den Finalrunden wird über die Qualifikation zur jeweils nächsten Runde im direkten Vergleich der Fraktionen entschieden. In jeder Debatte setzt sich diejenige Fraktion durch, die mehr Punkte erhält. Als Fraktionsfreie qualifizieren sich die im Gesamtvergleich punktbesten Redner, die nicht schon als Fraktionsredner qualifiziert sind.

K.O.-Runden

In den Finalrunden nehmen Redner ihre Punkte aus früheren Runden mit, nicht aber Teams. Für sie gilt striktes Knock-out-System, sonst wäre manches Team bei punktbesserem Gegner u. U. von vornherein chancenlos.

4.4 Nach der Schlussdebatte des Turniers (Finale) werden das beste Team, der punktbeste Redner und der beste Publikumsredner ausgezeichnet.

Siegerkategorien

Teamleistungen und Einzelleistungen erhalten eine sachverständige Wertung durch Juroren. Auch und gerade im Finale ist eine sorgfältige und vollständige Bewertung aller Redner und Teamleistungen notwendig.

Die Publikumswertung ist ein ‚Bonbon' an das Publikum, das dieses integriert und außerdem ein Indiz für die Nachvollziehbarkeit der Jurorenwertung abgibt.

4.4.1 Bestes Team ist die bessere der beiden Fraktionen im Finale.

4.4.2 Punktbester Redner ist, wer für seine Einzelleistungen die meisten Punkte auf dem Turnier erhalten hat (maximal 600 Punkte bei einem Turnier mit drei Vor- und drei Finalrunden). Dieser Redner ist immer Teilnehmer am Finale.

Bestes Team und punktbester Redner können nur Finalteilnehmer sein, da nur die Punktbesten ins Finale gelangen. Die Gesamtpunktzahl ergibt sich wohlgemerkt aus dem Turnier im Ganzen, nicht aus dem Durchschnitt pro Runde.

4.4.3 Der beste Publikumsredner wird vom Publikum in geheimer Abstimmung gewählt. Jeder Zuhörer im Publikum wählt unter allen Rednern des Finales seine persönlichen Favoriten aus. Dieses Ergebnis wird nach dem Ergebnis der Jurorenwertung bekannt gegeben.

II 6.3 Disputation: Regelwerk
In der Fassung vom 19. Mai 2005

A ZIELSETZUNG

Die Disputation ist ein streng regelgeleiteter Dialog, der auf die Prüfung der argumentativen Konsistenz und glaubhaften Haltbarkeit einer These ausgerichtet ist. Den Disputanten dient sie zur Übung von treffender und schlüssiger Argumentation, präziser Analyse vorliegender Thesen und Definitionen, schneller Interaktion und dem strategischen Umgang mit Fragen und Aussagen sowie zum Vergleich der erworbenen Fähigkeiten im sportlichen Wettkampf.

Die Regeln der Disputation sind autonome Satzung und in ihrer kommentierten Fassung materiell erschöpfend. Sie gelten unabhängig von den Regeln anderer Formate.

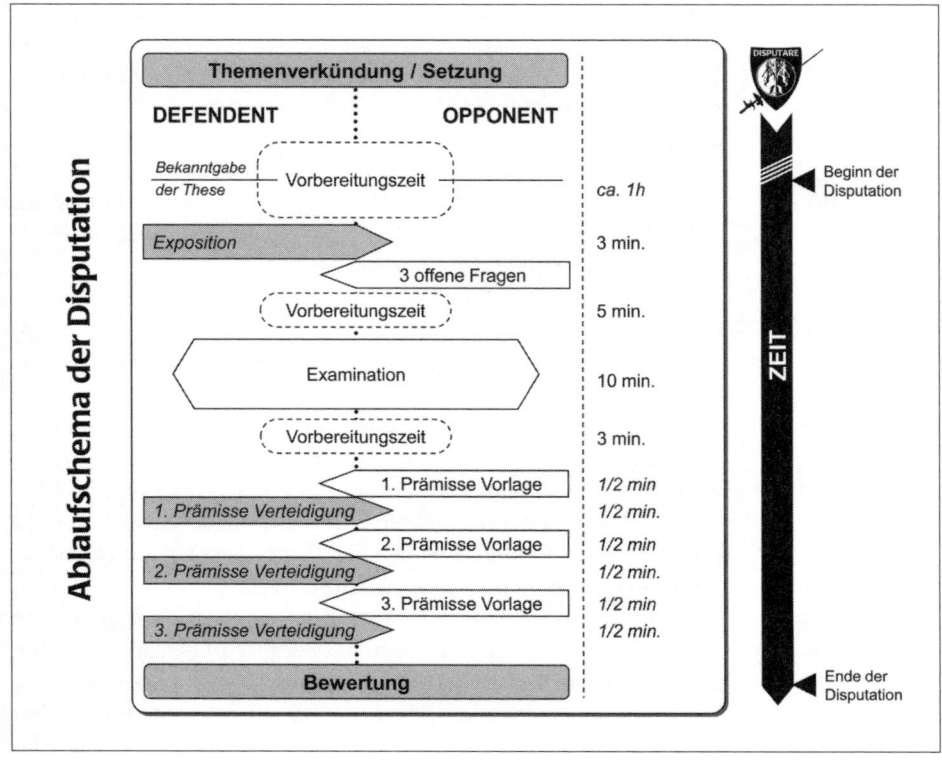

Ablauf der Disputation

Disputationsteil-
nehmer

B REGELN

1 Teilnehmer

Die Disputation wird von zwei Teilnehmern bestritten, dem Defendenten und dem Opponenten. Der Defendent stellt eine These vor und verteidigt deren Schlüssigkeit, der Opponent hinterfragt ihre Prämissen und überprüft ihre Konsistenz. Über die Regeln wacht ein Präsident. Bewertet wird die Disputation von mindestens zwei Juroren, von denen einer auch die Aufgaben des Präsidenten übernehmen kann.

2 Ablauf

Ablauf der Disputa-
tion

Ablauf der Disputation

Die Disputation besteht aus drei separaten Phasen mit unterschiedlichen Aufgaben, Rechten und Bewertungen:

Expositionsphase

2.1 Exposition: In der Expositionsphase stellt der Defendent eine strittige These aus einem vorgegebenen und im Vorfeld verkündeten Bereich (dem Thema) vor und beleuchtet in einer kurzen Rede die grundlegenden Hintergründe, Implikationen und Definitionen. Die Exposition wird wie der Rest der Disputation im Sitzen vorgetragen. Zur Vorbereitung der Exposition bekommen die Disputanten in der Regel mindestens eine Stunde im Voraus das Thema. Nach der Hälfte der Vorbereitungszeit legt der Defendent dem Opponenten und dem Präsidenten den Wortlaut seiner These schriftlich vor. Erfolgt diese Vorlage vor Ablauf der halben Maximalvorbereitungszeit so verkürzt sich die verbleibende Vorbereitungszeit entsprechend.

Im unmittelbaren Anschluss an die Exposition des Defendenten erhält der Opponent das Recht, drei offene Fragen zu stellen. Die Antworten des Defendenten auf die offenen Fragen sind im Wortlaut bindend.

Basisrechte und
-pflichten des De-
fendenten

2.1.1 Basisrechte und -pflichten des Defendenten: Der Defendent hat für seine Exposition maximal drei Minuten Zeit, in denen er nicht unterbrochen, gestört oder befragt werden darf.

Basisrechte und
-pflichten des Op-
ponenten

2.1.2 Basisrechte und -pflichten des Opponenten: Nach der Exposition des Defendenten erhält der Opponent fünf Minuten Zeit, um sich auf die Examination vorzubereiten.

Examinationsphase

2.2 Examination: Die Examinationsphase ist das Kernstück der Disputation. Sie besteht aus einem streng regelgeleiteten Dialog zwischen den Disputanten mit asymmetrisch verteilten Rechten. Die gesamte Examination dauert maximal zehn Minuten. Wird während der letzten Frage das Zeichen für das Ende der Disputation gegeben, so darf der Opponent seine Frage noch vollständig ausformulieren, der Defendent muss ihr noch antworten.

2.2.1 Basisrechte und -pflichten des Opponenten: Der Opponent darf ausschließlich geschlossene Entscheidungsfragen stellen. Sie dienen der Explikation der vorgestellten Prämissen und Implikationen und der Überprüfung ihrer Konsistenz. Der Opponent hat keine zeitliche Begrenzung für diese Fragen, darf jedoch keine unabhängigen Aussagen einführen, die nicht unmittelbar der Erläuterung der anvisierten Frage dienen. Die Fragen sollen ausschließlich auf die Begründung der Behauptungen des Defendenten zielen und nicht allgemeines Wissen über das Thema oder bloße Mutmaßungen über hypothetische Szenarien abfragen. Bei Fragen, die nicht erkennbar quantifiziert sind, wird als Richtmaß der Quantor „generell" angenommen, d.h. die Frage zielt auf die meisten oder die Mehrheit der Fälle ab.

Basisrechte und -pflichten des Opponenten

2.2.2 Basisrechte und -pflichten des Defendenten: Der Defendent darf auf die Fragen des Opponenten ausschließlich mit „Ja." oder einer vergleichbaren Affirmation, die den Wortlaut der Frage aufnimmt (Zugeständnis der Behauptung) oder „Nein." bzw. einer vergleichbaren Negation, die den Wortlaut der Frage aufnimmt (Ablehnung der Behauptung) antworten. Gibt der Defendent auf eine Frage nach spätestens dreißig Sekunden keine eindeutige oder gar keine Antwort, so wird dies als Affirmation gewertet.

Basisrechte und -pflichten des Defendenten

2.2.3 Sonderrechte des Opponenten: Bei *Nebenwiderspruch*: Ist der Opponent der Meinung, dass ein Widerspruch zwischen zwei oder mehr zugestandenen Prämissen des Defendenten untereinander aufgetreten ist, so kann er dies durch den Ausspruch „Nebenwiderspruch" aufzeigen. Er darf diesen Widerspruch nach Verlesung der betreffenden Prämissen den Juroren kurz (max. 30 Sek.) erläutern. Auf diese Erläuterung darf der Defendent ebenfalls kurz (max. 30 Sek.) antworten. Es besteht das Recht zu Replik und Duplik. Nach den Erläuterungen entscheiden die Juroren ohne Aussprache über den Widerspruch. Ein Widerspruch gilt als abgelehnt, wenn nicht mindestens zwei Drittel der Juroren ihm zustimmen. Wird ein Widerspruch anerkannt, so muss der Defendent eine der widersprüchlichen Prämissen zurücknehmen. Nach der Annahme oder Ablehnung eines Nebenwiderspruchs wird die Examinationsphase fortgesetzt. Der Zeitraum der Bearbeitung einer Widerspruchsbehauptung zählt nicht zur Examinationszeit.

Sonderrechte des Opponenten

Bei *Hauptwiderspruch*: Ist der Opponent der Meinung, dass ein Widerspruch zwischen der These des Defendenten und einer oder mehreren Prämissen aufgetreten ist, so kann er dies durch den Ausspruch „Hauptwiderspruch" aufzeigen. Er darf diesen Widerspruch nach Verlesung der betreffenden Prämissen und der These den Juroren kurz erläutern. Auf diese Erläuterung darf der Defendent ebenfalls kurz antworten. Es besteht das Recht zu Replik und Duplik. Nach den Erläuterungen entscheiden die Juroren ohne Aussprache über den Widerspruch. Ein Widerspruch gilt als abgelehnt, wenn nicht mindestens zwei Drittel der Juroren ihm zustimmen. Wird ein Hauptwiderspruch anerkannt, so ist die Disputation beendet. Es findet keine Evaluationsphase statt. (K.O.-Sieg)

Bei *Stillstand*: Der Opponent hat jederzeit das Recht, die Examinationsphase zu beenden. Er gibt damit die Möglichkeit der Widerlegung auf und geht direkt zur Evaluationsphase über.

Sonderrechte des Defendenten

2.2.4 Sonderrechte des Defendenten: Bei *unklarer Fragestellung*: Versteht der Defendent den Wortlaut oder Inhalt einer Frage des Opponenten nicht, so darf er dies mit „Ich verstehe nicht", „Unklar" oder einer vergleichbaren Formulierung anzeigen und den Opponenten damit zur Reformulierung oder Rücknahme seiner Frage auffordern. Er ist gehalten, diese Aussage durch eine sehr kurze Erläuterung seines Verständnisproblems zu ergänzen.

Bei *irrelevanter Fragestellung*: Ist der Defendent der Meinung, dass die Frage des Opponenten auf irrelevantes Spezialwissen oder eine reine Spekulation über hypothetische Szenarien abzielt oder erkennbar für die Prüfung der These belanglos ist, so darf er die Frage als ‚irrelevant' bezeichnen. Als ‚irrelevant' bezeichnete Fragen dürfen nicht zur Konstruktion eines Widerspruchs verwendet werden.

Bei *Widerspruch*: Behauptet der Opponent einen Nebenwiderspruch, so darf der Defendent an Stelle einer Verteidigung oder Rücknahme einer Prämisse oder eines Aussagestranges (Eingeständnis eines Nebenwiderspruchs) auch die These zurücknehmen. Dies wird ausschließlich als Hauptwiderspruch gewertet.

Evaluationsphase

2.3 Evaluation: Die Evaluationsphase dient der Bewertung der für die verteidigte These notwendigen Prämissen. Sie wird übersprungen, falls die These während der Examinationsphase aufgegeben wurde.

Basisrechte und -pflichten des Opponenten

2.3.1 Basisrechte und -pflichten des Opponenten: Der Opponent legt die drei seiner Meinung nach paradoxesten Prämissen, die sich aus der Examination ergeben haben, den Juroren wortgetreu vor. Hierzu gibt er einen möglichst genauen Wortlaut der Frage und die dazugehörige Antwort an. Er hat zur Auswahl der Prämissen und deren schriftlicher Vorlage maximal drei Minuten Zeit. Prämissen, die nach drei Minuten nicht vorliegen oder nicht eindeutig sind, werden mit 0 Punkten bewertet.

Fragen, die durch einen Nebenwiderspruch zurückgezogen wurden und solche, die lediglich den Wortlaut der These wiedergeben, dürfen nicht vorgelegt werden. Fragen, die vom Defendenten als ‚irrelevant' bezeichnet wurden, dürfen nicht als ‚paradox', dafür aber als ‚relevant' für den Disputationsverlauf vorgelegt werden. Analog dürfen Fragen, die vom Defendenten als ‚unklar' bezeichnet wurden, als ‚klar' vorgelegt werden. Der Opponent darf zu jeder der Prämissen nach ihrer Verlesung durch den Präsidenten kurz (max. 30 Sek.) erklärend Stellung nehmen. Nach der Antwort des Defendenten hat er das Recht zu einer kurzen Replik. Nimmt er dieses Recht in Anspruch, so erhält der Defendent das Recht zu einer kurzen Duplik.

2.3.2 Basisrechte und -pflichten des Defendenten: Der Defendent darf nach jeder der kurzen Erklärungen ebenfalls kurz (max. 30 Sek.) antworten. Verzichtet der Opponent auf sein Recht der Erklärung, dann darf der Defendent dennoch sein Recht wahrnehmen.

Basisrechte und -pflichten des Defendenten

2.3.3 Sonderrechte des Defendenten: Legt der Opponent eine Prämisse zur Evaluation vor, deren Wortlaut nicht nur trivial vom Wortlaut der ursprünglichen Frage und Antwort abweicht, dann darf der Defendent unmittelbar nach Vorlage der Prämisse Einspruch gegen diese Prämisse einlegen. In diesem Fall legt er einen alternativen Wortlaut schriftlich vor. Er hat das Recht zu einer kurzen Erläuterung, woraufhin auch der Opponent das recht zu einer kurzen Erwiderung erhält. Die Möglichkeit zu Replik und Duplik besteht analog. Die Juroren entscheiden an Hand der Aufzeichnung, welche der beiden Formulierungen treffender ist. Wird dem Einspruch stattgegeben, dann wird die Prämisse mit 0 Punkten bewertet, wird sie abgelehnt, dann wird die Prämisse mit 10 Punkten bewertet.

Sonderrechte des Defendenten

3 Präsident

Der Präsident leitet die Disputation, überwacht die Zeiten und unterbindet Regelverstöße. Er greift in die laufende Disputation nur bei deutlichen Regelverletzungen ein. Er unterstützt die Bewertung der Juroren durch Angabe der Dauer der Examinationsphase. Vorbereitungs- und Redezeiten beginnen durch die Aufforderung des Präsidenten. Der Präsident kündigt die letzte Minute der Examinationsphase und der Vorbereitungsphasen mit den Worten „Tempus fugit." an. Das Ende aller Redezeiten kennzeichnet er mit dem Ausruf „Silentium!"

Der Präsident der Disputation

C [...]

D. WERTUNG

1 Juroren

Die Disputation wird von mindestens zwei Juroren bewertet. Diese sind gehalten, die Grundzüge der Disputation schriftlich oder mit Hilfe eines Aufnahmegerätes festzuhalten. In jedem Fall ist die Anzahl der Antworten des Defendenten festzuhalten und dafür Sorge zu tragen, dass gegensätzliche Behauptungen über zugestandene Prämissen in der Evaluationsphase entschieden werden können.

2 Bewertungskriterien

In der Bewertung werden diejenigen unterschiedlichen Fähigkeiten und Bereitschaften der beiden Disputanten positiv sanktioniert, die zu einer gelungenen Disputation notwendig sind oder einen erfolgreichen Verlauf kennzeichnen. Dies geschieht separat für die drei Phasen der Disputation und auf verschiedene Weise für die beiden Disputanten gemäß ihrer unterschiedlichen Aufgaben und Zielsetzungen. Positiv bewertet werden dabei insbesondere eine klare Darlegung und mutige Auswahl der These (Defendent), die Bereitschaft, zur zügigen Antwort (Defendent) und die Geschwindigkeit einer Widerlegung (Opponent), das Aufdecken von Widersprüchen (Opponent), die Darstellung der größten Schwächen, auf denen die These ruht, falls diese nicht widerlegt werden kann (Opponent) sowie Grundlagen der sportlichen Fairness im Umgang (Defendent und Opponent).

2.1 Exposition: Für die Expositionsphase wird nur der Defendent bewertet. Er erhält für seine Rede und seine Antworten auf die offenen Fragen 1 bis 15 Punkte. Hiervon entfallen 1 bis 10 Punkte auf die Wahl seiner These (vollständig endox = 1 Punkt bis sehr paradox = 10 Punkte) und 0 bis 5 Punkte auf die Klarheit der Definitionen und die Eloquenz der Darstellung.

2.2 Examination: Für die Examinationsphase erhalten entweder der Defendent oder der Opponent Punkte. Gelingt dem Defendenten die Verteidigung seiner These ohne einen Hauptwiderspruch, so wird er bewertet. Kann der Opponent einen Hauptwiderspruch während der Examinationsphase aufzeigen, so wird er bewertet.

Bewertung des Defendenten: Der Defendent erhält im Fall einer erfolgreichen Verteidigung seiner These einen halben Punkt pro Antwort. Auch Antworten, die später auf Grund eines Nebenwiderspruchs zurückgezogen wurden, werden bewertet. Der Defendent erhält zusätzlich für jeden abgelehnten Hauptwiderspruch 6 Punkte.

Bewertung des Opponenten: Der Opponent erhält im Fall einer gescheiterten These 3 Punkte für jede verbleibende Minute Restzeit der Examinationsphase, die auf Grund der Kapitulation des Defendenten nicht mehr genutzt wird. Zusätzlich erhält er einmalig 30 Punkte für das Aufdecken eines Hauptwiderspruchs.

2.3 Evaluation: Für die Evaluationsphase wird nur der Opponent bewertet. Die Prämissen, die er am Schluss der Disputation den Juroren vorlegt, werden von diesen separat eingeschätzt. Für jede dieser Prämissen werden 1 (uneingeschränkt endox) bis 10 (sehr paradox oder abwegig) Punkte vergeben. Bewertungsgrundlage für die Paradoxität einer Prämisse ist lediglich der Wortlaut der Frage und die dazugehörige Affirmation oder Negation, sowie ggf. die kurzen Erklärungen von Opponent und Defendent, nicht hingegen der Kontext der Disputation. Die Bewertung der vom Defendenten als ‚irrelevant' respektive ‚unklar' bezeichneten und vom Opponenten als ‚relevant' respektive ‚klar' vorgelegten Fragen verläuft analog. Hierbei entspricht ‚irrelevant' respektive ‚unklar' 1 Punkt bis ‚relevant' respektive ‚klar' 10 Punkte.

Bewertung Evaluation

2.4 Nebenwidersprüche: Ist der Defendent im Verlauf der Examination auf Grund eines Nebenwiderspruchs dazu gezwungen, Nebenthesen oder bereits zugestandene Prämissen zurückzunehmen, dann erhält der Opponent pro Zurücknahme zusätzlich 10 Punkte. Für jeden abgelehnten Nebenwiderspruch erhält der Defendent 2 Punkte.

Bewertung von Nebenwidersprüchen

2.5 Kooperation: Beide Disputanten erhalten für die Kooperation 10 Punkte. Diese Punkte werden üblicherweise vergeben. Ihre Nichtvergabe ermöglicht es den Juroren, deutlich unkooperatives Verhalten eines Disputanten negativ zu sanktionieren. Unkooperative Verhaltensweisen sind insbesondere: Unnötiges Ablehnen von Fragen durch Verweis auf deren Unklarheit oder Irrelevanz (Defendent), erkenntlich bewusste Zeitverzögerungen (Defendent), unnötig komplexe Fragekonstruktionen, Störung der Expositionsrede (Opponent) oder der Vorbereitungszeiten (Defendent).

Bewertung Kooperation

3 Ergebnis

Die Summe der Punkte aus 2.a, ggf. 2.b und 2.e bilden das Gesamtergebnis des Defendenten. Die Summe der Punkte aus 2.b oder c, ggf. 2.d und 2.e bilden das Ergebnis des Opponenten. Die Ergebnisse der Juroren werden arithmetisch gemittelt. Es findet keine Aussprache unter den Juroren statt.

Ergebnis der Disputation

Schlusswort

Zunächst lassen Sie sich gratulieren, dass Sie die Ausdauer und den Willen bewiesen haben, die ein werdender Redner braucht, wenn er seine Aufgabe gut meistern will. Nachdem Sie das Buch bis hier hin durchgearbeitet haben, verfügen Sie über die wesentlichen Kenntnisse und Fähigkeiten, um in jeder Situation die richtigen Worte zu finden. In den vielen alltäglichen und besonderen Übungsgelegenheiten können Sie nun mit diesem Hintergrund wertvolle Erfahrungen sammeln, um Ihre Beredsamkeit noch weiter auszubauen und zu vervollkommnen. Erfahrung und stetes Training sind neben der Kenntnis der theoretischen Grundlagen die Schlüssel zu langfristigem rednerischem Erfolg. Cicero, der als bester Redner seiner Zeit und der gesamten römischen Antike gilt, deklamierte täglich, um fit zu bleiben und selbst auf höchstem Niveau noch besser zu werden. Suchen Sie sich Ihre Lieblingsübung aus dem weiten Feld der Übungen heraus und versuchen Sie regelmäßig an Ihren Fähigkeiten zu feilen. Ein guter Rahmen dafür sind Debattierclubs an Schulen oder Hochschulen (unter www.debattierclubs.de sind die meisten deutschsprachigen Clubs mit Anschriften zu finden). Falls sich kein Club in Ihrer unmittelbaren Nähe befindet, oder Sie lieber deklamieren oder disputieren möchten: Gründen Sie mit einigen Gleichgesinnten einen Redezirkel, eine Disputationsgesellschaft oder eine Deklamationsrunde. Mit ein bisschen Werbung, das zeigt die Erfahrung, sind für solche Foren des rhetorischen Trainings schnell Mitstreiter zu gewinnen.

Sollten sich bei der Lektüre oder bei dem Training Hinweise, Anregungen und Weiterentwicklungen ergeben, so würden wir uns freuen, wenn Sie diese Erfahrungen mit uns teilen und eine kurze Mail an autoren@streitkultur.net schreiben würden.

Weitere Infos rund um die Übungsformen und insbesondere die aktuellen Versionen der Regeln finden Sie auf www.streitkultur.net und www.dialektische-gesellschaft.de.

Anhang: Beispiele und Vorlagen

Im Folgenden finden Sie hier Anregungen für mögliche Themen, Fälle, Fragen und Thesen für die in Teil II vorgestellten Übungsformen.

1 Wortgefecht: Beispielbegriffe

Folgende Begriffe eignen sich für das Wortgefecht und bieten Anhaltspunkte für die Formulierung eigener Stichpunkte.

1. Ganztagsschulen
2. Studiengebühren
3. Föderalismus
4. Kommunismus
5. Demokratie
6. direkte Demokratie
7. Mehrheitswahl
8. Parteien
9. Große Koalition
10. Zensur
11. Schulnoten
12. Subventionen
13. EU
14. Schulfächer (Latein, Biologie, Kunst, Religion, Sport, Chemie, Wirtschaft, Rhetorik, Geschichte)
15. Präventive Kriegseinsätze
16. Quoten
17. Atomkraft
18. Berufsarmee
19. Gewerkschaften
20. öffentlich-rechtlicher Rundfunk
21. Fernsehen
22. Abtreibung
23. Vaterschaftsurlaub
24. Entwicklungshilfe
25. Schönheitschirurgie
26. Todesstrafe
27. Klonen
28. (Moderne) Kunst

29. Monarchie
30. Bier

2 Deklamation: Beispielfälle

BEISPIELFALL: DER SCHWANGERSCHAFTSABBRUCH

Gegeben:

* Totschlag wird mit einer Freiheitsstrafe von zehn Jahren Haft bestraft.
* Abtreibung wird mit einer Freiheitsstrafe von fünf Jahren Haft bestraft.
* Körperverletzung wird mit einer Freiheitsstrafe von drei Jahren bestraft.

Fallbeschreibung: Eine verzweifelte Frau wendet sich nach einer Vergewaltigung mit Schwangerschaftsfolge an einen Arzt mit der Bitte um Abtreibung. Der Arzt verwehrt ihr mit dem Verweis auf die Gesetzeslage diese Bitte, stellt ihr aus Mitleid jedoch die notwendigen Instrumente und Informationen zur Verfügung. Die Frau bedient diese in Abwesenheit des Arztes falsch, verletzt sich schwer und verstirbt eine Woche später an den Folgen der Verletzung.
Fragestellung: Ist der Arzt schuldig?

BEISPIELFALL: DIE SARMATEN

Gegeben:

* Übergriffe auf die Zivilbevölkerung im Kriegsfall werden mit bis zu zwanzig Jahren Haft bestraft.
* Das Volk hat im Fall eines Angriffs auf sein Territorium das Recht zur Selbstverteidigung.

Fallbeschreibung: Sophistopolis wird von seiner ehemaligen Kolonialmacht Sarmasien angegriffen, nachdem diese behauptet, die Unabhängigkeit sei unrechtmäßig zu Stande gekommen. In dem darauf folgenden mehrjährigen Krieg, dem viele Tausend Menschen zum Opfer fallen, schlägt sich die noch in Sophistopolis ansässige Minderheit der Sarmaten auf die Seite des Aggressors und bietet maßgebliche Unterstützung. Nach fünf Jahren rüstet die Armee von Sophistopolis unter der Leitung von General Ante zum Gegenschlag. Dieser befiehlt die systematische Vertreibung der 10.000 Sarmaten, der 200 von ihnen zum Opfer fallen. Wenige Tage nach diesem Gegenschlag ist der Krieg vorbei. Fünf

Jahre später wird General Ante der Kriegsverbrechen beschuldigt.

Fragestellung: Soll er verurteilt werden?

BEISPIELFALL: SOHN GOTTES

Gegeben:

- Jeder Mensch hat das Recht auf freie Auswahl und ungestörte Ausübung seiner Religion.
- Wer die bürgerliche Ordnung von Sophistopolis stört und den Weiterbestand der Staatsordnung gefährdet, wird mit Freiheitsentzug von bis zu fünfzehn Jahren bestraft.

Fallbeschreibung: Ein Wanderprediger zieht durch Sophistopolis und behauptet von sich der Sohn Gottes zu sein. Gleichzeitig ruft er sich als König seiner Anhänger aus. Die Gemeinschaft des Predigers vergrößert sich rasch, insbesondere unter der ärmeren Landbevölkerung. Nach zwei Jahren wird er des Aufruhrs angeklagt.

Fragestellung: Soll er verurteilt werden?

Beispielfall: Sohn Gottes

BEISPIELFALL: DER AUTOR CARLOS

Gegeben:

- Jeder Mensch hat das Recht auf Ausübung der künstlerischen Freiheit.
- Wer ein Produkt unter Vorspiegelung falscher Tatsachen zum Verkauf anbietet, ist zur Erstattung des zehnfachen Kaufpreises verpflichtet.

Fallbeschreibung: Der Autor Carlos beschreibt in seinen Büchern Reisen und Abenteuer, die der Protagonist mit Namen Carlos selbst erlebt haben will. Ein Leser erfährt durch Zufall, nachdem er die nicht ganz günstigen Bücher des Autoren alle erworben und mit Freude gelesen hat, dass es sich bei den Geschichten tatsächlich um reine Fiktionen handelt und ist tief getroffen. Er verklagt den Autor auf mehrfachen Schadenersatz.

Fragestellung: Ist Carlos schuldig?

Beispielfall: Der Autor Carlos

BEISPIELFALL: DIE ZWILLINGE

Gegeben:

- Wer einen Menschen tötet wird mit Freiheitsentzug von bis zu fünfzehn Jahren bestraft.
- Jeder Arzt ist nach seinen besten Möglichkeiten zur Erhaltung von Leben und Gesundheit seiner Patienten verpflichtet.

Beispielfall: Die Zwillinge

Fallbeschreibung: Ein Zwillingspaar mit einer sehr seltenen Blutgruppe kommt auf Grund eines genetischen Defekts mit jeweils nur einer Hälfte eines lebenswichtigen Organs zur Welt. Im Alter von zwanzig Jahren wird beiden diagnostiziert, dass sie ohne eine Organspende nur noch wenige Monate zu leben haben. Die Suche nach einem geeigneten Spender verläuft ergebnislos. Daraufhin tritt einer der Zwillinge an einen Arzt heran und bittet ihn, seine Organhälfte dem Bruder zu implantieren, der damit ein normales Leben führen könnte. Der Arzt weist ihn eindringlich auf die Folgen dieser Operation (seinen eigenen Tod!) hin, willigt dann aber ein. Die Operation erfolgt und der Bruder verstirbt erwartungsgemäß. Sein Zwilling wird vollständig geheilt.

Fragestellung: Ist der Arzt schuldig?

Beispielfall: **BEISPIELFALL: DIE BIENEN**
Die Bienen
Gegeben: Privates Eigentum darf nicht entwendet oder beschädigt werden.

Fallbeschreibung: Der Großgrundbesitzer Pescados und der arbeitslose Handwerker Georgos haben zwei benachbarte Grundstücke. Auf dem Grundstück des Großgrundbesitzers befindet sich ein Blumengarten, während der Handwerker als einzigen Nebenverdienst auf seinem Grundstück ein paar Bienenstöcke pflegt. Pescados beschwert sich bei seinem Nachbarn, dass dessen Bienen regelmäßig den Nektar aus seinen Blumen entwenden und fordert ihn auf, seine Bienen umzusiedeln. Als dieser das unterlässt, besprüht er seine Blumen heimlich mit Gift. Nachdem an diesem Gift Georgos Bienen verenden, verklagt er den Großgrundbesitzer auf Schadenersatz.

Fragestellung: Soll der Schadenersatz zugesprochen werden?

Beispielfall: **BEISPIELFALL: DIE BEIDEN BRÜDER**
Die beiden Brüder
Gegeben: Mitglieder einer Familie sind ihrem gegenseitigen Wohl verpflichtet.

Fallbeschreibung: Wenige Monate nach dem Tod seiner Frau im Kindbett schickt der Mann den neugeborenen Sohn zur Erziehung in ein renommiertes Heim und Internat. Kurz darauf heiratet er erneut und seine neue Frau wird bald darauf schwanger. Zwei Jahre nach der Geburt geht die Mutter auf Forschungsreise und kehrt erst viele Jahre später zurück. Da die beiden Brüder sich mittlerweile überaus ähnlich sehen, kann die Mutter ihren Sohn nicht von dem anderen unterscheiden. Sie verlangt darüber Auskunft vom Vater, der diese verweigert. Die Mutter verklagt ihren Mann wegen seelischer Grausamkeit.

Fragestellung: Ist der Mann schuldig?

BEISPIELFALL: DIE DROGE SOMA

Gegeben: Der Verkauf von Soma ist verboten und wird bestraft.

Fallbeschreibung: Der Ausländer Adeios, in dessen Heimat die Droge Soma legalisiert ist, besucht einen Freund in Sophistopolis. Der Freund bittet Adeios, ihm doch etwas von dem Soma, das er von zu Hause mitgebracht hat, zu verkaufen. Dieser verwehrt das zunächst, lässt sich dann jedoch überreden, dem Freund das Soma im Gegenzug für ein Buch, das er schon lange sucht, zu überlassen. Der Handel kommt zu Stande. Adeios wird wegen Verstoß gegen das Gesetz von Sophistopolis angeklagt.

Fragestellung: Soll er verurteilt werden?

Beispielfall: Die Droge Soma

BEISPIELFALL: DIE BLUTTRANSFUSION

Gegeben:

- Jeder Mensch hat das Recht auf freie Auswahl und ungestörte Ausübung seiner Religion.
- Körperverletzung wird mit bis zu drei Jahren Haft bestraft.
- Ärzte sind zur Hilfeleistung nach bestem Wissen und Gewissen verpflichtet.

Fallbeschreibung: Bei einem Autounfall wird ein Anhänger einer religiösen Sekte angefahren und lebensgefährlich verletzt. Bevor er bewusstlos wird, weist er einen herbeieilenden Arzt an, ihm in keinem Fall fremdes Blut zu geben, da dies gegen seinen Glauben verstoße. Der Arzt gibt ihm dennoch eine Transfusion und rettet damit sein Leben. Der Verletzte wird nach seiner Genesung aus der Sekte verstoßen. Er verklagt den Arzt.

Fragestellung: Ist der Arzt schuldig?

Beispielfall: Die Bluttransfusion

BEISPIELFALL: DIE FOLTER

Gegeben: Folter ist strengstens verboten und wird mit Haft von bis zu zehn Jahren bestraft.

Fallbeschreibung: Der vorbestrafte Pescados entführt den fünfjährigen Sohn des wohlhabenden Adeios, um von ihm Geld zu erpressen. Er wird gefasst, gesteht die Entführung, droht aber damit, den Sohn in seinem Versteck verhungern zu lassen, falls er nicht mit der erpressten Summe auf freien Fuß gesetzt wird. Darauf hin droht ihm ein Polizeibeamter mit Folter, wenn er das Versteck des Sohnes nicht verrät. Als Pescados dies unterlässt, stellt ihn der Polizist solange unter eine eiskalte Dusche bis er erschöpft zusammenbricht und das Versteck preisgibt. Der Sohn wird unverletzt gerettet. Der Polizist wird angeklagt.

Fragestellung: Ist er schuldig?

Beispielfall: Die Folter

3 Deklamation: Bewertungsbögen

Bewertungsbogen der Deklamation

DECLAMARE

Name des Jurors:

Ankläger				Entscheidung über den Redner	Verteidiger			
schlecht ⇔ sehr gut					schlecht ⇔ sehr gut			
				Darlegung				
				Unterhaltsamkeit				

Entscheidung über den Fall – *Überzeugungskraft*

Schuldig (1)	vermutlich Schuldig (2)	Unentschieden (3)	vermutlich unschuldig (4)	**Unschuldig (5)**

Bewertungsbogen für die Juroren

Auswertungsbogen der Deklamation

DECLAMARE

Name des Vorsitzenden: | Raum: | Runde:

| *Einschätzung Ankläger:* | *Einschätzung Verteidiger:* | ► | **Mittelwert der Deklamation** |
| *Fallentscheidung Summe der Juroren:* | *Anzahl der Juroren:* | ► | **Mittelwert der Fallentscheidung** |

	Ankläger	*Verteidiger*
Darlegung: (Mittelwert der Juroren)		
Unterhaltsamkeit: (Mittelwert der Juroren)		
Ergebnis Überzeugungskraft: (Wert der Deklamation – Fallentscheidung x 3)		
Zwischensumme:		
Abzüge: (ggf. je 3 Punkte)	O Tatsachen:	O Tatsachen:
	O Normen:	O Normen:
	O Würde:	O Würde:
	O Zeit:	O Zeit:
Ergebnis:		

Auswertungsbogen für den Vorsitzenden

4 Ratsrede: Beispielfälle

Hier sind exemplarisch einige erprobte Fälle für die Suasorie gesammelt. Für die eigene Entwicklung von Suasorienfällen muss
man auf ein paar Grundnotwendigkeiten achten: Das Gremium,
vor dem der Fall verhandelt wird, muss klar benannt sein. In jedem Fall, egal ob in einem historischen oder fiktiven Setting, muss
die Zeit, in der der Fall spielt, ausdrücklich festgelegt werden.
Die Fragen danach, wer handelt und welche Handlungsalterna-
tiven auf dem Tisch liegen, müssen ebenfalls immer beantwortet werden. Über die weiteren Informationen, die den Rahmen
ausmalen, ist von Fall zu Fall zu entscheiden.

HISTORISCHER FALL: MOGADISCHU

Fallbeschreibung: Mogadischu 1977. Vier palästinensische Terroristen kapern die Lufthansa Maschine LH 181 „Landshut" auf dem
Weg von Palma de Mallorca nach Frankfurt am Main. Sie stellen
folgende Forderungen:

* Freilassung der inhaftierten RAF-Terroristen Andreas Baader,
  Gudrun Ensslin und Jan-Carl Raspe.
* Überweisung von 15.000.000 US Dollar auf ein Schweizer Kon-
  to
* Freilassung zweier Gesinnungsgenossen in türkischer Haft
  Das Flugzeug landet auf dem Militärflughafen von Mogadischu.
Das Desaster der versuchten Geiselbefreiung bei den Olympi-
schen Spielen 1972 steckt allen noch in den Knochen. Die GSG9
ist vor Ort und einsatzbereit.

Fragestellung: Soll die Bundesregierung einen Sturm der Maschine anordnen oder die Forderungen der Entführer erfüllen?

Historischer Fall:
Mogadischu

FIKTIVER BEISPIELFALL: DER TAIWAN-KONFLIKT

Fallbeschreibung: China hat in der vergangenen Woche Taiwan
angegriffen und besetzt. Der Angriff folgte unmittelbar auf eine
formelle Unabhängigkeitserklärung der Insel gegenüber China.
Bei der Besetzung wurden etwa 20.000 Taiwanesen und schät-
zungsweise 5.000 chinesische Soldaten getötet und große Teile
der Infrastruktur Taiwans zerstört. Eine Resolution des U.N. Si-
cherheitsrates gegen die Besetzung scheiterte am Veto von China. Als Reaktion auf den Angriff haben die U.S.A. China den Krieg
erklärt und ihre Streitkräfte mobilisiert. Die U.S.A. bitten uns um
Unterstützung.

Fragestellung: Sollen wir China den Krieg erklären?

Fiktiver Beispielfall:
Der Taiwan-Konflikt

FIKTIVER BEISPIELFALL: SELBSTJUSTIZ

Fallbeschreibung: Ein grässlicher Mord an einem minderjährigen Mädchen erschüttert die Idylle des kleinen texanischen Städtchens Wyanko. Es geht das Gerücht herum, dass ein rothaariger mittelgroßer Mann der Täter sein soll. Die Menschen sind außer sich vor Wut und machen sich auf den Weg ins Nachbardorf Myanko, in dem seit Jahren der ehemalige Dieb John B. (36, rote Haare) wohnt und fordern aufgebracht die Herausgabe des mutmaßlichen Mörders, um Selbstjustiz zu üben und drohen mit der Verwüstung des Dorfes, falls das Dorf die Herausgabe verweigert.

Fragestellung: Soll der Dorfrat John B. herausgeben oder auf einen Prozess beharren?

FIKTIVER BEISPIELFALL: BÜRGERKRIEG IN AFRIKA

Fallbeschreibung: Die beiden Volksgruppen der Banta und der Holo leben über verschiedene Staaten Afrikas verteilt. Vor einem Jahr putschte sich der Banta-Führer Bdane Bdandi an die Führung des Staates Bataswana, in dem 50 Prozent der Bevölkerung dem Volk der Banta und 30 Prozent dem Volk der Holo angehören. Seit der Machtübernahme tobt ein zerstörerischer Bürgerkrieg in Bataswana, bei dem nachgewiesener Maßen mehrere Massaker an der Holo-Bevölkerung verübt wurden, die zudem systematisch aus dem Land vertrieben wird.

Fragestellung: Der Oberste Rat des Nachbarlandes Ngome, in dem Angehörige der beiden Volksgruppen bisher friedlich miteinander lebten, muss nun entscheiden, ob Ngome die Flüchtlinge, die an den Grenzen des Landes in provisorischen Flüchtlingslagern warten, aufnehmen soll oder ob die Grenzen dicht gemacht werden sollten. (Ein Einsatz der internationalen Gemeinschaft oder der Afrikanischen Union steht aufgrund einander blockierender Interessen innerhalb der entscheidenden Gremien außerhalb der Wahrscheinlichkeit.)

FIKTIVER BEISPIELFALL: KIRCHENASYL

Fallbeschreibung: Nach einer Serie von Anschlägen mit zahlreichen Todesopfern wird der Ausländer O. Kapelei verdächtigt, diese befohlen zu haben, um einen Umsturz herbeizuführen. Einige fremde Staatsmänner von fragwürdigem Charakter behaupten sogar, sichere Beweise für seine Schuld zu haben, verweigern jedoch die Herausgabe dieser Beweise mit Verweise auf den Schutz ihrer Quellen. Kapelei flüchtet sich in die Kirche eines befreundeten Pfarrers. Dieser beruft sich auf die Unverletzlichkeit des

Kirchenasyls, verweigert Kapeleis Herausgabe und verschließt die Tore der Kirche. Daraufhin versammelt sich der Rat von Sophistopolis, um über eine Erstürmung der Kirche, in der sich auch zahlreiche andere Gläubige befinden, zu beraten.

Fragestellung: Soll die Kirche erstürmt werden?

5 Debatte: Beispielfragen

Die folgenden Themen können als Fundus und Orientierungspunkt für die Wahl von Debattenthemen genutzt werden. Alle Themen sind erprobt und in besonderer Weise „debattentauglich".

EINSTEIGER-THEMEN

Einsteiger-Themen

1. Sollen öffentliche Plätze videoüberwacht werden?
2. Sollen weiche Drogen legalisiert werden?
3. Sollen die Ladenöffnungszeiten liberalisiert werden?
4. Brauchen wir Schuluniformen?
5. Soll der geschlechtergetrennte Unterricht wieder eingeführt werden?
6. Soll die Todesstrafe wieder eingeführt werden?
7. Brauchen wir eine Deutschquote im Radio?
8. Brauchen wir ein Tempolimit auf deutschen Autobahnen?
9. Soll kommerzielle Werbung an Schulen erlaubt werden?
10. Soll es im Fach Religion/Kunst Noten geben?
11. Soll es eine Überprüfung der Fahrtüchtigkeit für Menschen ab 60 geben?
12. Soll die allgemeine Wehrpflicht für Männer und Frauen in Deutschland eingeführt werden?
13. Brauchen wir die bemannte Marsfahrt?
14. Sollen homosexuelle Paare Kinder adoptieren dürfen?
15. Soll Schauspielunterricht/Wirtschaft/Rhetorik Pflichtfach an Gymnasien werden?
16. Brauchen wir in Deutschland eine Wahlpflicht?
17. Brauchen wir ein bundesweites Zentralabitur?
18. Soll die Legislaturperiode des Bundestages auf 6 Jahre erhöht werden?
19. Soll die 5%-Hürde bei Wahlen abgeschafft werden?
20. Soll die Türkei/Ukraine/Israel in die EU aufgenommen werden?

Themen für Fortge-
schrittene

THEMEN FÜR FORTGESCHRITTENE

21. Soll Zensur in Krisenzeiten erlaubt werden?
22. Sollen die Bundesländer der BRD neu gegliedert werden?
23. Sollen alle deutschen Gefängnisse privatisiert werden?
24. Sollen die Wahlen in Deutschland an zentralen Terminen gesammelt stattfinden?
25. Soll die „Babyklappe" legalisiert werden?
26. Soll aktive Sterbehilfe in Deutschland erlaubt werden?
27. Soll die staatliche Kulturförderung abgeschafft werden?
28. Brauchen wir eine verpflichtende Ausbildung zum Politiker?
29. Soll Beamten die Mitgliedschaft in einer Partei verboten werden?
30. Brauchen wir einen Bundesbildungsminister mit umfassenden Kompetenzen?
31. Soll Sport/ein allgemeines ‚Studium Generale' zur Pflicht an
der Universität werden?
32. Sollen flächendeckend Ganztagsschulen eingeführt werden?
33. Soll an allen öffentlichen Schulen islamischer Religionsunterricht angeboten werden?
34. Soll Deutschland aus dem Atomwaffen-Sperrvertrag ausstei-
gen?
35. Soll die WTO abgeschafft werden?
36. Sollen Präventivschläge zum Wohl der Menschheit vom UN-
Sicherheitsrat generell erlaubt werden können?
37. Soll Russland in die NATO aufgenommen werden?
38. Soll die Bundeswehr in eine zivile Eingreiftruppe umgewandelt werden?
39. Soll Entwicklungshilfe nur Demokratien zugute kommen?
40. Soll das gallische Dorf von Rom als eigenständiger Staat anerkannt werden?

6 Debatte: Bewertungsbögen

Bewertungsbogen Debatte

Offene Parlamentarische Debatte · Tübingen

Name des Redners	Sprachkraft max. 20 Pt.	Auftreten max. 20 Pt.	Kontaktfähigkeit max. 20 Pt.	Sachverstand max. 20 Pt.	Urteilskraft max. 20 Pt.	Zwischensumme max. 100 Pt.	Abzüge	Punkte des Redners
Eröffner Regierung:								
Eröffner Opposition:								
Ergänzer Regierung:								
Ergänzer Opposition:								
1. Fraktionsfreier Redner:								
2. Fraktionsfreier Redner:								
3. Fraktionsfreier Redner:								
Schlussredner Opposition:								
Schlussredner Regierung:								

Gesamtergebnis max. 500 Pt.

Name des Teams	Strategie			Interaktion				Teampunkte max. 200 Pt.
	Eröffner max. 25 Pt.	Ergänzer max. 25 Pt.	Schlussredner max. 25 Pt.	Zwischenreden max. 30 Pt.	Zwischenfragen max. 30 Pt.	Zwischenrufe max. 15 Pt.	Überzeugungskraft max. 50 Pt.	
Regierung:								
Opposition:								

Jurorenbogen der Offenen Parlamentarischen Debatte

Präsidentenbogen
der Offene Parlamentarischen Debatte

Präsident:

Datum:

Runde:

Thema der Debatte:

Redner	Rede-zeit	Zwischenfragen gestellt worden	Zwischenfragen ange-nommen	Verstöße
Eröffnungsredner der Regierung:				
Eröffnungsredner der Opposition:				
Ergänzungsredner der Regierung:				
Ergänzungsredner der Opposition:				
1. Fraktionsfreier Redner:				
Zwischenrede!				
2. Fraktionsfreier Redner:				
Zwischenrede!				
3. Fraktionsfreier Redner:				
Zwischenrede!				
Schlußredner der Opposition:				
Schlußredner der Regierung:				

Positionierung

Für die Regierung	Für die Opposition

Abstimmung:	Pro:	Contra:
Geheime Abstimmung *(Vor der Debatte):*		
Offene Abstimmung *(Nach der Debatte):*		
Ergebnis *(Veränderung):*		

Zur Erinnerung:

Redezeiten:	**Fraktionsredner:** 7 min (1 + 5 + 1 min)
	Freier Redner: 3,5 min (1 + 2 + 0,5 min)
Fragerechte bei:	**Fraktionsredner:** Die gegnerische Fraktion und alle Fraktionsfreien Redner
	Freien Rednern: Die jeweils gegnerische Fraktion
Zwischenrufe:	1. max. sieben Worte lang
	2. parlamentarisches Vokabular
	3. keine Dialoge
	4. Wenn Zwischenrufe für eine Minute verbeten - Glocke

2005 © Streitkultur e.V.

Präsidentenbogen der Offenen Parlamentarischen Debatte

7 Disputation: Beispielthemen und -thesen

THEMA: GERECHTIGKEIT IST DIE HÖCHSTE TUGEND
These 1: Eine gerechte Diktatur ist besser als eine ungerechte Demokratie
These 2: Es ist besser gerecht zu sein als glücklich

THEMA: SICHERHEIT IST WICHTIGER ALS FREIHEIT
These 1: Staatliche Kontrolle schadet dem Gerechten nicht
These 2: Das Ende des Kalten Krieges ist eine Gefahr für die Menschheit

THEMA: DEN STAAT BRAUCHT SELBST EIN VOLK VON TEUFELN
These 1: Anarchie ist für alle schlecht
These 2: Jeder hat ein Recht auf Resozialisierung

THEMA: OHNE FREUNDE IST ALLES NICHTS
These 1: Es lohnt sich für Freunde zu lügen
These 2: Gute Freunde sind wichtiger als eine intakte Familie

THEMA: DER MENSCH IST DIE KRONE DER SCHÖPFUNG
These 1: Fleisch essen ist ein Recht des Menschen
These 2: Jedes Leben ist heilig

THEMA: RELIGION IST OPIUM FÜRS VOLK
These 1: Es gibt keine Freiheit der Religion, sondern nur Freiheit von Religion
These 2: Jede Vermischung von Kirche und Staat ist ein Übel

THEMA: DIE MEISTEN KRIEGE BEGINNEN AM GARTENZAUN
These 1: Gesellschaften, die im Inneren friedlich sind, sind auch keine Bedrohung für ihre Nachbarn
These 2: Gute Nachbarn sind so wichtig wie gute Freunde

THEMA: DEMOKRATIE UND MARKTWIRTSCHAFT SIND ENG VERBUNDEN
These 1: Eine gesunde Demokratie kann nur in einer Marktwirtschaft gedeihen
These 2: Eine gesunde Marktwirtschaft kann nur in einer Demokratie gedeihen

THEMA: DER RAUSCH IST DER FEIND DES MENSCHEN
These 1: Jeder ist auch für im Vollrausch begangene Taten vollständig verantwortlich
These 2: Hass ist die größte Todsünde

THEMA: DER STREIT IST DER VATER ALLER DINGE
These 1: Die Grundlage der Demokratie ist der Wettstreit der Parteien
These 2: Streit ist der wichtigste Motor für Fortschritt

8 Disputation: Bewertungsbögen

**Evaluationsbogen zur Vorlage
durch den Opponenten:** _____

DISPUTARE

These:_____

1. vorgelegte Prämisse: *Frage:*	Antwort: Affirmation: ○ Negation: ○ Irrelevant: ○ Unklar: ○	Bewertung: endox (1) bis paradox (10)
2. vorgelegte Prämisse: *Frage:*	Antwort: Affirmation: ○ Negation: ○ Irrelevant: ○ Unklar: ○	Bewertung: endox (1) bis paradox (10)
3. vorgelegte Prämisse: *Frage:*	Antwort: Affirmation: ○ Negation: ○ Irrelevant: ○ Unklar: ○	Bewertung: endox (1) bis paradox (10)
... der meisten oder der weisesten oder von diesen die meisten oder besten...	**SUMME:**	

Evaluationsbogen für den Opponenten

Auswertungsbogen der Disputation

Vorgegebenes Thema:	Juror:

These des Defendenten:

Raum:	Runde:	Examinationszeit:

Bewertung Defendent	**Bewertung Opponent**
Name:	**Name:**

Exposition
  Auswahl (1-10) ____
  Darstellung (0-5) + ____ = ____

Man muss sich auch nicht mit jedem in eine Disputation einlassen und nicht mit dem, welchen man gerade trifft eine Übung anstellen!
Top. 205a

Daraus folgt, dass unter Hundert kaum Einer ist, der wert ist, dass man mit ihm disputiert. Die Übrigen lasse man reden, was sie wollen!
Schopenhauer

„These verteidigt"

oder
„These verloren"

Examination (1/2pt x Frage): + ____	**Evaluation** (3 x 1-10pts):	**Examination** (3pts x min.+30pts):
	1. Präm. ____	
	2. Präm. + ____	
	3. Präm. + ____ = ____	+ ____

Verlorene Nebenwidersprüche (x 2pts) + ____ **Verlorene Hauptwidersprüche** (x 6pts) + ____	**Nebenwidersprüche** ___ (x 10pts) + ____
Kooperation (0-10 pts): + ____	**Kooperation** (0-10 pts): + ____
SUMME: = ____	**SUMME:** = ____

Bewertungsbogen für die Juroren

Literaturempfehlungen und Quellen

I. Officia und Allgemeines

Anderson, Oivind, *Im Garten der Rhetorik: Die Kunst der Rhetorik in der Antike*, übers. v. Brigitte Mannsperger u. Ingunn Tveide, Darmstadt, 2001.
Andersen bietet mit seiner Einführung in die antike Redekunst einen geeigneten ersten Einstieg in die Welt der Beredsamkeit. Nicht nur die rhetorische Lehre, sondern auch ihr Einfluss auf die europäische Bildung und Kultur werden im Garten der Rhetorik unterhaltsam thematisiert.

Aristoteles, *Rhetorik,* Stuttgart, 1999.
Eines der ersten ausführlichen und systematischen Rhetoriklehrwerke. Aristoteles legt nicht nur den Grundstein für diese Disziplin, sondern analysiert die grundlegenden Phänomene der Rhetorik in bis heute kaum übertroffener Trennschärfe.

Fuhrmann, Manfred, *Die antike Rhetorik: Eine Einführung*, Düsseldorf 2003.
Eine übersichtliche Einführung in die Geschichte der antiken Rhetorik. Fuhrmann stellt die wichtigsten Protagonisten, Werke und Gedanken, die die Entwicklung der antiken Rhetorik bestimmten, unterhaltsam vor und erläutert anschaulich die wesentlichen Begriffe und Konzepte dieser Zeit.

Knape, Joachim, *Allgemeine Rhetorik: Stationen der Theoriegeschichte,* Stuttgart, 2000.
Joachim Knape bietet neben einer kompakten Einführung in den Begriff der rhetorischen Theorie eine Übersicht über neun der wichtigsten historischen Rhetoriken. Behandelt werden Schriften aus den letzten zweieinhalb Jahrtausenden, von Aristoteles bis Perelman.

Kolmer, Lothar u. Carmen Rob-Santer, *Studienbuch Rhetorik*, Paderborn, 2002.
Detaillierter Überblick über die Systematik der Rhetorik, mit kurzer geschichtlicher Übersicht. Kolmer berücksichtigt dabei

auch die neusten Entwicklungen der Rhetorik. Das Studienbuch Rhetorik ist der erste Band der ‚Rhesis'-Reihe, in der Fachpublikationen zu unterschiedlichen Aspekten der Rhetorik veröffentlicht werden.

Lausberg, Heinrich, *Handbuch der literarischen Rhetorik: Eine Grundlegung der Literaturwissenschaft,* Stuttgart, 1990.
Das Handbuch der literarischen Rhetorik ist wahrscheinlich das umfangreichste deutschsprachige Nachschlagewerk für rhetorische Mittel, insbesondere für Wort- und Gedankenfiguren. Ein Nachteil in der Anwendung ergibt sich daraus, dass die Beispiele überwiegend auf Latein, Altgriechisch oder anderen Fremdsprachen gehalten sind.

Plett, Heinrich F., *Einführung in die rhetorische Textanalyse, Hamburg,* 2001.
Eine kurze, leicht lesbare Übersicht über die gebräuchlichsten rhetorischen Stilmittel, mit kurzer Definition und Beispielen. Das Buch eignet sich vor allem als Hilfsmittel zur Analyse und der sprachlichen Ausarbeitung von Reden.

Ps.-Cicero, Rhetorica *ad Herennium,* München, 1994.
Eines der ausführlichsten systematischen Werke der Rhetoriktheorie der klassischen lateinischen Antike. Mit umfänglichem Register und einfach zu verwendendem Glossar auch für Einsteiger zu verwenden.

Ueding, Gert, *Grundriß der Rhetorik,* Stuttgart, 2005.
Die Grundlage des Rhetorikstudiums an der Universität Tübingen, bietet einen Abriss der Rhetorik Geschichte von der Antike bis zur Moderne. Die rhetorische Systematik wird umfassend dargestellt und übersichtlich erläutert.

Wende, Peter u. Recker, Marie-Luise (Hrsg.), *Politische Rede 1792-1990,* 4 Bände, Frankfurt a. M., 1990-1999.
Umfassende Sammlung deutscher Reden von der Zeit der Französischen Revolution bis in die bundesrepublikanische Zeit. Viele der Reden sind als Musterbeispiele geeignet. Besonders hilfreich sind die prägnanten Kommentare zur jeweiligen historischen Situation und die kurzen Rednerbiographien.

II. Trainingsformat: Wortgefecht

Eemeren, Frans H. van u. a., *Fundamentals of argumentation theorie: A handbook of historical backgrounds and contemporary developments*, New Jersey, 1996.
Die Gruppe von namhaften Argumentationstheoretikern gibt eine der besten und umfassendsten Übersichten der rhetorischen und argumentationstheoretischen Entwicklungen hauptsächlich des 20. Jahrhunderts, die sie teilweise maßgeblich mitbeeinflusst haben.

Kienpointner, Manfred, *Vernünftig argumentieren: Regeln und Techniken der Diskussion*, Reinbeck, 1996.
Kienpointner beschreibt in seinem Buch nicht nur die Mittel und Methoden sachdienlicher Argumentation, sondern auch Wege, vorgegebene Texte und Reden auf die Schlüssigkeit ihrer Argumentation hin zu überprüfen.

Perelman, Chaim u. Olbrechts-Tyteca, Lucia, *Die neue Rhetorik: Eine Abhandlung über das Argumentieren*, Stuttgart, 2004.
Deutsche Übersetzung der „La nouvelle rhétorique". Perelman schlägt mit seinem Werk, das zum modernen Klassiker aufgestiegen ist, die Brücke zwischen logisch korrekten und rhetorischen, also wahrscheinlichen, Schlüssen.

Thomson, Anne, *Argumentieren – und wie man es gleich richtig macht*, Stuttgart, 2001.
Ein praktisches Übungsbuch des Argumentierens für das Selbststudium. Die Grundprinzipien des Argumentierens und komplexere Argumentationsmuster stellt Thomson dem Leser leicht verständlich und nachvollziehbar anhand von konkreten Beispielen und nützlichen Übungen vor.

Toulmin, Stephen u. a., *An introduction to reasoning*, New York, 1984.
Diese Einführung in die moderne Argumentationstheorie gilt als Grundlage der ‚critical thinking'-Bewegung, die sich mit Fragen des konstruktiven und kritischen Denkens befasst. Lesenswert für alle, die sich mit den wichtigsten Elementen des Hinterfragens beschäftigen möchten.

II. Trainingsformat: Deklamation

Hömke, Nicola, *Gesetzt den Fall ein Geist erscheint: Komposition und Motivik der ps-quintilianischen Declamationes maiores X, XIV und XV,* Heidelberg, 2002.
Hömke beschreibt kurz und pointiert die lateinische Deklamationstradition und ihre Entwicklung in der Folgezeit, analysiert die Methodik der ps-quintilianischen Deklamationen und bietet eine Übersetzung der einschlägigsten Fallbeschreibungen.

Korenjak, Martin, *Publikum und Redner: Ihre Interpretation in der sophistischen Rhetorik der Kaiserzeit,* München, 2000.
Die Art und Weise, wie im alten Rom deklamiert wurde, ist Gegenstand dieses Buches. Wie wurden Reden gehalten, wie verhielt sich das Publikum? Das sind Fragen, auf die Korenjak anschauliche Antworten gibt.

Mendelson, Michael, *Many Sides: A Protagorean Approach to the Theory, Practice, and Pedagogy of Argument,* Dordrecht, 2002.
Im Mittelpunkt der Betrachtungen von Mendelson stehen die Anfänge der agonalen Rhetorik wie sie der Grieche Protagoras in der Antike prägte. Neben der Betrachtung der rhetorischen Ansätze Protagoras' werden die klassischen Argumentationsstrukturen und ihre Anwendung in der Deklamation (Controversie) vorgestellt und erläutert.

Russell, Donald A., *Greek declamation,* Cambridge, 1983.
Russels Werk gibt eine leicht lesbare und unterhaltsame Einführung in den antiken griechischen Deklamationsbetrieb. Zu den hilfreichen Erläuterungen aus dem Bereich der Deklamationen gehört auch ein übersichtlicher Aufriss der Statuslehre.

Seneca, L. Annaeus, *Sentenzen, Einleitungen, Färbungen von Rednern und Redelehrern,* übers. v. Otto u. Eva Schönberger, Würzburg, 2004.
Übersetzungen der von Seneca d. Ä. gesammelten Streit- und Beratungsreden, mit Beispielfällen und allgemeinen Anweisungen und einer kurzen Einleitung in die antike Deklamationsgeschichte. Viele der Reden gelten als beispielhaft und können als Muster für eigene Deklamationsreden genutzt werden.

II. Trainingsformat: Debatte

Bartsch, Tim C. u. a., *Was ist Debatte?*, Göttingen, 2005.
Ein umfassender Überblick über die weltweit wichtigsten Debattierformate, ihre Regeln, Geschichte und Grundprinzipen
sind ebenso Bestandteil dieses Buches, wie eine fundierte Geschichte der Debatte und eine Theorie der sportlichen Debatte.

Freeley, Austin, *Argumentation and debate: Critical thinking for
reasoned decision making*, Belmont, 2004.
Ein in der angelsächsischen Debattierlandschaft weit verbrei-
tetes Hintergrundbuch, mit Redeanleitungen und einem besonders umfangreichen Literaturverzeichnis.

Hoppmann, Michael u. Rex, Bernd F. u. Bartsch, Tim-C. (Hrsg.),
Handbuch der offenen parlamentarischen Debatte, Göttingen,
2006.
Das Handbuch der Offenen Parlamentarischen Debatte ist in
seiner 4. Auflage das Standardwerk der modernen Debattierlandschaft. Neben ausführlichen Regeln, Hinweise zur Bewertung und Hintergrundinformationen zu Geschichte und Theorie der Debatte bieten die Autoren ein praktisches Redetraining
für den Debattanten.

International Debate Education Association (Hrsg.), *The Debatabase Book: A Must Have Guide for Successful Debate*, New York,
2007.
Die Debatabase-Sammlung stellt nach Themen geordnet überblicksartig die einschlägigen Argumente Pro und Contra für allgemeine und aktuelle Debattenthemen zusammen. Als Hilfe-
stellung und Anregung für die eigene Vorbereitung von
Debatten ist dieses Buch gut geeignet.

Rauda, Christian u. a., *Pro & Contra*, Heidenau 2007.
Die deutsche Entsprechung zum internationalen Debatabase Book
und dem englischen Pros and Cons von Trevor Sather. Eine klu-
ge Auswahl aktueller Debattierthemen mit kurzen Einführungen
und Argumenten für beide Seiten. Insbesondere für Debattieran-
fänger sehr gut geeignet, die sich klassischen Themen schnell
nähern wollen. Wie die beiden englischsprachigen Werke ersetzt
dies natürlich nicht die eigene Suche nach Argumenten.

II. Trainingsformat: Disputation

Aristoteles, *Topik*, übers. u. kommentiert v. Tim Wagner, Stuttgart, 2004.
Aristoteles entwickelt in seiner Topik als erster ein Regelwerk für die Disputation. Die Trainingsform ‚Disputation‘, wie sie im Trainingsbuch Rhetorik vorgestellt wird, orientiert sich an dieser Aristotelischen Frühform. Die Topik beschäftigt sich außerdem mit den Grundlagen des Argumentierens und ist weiterhin eine lohnenswerte Lektüre.

Copi, Irving M., *Einführung in die Logik*, München, 1998.
Eine kurze und übersichtlich gestaltete Einführung in die formale Logik. Copi stellt die wichtigsten Grundregeln und Bewertungsmechanismen zur Einschätzung logischer Korrektheit von Schlüssen in schrittweise aufbauenden Kapiteln vor.

Herrmann, Markus u. a., *Handbuch der Disputation*, Göttingen 2008 (in Vorbereitung).
Die Entsprechung des Handbuchs der Offenen Parlamentarischen Debatte für das Gebiet der modernen Disputation. Im Disputationshandbuch finden sich neben den ausführlichen, kommentierten Regeln der Disputation zahlreiche Anfänger- und Fortgeschrittenenübungen, eine Übersicht über die Grundlagen der relevanten Argumentationslehre und zahlreiche Anmerkungen und Materialien zu Training, Jurieren, Geschichte und Wettkämpfen.

Perelman, Chaim, *Logik und Argumentation*, übers. v. Freyer R. Varwig, Weinheim, 1994.
Anfängerfreundliche Einführung in die Formale Logik und die moderne Argumentationstheorie. Perelman baut auf die Erkenntnisse seines Hauptwerkes auf und stellt diese in kompakter Form übersichtlich dar.

Rescher, Nicholas, *Dialektik: a controversy-oriented approach to the theory of knowledge*, New York, 1977.
Rescher rekonstruierte Teile der antiken Dialektik als Werkzeug für die Analyse von Dialogstrukturen und Beweislastverteilungen. Sein Werk war insbesondere für die Entwicklung der informalen Logik und modernen Argumentationstheorie von großer Bedeutung und bietet einen interessanten Zugang zur Disputation.

Slomkowski, Paul, *Aristotle's Topics*, Leiden, 1997.
Slomkowskis Kommentar zur Aristotelischen Topik bietet eine der detailliertesten Beschreibungen der antiken Disputation. Mittels einer sehr genauen Analyse des Textes versucht er, die Regeln und Verfahren dieser Dialogform der peripathetischen Schule zu ermitteln.

QUELLENNACHWEIS:

Die Regelwerke der ‚Deklamation‘, der ‚Offenen Parlamentarischen Debatte‘, der ‚Disputation‘, und der ‚Kurzrede‘ sowie die Logos und Formblätter zu diesen Formaten sind Eigentum des Vereins Streitkultur e.V. in Tübingen. Die Autoren bedanken sich beim Verein für die freundliche Genehmigung zum Abdruck und zum auszugsweisen Abdruck dieses Materials.

AUTOREN DER DEKLAMATIONSREGELN:

M. Hoppmann unter Mitarbeit von T.-C. Bartsch, B. Rex, M. Vergeest

AUTOREN DER DEBATTENREGELN:

M. Hoppmann, A. Kemmann, B. Rex

AUTOR DER DISPUTATIONSREGELN:

M. Hoppmann

IV Register

■ Jussi Baade, Holger Gertel,
Antje Schlottmann
Wissenschaftlich arbeiten
Ein Leitfaden für Studierende der
Geographie
UTB 2630 M
ISBN 978-3-8252-**2630**-5
Haupt. 2005.
236 S., 27 Abb., 13 Tab.,
EUR 18,90, sfr 34,00

■ Tim-Christian Bartsch, Bernd F. Rex
Rede im Studium!
Ein Rhetorikleitfaden für Studierende
UTB 2976 S
ISBN 978-3-8252-**2976**-4
W. Fink. 2008.
173 S.,
EUR 12,90, sfr 24,00

■ Albrecht Behmel
**Erfolgreich im Studium der
Geisteswissenschaften**
UTB 2660 M
ISBN 978-3-8252-**2660**-2
A. Francke. 2005.
272 S.,
EUR 9,90, sfr 18,90

■ Christiane Beinke, Melanie Brinkschulte,
Lothar Bunn, Stefan Thürmer
Die Seminararbeit
Schreiben für den Leser
UTB 8390 L
ISBN 978-3-8252-**8390**-2
UVK. 2008.
168 S., zahlr. Abb., kart.,
EUR 17,90, sfr 32,00

■ Martha Boeglin
**Wissenschaftlich arbeiten
Schritt für Schritt**
Gelassen und effektiv studieren
UTB 2927 M
ISBN 978-3-8252-**2927**-6
W. Fink. 2007. 188 S., 28 Abb., teilw.
Schaubilder, 13 Tab.,
EUR 12,90, sfr 24,00

■ Martin Burkhardt
Arbeiten im Archiv
Praktischer Leitfaden für Historiker
UTB 2803 S
ISBN 978-3-8252-**2803**-3
Schöningh. 2006.
136 S., 12 Abb., 1 Foto,
EUR 12,90, sfr 24,00

■ Urs Dahinden, Sabina Sturzenegger,
Alessia C. Neuroni
**Wissenschaftliches Arbeiten in der
Kommunikationswissenschaft**
UTB 2787 M
ISBN 978-3-8252-**2787**-6
Haupt. 2006. 201 S., 9 Abb., 46 Tab.,
EUR 18,90, sfr 34,00

■ Claus Ebster, Lieselotte Stalzer
**Wissenschaftliches Arbeiten
für Wirtschafts- und
Sozialwissenschaftler**
UTB 2471 M
ISBN 978-3-8252-**2471**-4
WUV. 3., überarb. Aufl. 2007.
231 S., 54 Abb.,
EUR 17,90, sfr 32,00

■ Umberto Eco
**Wie man eine wissenschaftliche
Abschlussarbeit schreibt**
Doktorarbeit, Diplomarbeit und
Magisterarbeit in den Geistes- und
Sozialwissenschaften
UTB 1512 S
ISBN 978-3-8252-**1512**-5
C.F.Müller. 12., unv. Aufl. 2007. 287 S.,
EUR 15,90, sfr 29,00

■ F. X. Eder, H. Berger,
J. Casutt-Schneeberger, A. Tantner
Geschichte Online
Einführung in das wissenschaftliche
Arbeiten
UTB 2822 M
ISBN 978-3-8252-**2822**-4
Böhlau. 2006. 328 S., 80 Abb.,
EUR 19,90, sfr 35,90

pro Studium Arbeitshilfen

Helga Esselborn-Krumbiegel
Von der Idee zum Text
Eine Anleitung zum wissenschaftlichen
Schreiben
UTB 2334 M
ISBN 978-3-8252-**2334**-2
Schöningh. 3., überarb. Aufl. 2008.
221 S., 42 Abb.,
EUR 11,90, sfr 22,00

Helga Esselborn-Krumbiegel
Leichter lernen
Strategien für Prüfung und Examen
UTB 2755 M
ISBN 978-3-8252-**2755**-5
Schöningh. 2., überarb. Aufl. 2007.
196 S., 5 Abb., 37 Schaubilder,
10 Fotos, 2 Tab.,
EUR 11,90, sfr 22,00

Norbert Franck, Joachim Stary
**Die Technik wissenschaftlichen
Arbeitens**
Eine praktische Anleitung
UTB 724 M
ISBN 978-3-8252-**0724**-3
Schöningh. 14., überarb. Aufl. 2007.
307 S., zahlr. Abb.,
EUR 17,90, sfr 32,00

Norbert Franck, Joachim Stary
Gekonnt visualisieren
Medien wirksam einsetzen
UTB 2818 M
ISBN 978-3-8252-**2818**-7
Schöningh. 2006. 146 S., 71 Abb.,
EUR 14,90, sfr 27,90

Gerhard Gerhards
Seminar-, Diplom- und Doktorarbeit
Muster und Empfehlungen zur Gestaltung
von rechts- und wirtschaftswissenschaft-
lichen Prüfungsarbeiten
UTB 217 S
ISBN 978-3-8252-**0217**-0
Haupt. 8., durchges. Aufl. 1995.
195 S., 40 Abb., 2 Tab.,
EUR 9,90, sfr 18,90

Karl-Heinz Göttert
**Kleine Schreibschule für
Studierende**
UTB 2068 S
ISBN 978-3-8252-**2068**-6
W. Fink. 2. Aufl. 2003.
160 S.,
EUR 9,90, sfr 18,90

Randi Gunzenhäuser, Erika Haas
Promovieren mit Plan
Ihr individueller Weg: von der
Themensuche zum Doktortitel
UTB 2820 M
ISBN 978-3-8252-**2820**-0
Barbara Budrich. 2., überarb. u.
aktual. Aufl. 2006. 120 S.,
EUR 12,90, sfr 24,00

Monika Hoffmann
Deutsch fürs Studium
Grammatik und Rechtschreibung
UTB 2644 M
ISBN 978-3-8252-**2644**-2
Schöningh. 2005.
152 S., 4 Abb., 18 Tab.,
EUR 14,90, sfr 27,90

Matthias Karmasin,
Rainer Ribing
**Die Gestaltung wissenschaftlicher
Arbeiten**
UTB 2774 M
ISBN 978-3-8252-**2774**-6
WUV. 3. Aufl. 2008.
138 S., 31 Abb.,
EUR 9,90, sfr 18,90

Lothar Kolmer,
Carmen Rob-Santer
Studienbuch Rhetorik
Rhesis. Arbeiten zur Rhetorik und
ihrer Geschichte
UTB 2335 M
ISBN 978-3-8252-**2335**-9
Schöningh. 2002.
237 S., 3 Tab.,
EUR 17,90, sfr 32,00

pro Studium Arbeitshilfen

Martin Kornmeier
**Wissenschaftlich schreiben
leicht gemacht**
für Bachelor, Master und Dissertation
UTB 3154 M
ISBN 978-3-8252-**3154**-5
Haupt. 2008.
283 S., 52 Abb.
EUR 11,90, sfr 22,00

Lothar Kolmer,
Carmen Rob-Santer
Geschichte SCHREIBEN
Von der Seminar- zur Doktorarbeit
UTB 2688 S
ISBN 978-3-8252-**2688**-6
Schöningh. 2006. 179 S.,
EUR 13,90, sfr 25,90

Heike Mayer
Rhetorische Kompetenz
Grundlagen und Anwendung
UTB 8361 L
ISBN 978-3-8252-**8361**-2
Schöningh. 2007.
244 S., kart.,
EUR 19,90, sfr 35,90

Peter Nausner
Projektmanagement
UTB 2851 M
ISBN 978-3-8252-**2851**-4
WUV. 2006.
208 S., 57 Abb.,
EUR 16,90, sfr 31,00

Stephan Porombka
Kritiken schreiben
Ein Trainingsbuch
UTB 2776 M
ISBN 978-3-8252-**2776**-0
UVK. 2006. 270 S.,
EUR 17,90, sfr 32,00

Gerd Presler
**Referate schreiben -
Referate halten**
Ein Ratgeber
UTB 2343 S
ISBN 978-3-8252-**2343**-4
W. Fink. 2., durchges. Aufl. 2004.
128 S.,
EUR 9,90, sfr 18,90

Hans-Otto Schenk
Die Examensarbeit
Ein Leitfaden für Wirtschafts- und
Sozialwissenschaftler
UTB 2657 M
ISBN 978-3-8252-**2657**-2
Vandenhoeck & Ruprecht. 2005.
216 S., 41 Übersichten,
EUR 14,90, sfr 27,90

Wolfgang Schmale (Hrsg.)
Schreib-Guide Geschichte
Schritt für Schritt wissenschaftliches
Schreiben lernen
UTB 2854 S
ISBN 978-3-8252-**2854**-5
Böhlau. 2006. 195 S., 10 Abb.,
EUR 15,90, sfr 29,00

Johann August Schülein, Simon Reitze
**Wissenschaftstheorie
für Einsteiger**
UTB 2351 S
ISBN 978-3-8252-**2351**-9
WUV. 2. Aufl. 2005. 278 S.,
EUR 18,90, sfr 34,00

Dirk Siepmann, John D. Gallagher
Mike Hannay, Lachlan Mackenzie
**Writing in English: A Guide for
Advanced Learners**
UTB 3124 M
ISBN 978-3-8252-**3124**-8
A. Francke. 2008. 470 S., 65 Tab.
EUR 22,90 sfr 41,00

mehr unter **www.utb.de**